労働法判例総合解説 39
不当労働行為の成立要件

● 労働法判例総合解説 ●

# 不当労働行為の成立要件

道幸 哲也 著

信山社

判例総合解説シリーズ

## はしがき

　格差問題やワーキングプアの存在が注目され、いまさらながらセーフティネットの重要性が強調されている。労働組合の存在はこのセーフティネットの最たるものと考えられるが、社会的にそのような発想は希薄である。憲法論議においても、28条論はほとんどなされていない。労組法よりも従業員代表制度に関心が移りつつある。

　1974年に修士論文（「アメリカにおける『不当労働行為制度』の形成」）を北大法学論集24巻2号・3号に掲載してから30年以上が経過した。その間、集団的労働法を中心に研究をすすめ、『不当労働行為救済の法理論』（1988年・有斐閣）、『不当労働行為の行政救済法理』（1998年・信山社）、『不当労働行為法理の基本構造』（2002年・北海道大学図書刊行会）、『労使関係法における誠実と公正』（2006年・旬報社）を発表してきた。それでも不当労働行為法理については、未解明の部分が多く、「行政救済と司法救済」、「不当労働行為意思論」、「憲法28条論」等十分掘り下げた論議がなされていない領域も少なくない。組合活動の低迷によって研究対象自体の魅力が減退したこと、「団結」「連帯」の文化が色あせたこと等により研究の停滞が進んでいる。さらに、ロースクール化により、原理的思考の放棄も顕著である。

　1982年から北海道労働委員会の公益委員となり実務経験もかなり蓄積してきてみて痛感するのは、労働委員会制度やその運営の研究が不十分であるということである。とりわけ、命令までいかない「和解」で処理されている事案については、それほど注目されていない。2004年になされた労働組合法改正も、労働委員会の判定機能の充実・適正化を目的としており、各地方における不当労働行為事件の迅速・円満な解決に努力している労働委員会関係者の関心とは若干ずれているように思われる。中央労働委員会は別として、地方労働委員会段階における判定機能の重視は、裁判所と比較しての労働委員会の役割の優位性を阻害するものといえるからである。三者構成を利用しても将来的・教育的機能こそが重要と思われるが、このような関心も希薄である。

　不当労働行為制度は組合活動の権利を保障する上で重要な役割を果たしてきた。では、以上のような困難な状況において不当労働行為制度はどうなるか。判例法理を検討する本書が、この点につき一定の示唆を与えることを期待している。

　なお、本書は、その対象が長期に及ぶこと、また対象の広さからいって検討内容に濃淡が

## はしがき

ある。どうしても関心のあった，もしくはあるテーマが中心となっていることをお断りしておきたい。

2007年7月

道幸哲也

# 目　次

はじめに

## 不当労働行為の成立要件

序 ········································································································· *3*

### 第1章　不当労働行為法理の全体像【1】【2】 ···································· *5*
#### 第1節　不当労働行為法理の特徴と問題点 ········································ *7*
1　判例法理の基本的特徴【3】〜【5】 ········································ *7*
2　判例法理の不当労働行為性判定視角【6】 ································ *12*
#### 第2節　不当労働行為法理定立の基礎視点 ········································ *13*
1　集団的な労働条件決定過程 ················································ *14*
(1)　組合の結成 ···································································· *14*
(2)　組合への加入 ································································ *14*
(3)　組合の内部運営活動 ······················································ *14*
(4)　使用者との接触，協議 ···················································· *15*
(5)　使用者へのプレッシャー活動 ·········································· *15*
(6)　協約の締結・履行 ·························································· *15*
(7)　企業外におけるその他の活動 ·········································· *15*
2　集団化のパターンと不当労働行為 ······································· *15*
#### 第3節　行政救済と司法救済 ······························································ *16*
1　団結権の保障方法【7】〜【9】 ············································ *16*
2　行政救済と司法救済 ·························································· *20*
(1)　両法理が混在して形成されてきた理由 ······························ *20*
(2)　行政救済からみた司法救済の特徴【10】 ·························· *21*
3　行政救済法理の独自性 ······················································ *25*

目　次

## 第2章　不当労働行為の共通問題 ………………………………………… *27*

### 第1節　7条各号相互の関係 …………………………………………… *27*
1　3号をどのように位置づけるか【11】 ……………………… *27*
2　各号の相互関連【12】 …………………………………………… *29*

### 第2節　労　働　組　合――管理職の組合加入を中心にして――【13】… *30*
1　管理職をめぐる法的紛争 ………………………………………… *32*
2　不当労働行為に関連する裁判例 ………………………………… *33*
　(1)　民　事　事　件 ………………………………………………… *33*
　(2)　取消訴訟事件【14】～【16】 ………………………………… *36*

### 第3節　使用者概念 ……………………………………………………… *40*
1　被申立人（命令の名宛人）【17】～【23】…………………… *40*
2　誰の行為を使用者へ帰責しうるか【24】～【27】………… *52*

### 第4節　併存組合に対する中立保持義務 …………………………… *57*
1　併存組合状態に対する法規定 …………………………………… *57*
2　使用者の中立保持義務【28】～【32】……………………… *58*

## 第3章　不利益取扱い ……………………………………………………… *69*

### 第1節　不利益取扱いの態様 ………………………………………… *69*
1　不利益性の判断視角【33】【34】……………………………… *70*
2　不利益取扱いの態様 …………………………………………… *71*
　(1)　契約締結をめぐる不利益取扱い【35】 ……………………… *72*
　　1)　7条1号「不利益取扱い」規定の適用可能性【36】【37】……… *72*
　　2)　不当労働行為の成否【38】～【40】 ……………………… *73*
　　3)　黄　犬　契　約【41】 ………………………………………… *73*
　(2)　賃金をめぐる不利益取扱い ……………………………………… *78*
　　1)　賃金上の不利益取扱い【42】【43】 ……………………… *78*
　(3)　配転・出向・仕事をめぐる差別 ……………………………… *81*
　　1)　配　　　転【44】～【49】 ………………………………… *81*
　　2)　出　　　向【50】 …………………………………………… *89*
　　3)　降　　　格【51】 …………………………………………… *90*

　　　　4）仕　事　差　別【52】………………………………………… *91*
　　　　5）残　業　差　別【53】【54】…………………………………… *94*
　　(4) 雇用終了をめぐる不利益取扱い………………………………… *96*
　　　　1）解雇の予告・希望退職の募集 ……………………………… *96*
　　　　2）退職の強要・合意解約【55】………………………………… *97*
　　　　3）解　　　雇【56】【57】……………………………………… *97*
　　　　　イ）退職取扱い………………………………………… *100*
　　　　　ロ）更　新　拒　否【58】………………………………… *101*
　　　　　ハ）いわゆる偽装解散【59】……………………………… *102*
　　3　報復的不利益取扱い………………………………………………… *104*

第 2 節　組合併存下における団交を媒介とする賃金差別……… *104*
　　1　不当労働行為の判断基準【60】【61】……………………………… *105*
　　2　判例法理の形成 …………………………………………………… *108*
　　3　判例法理の展開 …………………………………………………… *109*
　　(1) 妥結月実施条項【62】【63】……………………………………… *109*
　　(2) さしちがえ条件の諾否に由来する差別 ………………………… *111*
　　(3) 非組合員との差別 ………………………………………………… *112*
　　4　判例法理の修正 …………………………………………………… *113*

第 3 節　査　定　差　別……………………………………………… *115*
　　1　判例法理の形成【64】……………………………………………… *116*
　　2　判例法理の修正【65】【66】……………………………………… *118*
　　3　昇　進　差　別……………………………………………………… *122*
　　4　昇　格　差　別【67】【68】……………………………………… *122*

# 第 4 章　いわゆる不当労働行為意思【69】……………… *127*

第 1 節　判例法理の全般的な傾向【70】…………………………… *128*
　　1　不利益取扱いの相当性を重視する視点【71】…………………… *129*
　　2　不当労働行為の成否判断要素【72】【73】【74】………………… *131*

第 2 節　不当労働行為の成立を阻害する裁判例の判定視角
　　　　【75】～【81】……………………………………………………… *134*

目　次

## 第5章　組合結成・加入・運営への妨害 ……………………… 143
### 第1節　組合結成・加入妨害，脱退工作【82】～【85】……………… 143
### 第2節　反組合的発言 ………………………………………………… 147
　　1　組合活動・ストに関する発言【86】………………………… 147
　　2　組合・組合役員批判【87】…………………………………… 150
### 第3節　組合対策 ……………………………………………………… 152
　　1　組合員調査【88】……………………………………………… 152
　　2　社　員　教　育 ……………………………………………… 153
　　3　対　策　会　議 ……………………………………………… 153
　　4　署　名　活　動 ……………………………………………… 153
### 第4節　組合の日常活動に対する妨害 ……………………………… 154
### 第5節　役員選挙妨害 ………………………………………………… 154

## 第6章　便宜供与の中止等 ……………………………………… 157
### 第1節　チェックオフ【89】～【91】………………………………… 157
### 第2節　組合休暇・組合専従【92】…………………………………… 161
### 第3節　組　合　集　会【93】～【95】……………………………… 163
### 第4節　組合掲示板 …………………………………………………… 166
　　1　貸与の拒否 …………………………………………………… 166
　　2　掲示板の利用方法 …………………………………………… 167
　　3　貸与の中止 …………………………………………………… 167
### 第5節　組合事務所 …………………………………………………… 168
### 第6節　協約の解約【96】……………………………………………… 169

## 第7章　組合の対使用者活動に対する抑制的行為 ………… 171
### 第1節　組合活動性【97】……………………………………………… 171
### 第2節　組合活動の正当性 …………………………………………… 174

第 3 節　ビラ貼り闘争等——施設管理権との関連……………………… *175*
　　1　組合旗掲揚【98】………………………………………………… *175*
　　2　ビ ラ 貼 り ……………………………………………………… *176*
　　3　ビラ配布【99】～【101】……………………………………… *176*
第 4 節　リボン闘争等——職務専念義務との関連【102】【103】……… *181*
　　1　リボン・腕章闘争【104】……………………………………… *183*
　　2　組合バッジ【105】【106】……………………………………… *184*
第 5 節　街頭宣伝活動等 …………………………………………………… *188*
第 6 節　争 議 行 為 ………………………………………………………… *189*

参 考 文 献……………………………………………………………………… *193*
判 例 索 引……………………………………………………………………… *197*

判例集等の略語表

**略語表**（労働法判例総合解説シリーズ）

&lt;法令&gt;
労組法＝労働組合法
労調法＝労働関係調整法
労委則＝労働委員会規則
特独法＝特定独立行政法人等労働関係法
国企法＝国営企業（等）労働関係法
公労法＝公共企業体等労働関係法
地公労法＝地方公営企業（等）労働関係法
国公法＝国家公務員法
地公法＝地方公務員法
労基法＝労働基準法
労基則＝労働基準法施行規則
女性則＝女性労働基準規則
賃確法＝賃金の支払の確保等に関する法律
安衛法＝労働安全衛生法
安衛則＝労働安全衛生法施行規則
労災法＝労働者災害補償保険法
均等法＝雇用の分野における男女の均等な機会及び待遇の確保等女子労働者の福祉の増進に関する法律
育介法＝育児休業，介護休業等育児または家族介護を行う労働者の福祉に関する法律
派遣法＝労働者派遣事業の適正な実施の確保及び派遣労働者の就業条件の整備等に関する法律
パート法＝短時間労働者の雇用改善等に関する法律
高年齢者雇用安定法＝高年齢者等の雇用の安定等に関する法律
障害者雇用促進法＝障害者の雇用の促進等に関する法律

&lt;判例集・雑誌&gt;
民集＝最高裁民事判例集
刑集＝最高裁刑事判例集
労民集＝労働関係民事判例集
命令集＝不当労働行為事件命令集
労判＝労働判例
労経速＝労働経済判例速報
判時＝判例時報
判タ＝判例タイムズ
労旬＝労働法律旬報
ジュリ＝ジュリスト
百選（＊版）＝労働判例百選〔＊版〕
重判（＊年）＝重要判例（ジュリスト）
争点（＊版）＝労働法の争点〔＊版〕
季労＝季刊労働法
学労＝学会誌労働法
日労研＝日本労働研究雑誌
中労時＝中央労働時報
中労別＝中央労働時報別冊
法時＝法律時報
法曹＝法曹時報
法セ＝法学セミナー
法教＝法学教室

# 不当労働行為の成立要件

不当労働行為の成立要件

## 序

　組合を通じて労働条件を決定するという集団的労働法において，組合の結成・運営の自由を保障する不当労働行為制度は，団交・協約法理（同法理については，道幸2006①参照）とともに中心的な位置を占める。この不当労働行為制度は，1949年の改正によってほぼ制度的に完成され，その後の50年以上にわたる労働委員会の運営を通じて独自の事件処理実務と法理を形成してきた（全体像については，道幸1988①，道幸1998，道幸2002，岸井1978①②，岸井1982）。組合活動が退潮し，申立件数が減少したとはいえ，現在でも集団的労使関係の実現のための中核的な制度であることは否定し得ない（不当労働行為事件の現状および直面する問題点については，労働委員会年報，中央労働時報等参照）。2004年の国会において労組法が主に不当労働行為の手続部分につき改正され，労委手続が職権主義を強化する方向で変更をみた（経緯等については，道幸2004①，道幸2005②参照）。しかし，労組法7条については改正の議論さえなされず，不当労働行為の実体法理については特段の修正はなされていない（不当労働行為の判例法理の研究は多い。たとえば，蓼沼1967，大和1987，塚本1989）。

　ところで，不当労働行為の成否については膨大な裁判例があるので，本書においては，不当労働行為法理を形成した基本的な最高裁判例を労委命令の取消訴訟事件を中心に紹介したい。下級審裁判例については，理論的に注目されるものもしくは今後注目されるであろう事案についても取り上げた。なお，具体的裁判例の紹介につき，判旨部分において詳細な事実関係が記載されているケースについては，事実関係は論点の提示にとどめている。

# 第1章　不当労働行為法理の全体像

　1949年の労組法改正によって現行の法制度がほぼ確立した。労働組合の定義・内部規制（2条・5条），労働委員会を通じての不当労働行為の禁止・救済（7条・27条），団交権の保障（6条・7条2号），協約の規範的効力の承認（16条），争議権の保障（1条2項・7条1号・8条）さらに労働争議の調整システム（労調法）が規定された（制度形成史については，遠藤1989，外尾1985，道幸2002：182頁）。その後の労組法をめぐる法理の展開は労働委員会実務および判例法理を通じたものであった。まず，ここでは法理形成の仕方の特徴や独自性を確認しておきたい。通常の法理形成の仕方と異なった側面があるからである。

　つまり，その特徴の1として，労働委員会による行政救済と裁判所による司法救済の法理が未分化の形で形成されてきた。判例法理においてこの点が顕著である。労組法7条が私法規範でもあるという判例法理（【1】医療法人新光会事件：最三小判昭43・4・9判時515-29）が比較的早い段階で確立し，学説もおおむねこの見解を受け入れていたからである。この傾向は，不当労働行為たる「解雇」事案だけではなく，組合活動の「正当性」が直接の争点となった事例においてもみられる（たとえば，【2】済生会中央病院事件：最二小判平1・12・11労判552-10）。私は，このような両法理を混在させる判例法理に基本的な疑問を有している。しかし，実際の判例法理の全体像を理解するためには両者を紹介する必要があるので，本書では必ずしも行政救済法理に特化した検討をしてはいない。もっとも，行政救済事案か司法救済事案かには留意しておいた。

　その2として，不当労働行為「法理」は主に労働委員会命令とそれに対する裁判所による取消訴訟を通じて形成された。しかし，実際の不当労働行為事件は，命令まで行かず和解によって処理される事案が多く全体の7－8割を占める（事件処理実態については，労働争議調査会1956，吾妻1966，石川・萩沢1980，近畿大学1980，道幸2002：127頁）。その点では，労働委員会制度や不当労働行為制度を全体として把握するためには，「法理」レベルの把握だけではきわめて不十分といえる。本書の目的はあくまで裁判例の分析であるのでこの点には留意していないが，この事実は強調しておきたい。

第1章 不当労働行為法理の全体像

### 【1】 医療法人新光会（民事）事件：最三小判昭 43・4・9 判時 515-29

**判旨**　「不当労働行為禁止の規定は，憲法28条に由来し，労働者の団結権・団体行動権を保障するための規定であるから，右法条の趣旨からいって，これに違反する法律行為は，旧法・現行法を通じて当然に無効と解すべきであって，現行法においては，該行為が直ちに処罰の対象とされず，労働委員会による救済命令の制度があるからといって，旧法と異なる解釈をするのは相当ではない。」

● コメント

　司法救済法理のリーディングケースとなる最判といえる。もっとも，7条違反の法律行為がなぜ「当然に無効」となるかの説明はなされていない。また，行政救済レベルでは7条違反の行為をあくまで事実行為の側面で把握しているので，「法律行為」的にとらえる視点との異同も問題になる（たとえば，いわゆる準解雇的ケース）。この点については第1章第3節参照（1号についてだけ効力規定とみなす見解として菅野 2005：618頁がある）。

### 【2】 済生会中央病院事件：最二小判平 1・12・11 労判 552-10

**事実**　時間内組合集会につき使用者が警告書を交付したことを不当労働行為とした中労委命令（昭和54・12・5命令集66-841）の取消訴訟の上告審。
　職場集会の態様は，元空腹時血糖室や病院内テニスコートでなされ，業務に支障のある者は参加せず，また業務に就く必要があれば中座をしていた。病院は，職場集会につき今後かかる行為を繰り返さないように警告するとともに責任追及の権限を留保しておくという通告書を交付していた。なお，原審東京高判（昭63・7・27労判525-37）は支配介入の成立を認めていた。

**判旨**　「一般に，労働者は，労働契約の本旨に従って，その労務を提供するためにその労働時間を用い，その労務にのみ従事しなければならない。したがって，労働組合又はその組合員が労働時間中にした組合活動は，原則として，正当なものということはできない。また，労働組合又はその組合員が使用者の許諾を得ないで使用者の所有し管理する物的施設を利用して組合活動を行うことは，これらの者に対しその利用を許さないことが当該物的施設につき使用者が有する権利の濫用であると認められるような特段の事情がある場合を除いては，当該物的施設を管理利用する使用者の権限を侵し，企業秩序を乱すものであり，正当な組合活動に当たらない。そして，もとより，労働組合にとって利用の必要性が大きいことのゆえに，労働組合又はその組合員において企業の物的施設を組合活動のために利用し得る権限を取得し，また，使用者において労働組合又はその組合員の組合活動のためにする企業の物的施設の利用を受忍しなければならない義務を負うと解すべき理由はない。」

● コメント

　前提としている最判は，国鉄札幌駅（民事）事件最判（最三小判昭54・10・30労判329-12）であり，司法救済法理を行政救済法理に直接適用している。

## 第1節　不当労働行為法理の特徴と問題点

### 1　判例法理の基本的特徴

　労働委員会実務および裁判例が形成・展開してきた不当労働行為法理の基本的特徴と問題点を救済システムのあり方をも含めてあらかじめ検討しておきたい。

　基本的特徴の第1は，団結平等の考え方である。使用者サイドについていえば，併存組合下における「中立保持義務」といえる（【3】日産自動車事件：最三小判昭60・4・23労判450-23，一審・東京地判昭49・6・28労民集28-5・6-649，原審・東京高判昭52・12・20労民集28-5・6-614）。労働組合の設立要件に対するきわめてルーズな規制（2条・5条），とりわけ組合員数を問題にしていないこと，排他的交渉代表制の不採用，団結権に関する基本的人権的把握（憲法28条），さらに組合分裂によって利害対立を解消するという組合運動の体質がこのような法理の形成を促したといえよう。もっとも，組合員数の多寡に応じて労働条件決定や労務管理上の影響力が違うので実際にはまったく平等に取扱うことも困難であった。とりわけ団交レベルについてそういえる。また，各組合は独自の団交権に基づきそれぞれ使用者と自主交渉を行うので組合の方針の相違によって労働条件等の差別状態が容易に形成される。ここにデリケートな組合（員）間差別事件が発生する原因があり，法理形成上の困難があったといえる（第3章第2節参照）。

　第2に，労働委員会実務は，組合員に対する解雇や処分に相当な理由があったとしても解雇等の「決定的理由」が組合員たることや正当な組合活動を理由とした場合には不当労働行為とみなすといわれている。また，決定的理由という構成ではなく，当該解雇がことさら組合員であるかを問題にする「差別性」を重視するアプローチもとられている。実務はほぼこれらのアプローチを採用しているが，裁判例はやや批判的である。つまり，解雇や処分に正当事由があるかを主に問題にし，正当事由があれば原則として不当労働行為は成立しないとし，正当性がないもしくははっきりしない場合であって，かつ使用者に組合嫌悪の意思があるケースについて不当労働行為が成立すると構成するケースが多い（第4章参照）。

　第3に，査定差別事件について労働委員会実務は，いわゆる大量観察方法を採用している。それによると同職種，同期，同学歴の者を組合相互間もしくは組合員と非組合員との間で全体として比較し，その集団間に顕著な格差があれば，その格差に相当な理由があることを使用者が反証しない限り不当労働行為とみなされる。判例法理（【4】紅屋商事事件：最二小判昭61・1・24労判467-6）も基本的

にこのようなアプローチを支持している。もっとも，最近はこのようなアプローチに批判的な裁判例も増加している（第3章第3節参照）。

　第4に，労働委員会実務は組合の諸活動について，労使関係における諸般の事情からその「正当性」を総合的に判断する傾向にある。活動内容以外に，その目的，なされた経緯，使用者の対抗措置の内容や程度，労使関係の状況や慣行等をも考慮している。また，ビラ貼りやリボン闘争等の使用者に一定の圧力を課す「組合活動」についても原則的に正当性を認める傾向にある。他方，判例法理は，争議行為と組合活動を峻別し，後者については原則として正当性に欠けるという判断を示している（第7章）。

　第5に，7条2号の団交拒否の事案については，団交権概念の肥大化の傾向がみられる。つまり，労働組合でありさえすれば組合員数に関係なく独自の団交権が認められ，使用者概念も拡張されている。また，労働条件に関連する範囲では，管理運営事項や個別人事であっても義務的交渉事項とみなされている。さらに，労使協議，苦情処理についてもその諾否や内容につき紛争が生じた場合には，法的には「団交」紛争として処理されているわけである。いわゆる駆け込み訴え事件がその典型といえる。加えて，団交紛争としては，拒否事案と不誠実交渉事案があり，後者の法理は斡旋事件の処理に強い影響を与えている（詳しくは，道幸2006：88頁以下参照）。

　第6に，救済利益や救済命令については一応「組合」重視的な法理が形成されている。バックペイ命令について，中間収入の控除の要否との関連であるが，労働委員会の裁量を重視すべきことと不当労働行為たる解雇が組合活動を抑制する側面が重視されている（【5】第二鳩タクシー事件：最大判昭52・2・23労判269-14）。また救済利益についても組合固有の利益を重視しており，個別組合員の意向との調整もそれをふまえてなされるよう構想されている（旭ダイヤモンド工業事件：最三小判昭61・6・10労判476-6）。

　以上のうち第5，第6の論点については別稿が用意されているので本書では検討対象とはしない（救済命令法理については，道幸1978，道幸1988①③，山川1990，山本1992等参照）。

【3】　日産自動車事件：最三小判昭60・4・23労判450-23

事実　組合併存下における一方の組合員に対しては残業を命じないという残業差別を不当労働行為とした中労委命令（昭48・3・19命令集49-273）の取消訴訟の上告審。

　日産がプリンスを吸収合併したことにより組合併存状態が発生したが，日産は日産労組とのみ協議し交代制と計画残業制を導入し，交代制のない間接部門を含め申立組合員に対して一切残業を命じなかった。一審東京地判（昭49・6・28労民集28-5・6-649）は残業差別は組合の自主判断の結果に過ぎず不当労働行為は成立しないとしたが，原審東京高判（昭52・12・20労民集28-5・6-614）は不当労働行為の成立を認めていた。

**判旨**「複数組合併存下にあっては，各組合はそれぞれ独自の存在意義を認められ，固有の団体交渉権及び労働協約締結権を保障されているものであるから，その当然の帰結として，使用者は，いずれの組合との関係においても誠実に団体交渉を行うべきことが義務づけられているものといわなければならず，また，単に団体交渉の場面に限らず，すべての場面で使用者は各組合に対し，中立的態度を保持し，その団結権を平等に承認，尊重すべきものであり，各組合の性格，傾向や従来の運動路線のいかんによって差別的な取扱いをすることは許されないものといわなければならない。

ところで，中立的態度の保持といい，平等取扱いといっても，現実の問題として，併存する組合間の組織人員に大きな開きがある場合，各組合の使用者に対する交渉力，すなわちその団結行動の持つ影響力に大小の差異が生ずるのは当然であり，この点を直視するならば，使用者が各組合との団体交渉においてその交渉相手の持つ現実の交渉力に対応してその態度を決することを是認しなければならないものであって，団結力の小さい組合が団体交渉において使用者側の力に押し切られることがあったとしても，そのこと自体に法的な問題が生ずるものではない。すなわち，……使用者として……，いきおい右多数派組合との交渉及びその結果に重点を置くようになるのは自然のことというべきであり，このような使用者の態度を一概に不当とすることはできない。」

「複数組合併存下においては，使用者に各組合との対応に関して平等取扱い，中立義務が課せられているとしても，各組合の組織力，交渉力に応じた合理的，合目的的な対応をすることが右義務に反するものとみなさるべきではない。」

しかし，「団体交渉の場面においてみるならば，合理的，合目的的な取引活動とみられるべき使用者の態度であっても，当該交渉事項については既に当該組合に対する団結権の否認ないし同組合に対する嫌悪の意図が決定的動機となって行われた行為があり，当該団体交渉がそのような既成事実を維持するために形式的に行われているものと認められる特段の事情がある場合には，右団体交渉の結果としてとられている使用者の行為についても労組法7条3号の不当労働行為が成立するものと解するのが相当である。そして，右のような不当労働行為の成否を判断するにあたっては，単に，団体交渉において提示された妥結条件の内容やその条件と交渉事項との関連性，ないしその条件に固執することの合理性についてのみ検討するのではなく，当該団体交渉事項がどのようないきさつで発生したものかその原因及び背景事情，ないしこれが当該労使関係において持つ意味，右交渉事項に係る問題が発生したのちにこれをめぐって双方がとってきた態度等の一切の事情を総合勘案して，当該団体交渉における使用者の態度につき不当労働行為意思の有無を判定しなければならない。」

【4】 紅屋商事事件：最二小判昭61・1・24 労判467-6

**事実** 組合併存状態になった後の一時金差別についての中労委命令（昭52・12・21命令集62-732）の取消訴訟の上告審。

会社には，申立組合と別組合があった。同社の昭和50年賞与の支給額の算出方法は，「基本給×成果比例配分率×人事考課率×出勤率」との算式によることとされ，そのうち成果比例配分率は，夏期賞与については，1.8カ月，冬季賞与については2.1カ月と定められたが，申立組合員についてこれをみると，最低の「50」が31名で最も多く，「60」が17名，「70」が7名，「75」が1名，80が4名という分布になっており，その平均は「58」

第1章　不当労働行為法理の全体像

であるのに対し別組合員については，最低の者（4名）でも参加人組合員の最高の者より高い「90」であり，「95」が8名，「100」が15名，「110」が8名，「120」が21名という分布になっており，その平均値は「101」である。また，同年冬季賞与における人事考課率についても明確な格差が存した。

会社は，申立組合がその結成を同社に通知して公然化した直後から，その代表者の発言等を通じて，同組合を嫌悪し，同組合員と別組合員とを差別する行動を繰り返した。また，組合併存以前の従業員の人事考課率に格差は存しなかった。さらに，昭和50年度夏期賞与の考課期間の後に申立組合を脱退して非組合員又は別労組員となった21名の上記賞与における平均人事考課率は「59」であって，その当時の参加人組合員全員の平均人事考課率「58」とほとんど差がなかったのに，同年度冬季賞与におけるそれは「96」となり，その当時の参加人組合員の平均人事考課率「79」と比べ「17」もの差が生じている反面，従前からゼンセン紅屋労組員又は非組合員であった者の平均人事考課率「101」との差はわずかに「5」となっている。その間に，参加人組合員が，参加人組合の指令に基づいて，勤務時間中故意に作業の能率を下げたり，接客態度を悪くしたりした事実はなかった。

**判旨**　「まず，参加人組合結成前の昭和49年度夏季及び冬季の各賞与における人事考課率の査定においては，後に参加人組合員となった者らの平均考課率とゼンセン紅屋労組員となった者らの平均考課率との間にほとんど差異がなかったのであり，このことは，これらの者の勤務成績等を全体として比較した場合その間に隔りがなかったことを示すものというべきところ，その後参加人組合が結成されこれが公然化した後において，参加人組合員らの勤務成績等がゼンセン紅屋労組員又は非組合員のそれと比較して劣悪になったことを窺わせる事情はなく，したがって，本件

各賞与における人事考課率の査定時においても，参加人組合員らとそれ以外の者らとの勤務成績等に全体として差異がなかったものというべきである。他方，本件各賞与における人事考課率を参加人組合員らとそれ以外の者らとの間で比較してみると，その間に全体として顕著な差異を生じていることが明らかである。そして，これらの事実に参加人組合が結成されこれが公然化した後上告会社において同組合を嫌悪し同組合員をゼンセン紅屋労組員と差別する行動を繰り返していること，昭和50年度夏季賞与の考課期間の後に参加人組合を脱退して非組合員又はゼンセン紅屋労組員となった者らの同年度冬季賞与における平均人事考課率がにわかに上昇し従前からゼンセン紅屋労組員又は非組合員であった者らの平均人事考課率に近似する数値となっていることなどの前記認定事実を合わせ考えると，参加人組合員らとそれ以外の者らとの間に生じている右のような差異は，上告会社において参加人組合員らの人事考課率をその組合所属を理由として低く査定した結果生じたものとみるほかなく，また，右の査定において，上告会社が個々の参加人組合員の組合内における地位や活動状況等に着目しこれを考課率に反映させたというような事情は全く窺うことができないのであるから，本件の事実関係の下においては，上告会社は，本件各賞与における参加人組合員の人事考課率を査定するに当たり，各組合員について，参加人組合に所属していることを理由として，昭和50年度夏季賞与については参加人組合員全体の平均人事考課率とゼンセン紅屋労組員全体の平均人事考課率の差に相応する率だけ，同年度冬季賞与については参加人組合員全体の平均人事考課率とゼンセン紅屋労組員及び非組合員全体の平均人事考課率の差に相応する率だけ，それぞれ低く査定したものとみられてもやむを得ないところである。以上によれば，本件においては，上告会社により，個々の参加人組合員に対し賞与の人事考

課率の査定において組合所属を理由とする不利益取扱いがなされるとともに，組合間における右の差別的取扱いにより参加人組合の弱体化を図る行為がされたものとして，労働組合法7条1号及び3号の不当労働行為の成立を肯認することができる。」

### 【5】 第二鳩タクシー事件：最大判昭52・2・23労判269-14

**事実** 解雇期間中に他社で就労し中間収入がある場合に，当該収入を不当労働行為の救済命令たるバックペイから控除しなかった東京地労委命令（昭39・2・26命令集30-31）の取消訴訟の上告審。

**判旨** 「思うに，法27条に定める労働委員会の救済命令制度は，労働者の団結権及び団体行動権の保護を目的とし，これらの権利を侵害する使用者の一定の行為を不当労働行為として禁止した法7条の規定の実効性を担保するために設けられたものであるところ，法が，右禁止規定の実効性を担保するために，使用者の右規定違反行為に対して労働委員会という行政機関による救済命令の方法を採用したのは，使用者による組合活動侵害行為によって生じた状態を右命令によって直接是正することにより，正常な集団的労使関係秩序の迅速な回復，確保を図るとともに，使用者の多様な不当労働行為に対してあらかじめその是正措置の内容を具体的に特定しておくことが困難かつ不適当であるため，労使関係について専門的知識経験を有する労働委員会に対し，その裁量により，個々の事案に応じた適切な是正措置を決定し，これを命ずる権限をゆだねる趣旨に出たものと解される。このような労働委員会の裁量権はおのずから広きにわたることとなるが，もとより無制限であるわけではなく，右の趣旨，目的に由来する一定の限界が存するのであって，この救済命令は，不当労働行為による被害の救済としての性質をもつものでなければならず，このことから導かれる一定の限界を超えることはできないものといわなければならない。しかし，法が，右のように，労働委員会に広い裁量権を与えた趣旨に徴すると，訴訟において労働委員会の救済命令の内容の適法性が争われる場合においても，裁判所は，労働委員会の右裁量権を尊重し，その行使が右の趣旨，目的に照らして是認される範囲を超え，又は著しく不合理であって濫用にわたると認められるものでない限り，当該命令を違法とすべきではないのである。

右の見地に立って法7条1号に違反する労働者の解雇に対する救済命令の内容について考えてみると，法が正当な組合活動をした故をもってする解雇を特に不当労働行為として禁止しているのは，右解雇が，一面において，当該労働者個人の雇用関係上の権利ないしは利益を侵害するものであり，他面において，使用者が右の労働者を事業所から排除することにより，労働者らによる組合活動一般を抑圧ないしは制約する故なのであるから，その救済命令の内容は，被解雇者に対する侵害に基づく個人的被害を救済するという観点からだけではなく，あわせて，組合活動一般に対する侵害の面をも考慮し，このような侵害状態を除去，是正して法の所期する正常な集団的労使関係秩序を回復，確保するという観点からも，具体的に，決定されなければならないのである。不当労働行為としての解雇に対する救済命令においては，通例，被解雇者の原職復帰とバックペイが命ぜられるのであるが，このような命令は，上述の観点からする必要な措置として労働委員会が適法に発しうるところといわなければならない。」

第1章　不当労働行為法理の全体像

## 2　判例法理の不当労働行為性判定視角

不当労働行為の成否をどのような観点から判断するか。判例法理は，この問題を一般的な説示として直接正面から論じてはいない。一般的な形の判示としては，労働委員会の救済命令制度を，「労働者の団結権及び団体行動権の保護を目的とし，これらの権利を侵害する使用者の一定の行為を不当労働行為として禁止した法7条の規定の実効性を担保する」ためのものと把握している。同時に，バックペイとの関連において，救済命令は個人的被害や組合活動一般に対する侵害の面をも考慮し，「このような侵害状態を除去，是正して法の所期する正常な集団的労使関係秩序を回復，確保するという観点からも」決定されなければならないと判示している（前掲【5】第二鳩タクシー事件最判）。また，司法救済との関連でも，「不当労働行為禁止の規定は，憲法28条に由来し，労働者の団結権・団体行動権を保障するための規定であるから，右法条の趣旨からいって，これに違反する法律行為は，旧法・現行法を通じて当然に無効」と解している（前掲【1】医療法人新光会事件最判）。

つまり，①不当労働行為制度は憲法28条に由来し労働者の団結権・団体行動権保障を目的とすること，②労組法7条に違反する法律行為は無効と解されること，③救済命令は「正常な集団的労使関係秩序」を回復・確保する目的をもちその内容の決定につき労働委員会に裁量の余地があること，が説示されている。同時に，④不当労働行為の成否の判断については労働委員会に裁量が認められず，裁量が認められるのは救済命令レベルであると判示されている（【6】寿建築研究所事件：最二小判昭53・11・24判時911-60）。

確かに，不当労働行為制度は憲法28条を具体化（この意味自体が多様であるが）し，団結「権」，団体行動「権」を保障していると評価しうる。しかし，問題は，労働委員会制度によって具体化が図られている団結「権」等の内容である。判例法理において不当労働行為の成否判断基準は，一般的な基準としては提示されてはいない。せいぜい，救済命令との関連において提起された，「正常な集団的労使関係秩序」の回復・確保という観点があるくらいである。

【6】　寿建築研究所事件：最二小判昭53・11・24判時911-160

事実　団交再開を命じた東京地労委命令（昭49・11・5命令集54-350）に対する取消訴訟の上告審。

会社が従業員Kに対し昭和47年7月1日に一次解雇の，昭和48年4月7日に二次解雇の各意思表示をしたことにつき団交を要求したところ拒否されたので申立がなされ，都労委は「被申立人株式会社寿建築研究所は，申立人建設関連産業労働組合が申し入れた同組合所属の組合員Kの解雇について団体交渉を，(ア)団体交渉を再開することは無意味であること，(イ)組合が暴力を振うおそれがあることを理由として拒否してはならない。」旨の，

本件救済命令を発していた。

**判旨**　「原判決が本件救済命令を違法であるとしたのは，被上告人の団体交渉拒否が労働組合法（以下「法」という。）7条2号所定の不当労働行為に該当しないにもかかわらずこれを該当するとして救済を命じたことのゆえであり，本件救済命令における是正措置の内容が適切を欠くことのゆえでないことは，その判文に徴し明らかである。ところで，法27条に基づく救済の申立があった場合において労働委員会はその裁量により使用者の行為が法7条に違反するかどうかを判断して救済命令を発することができると解すべきものではなく，裁判所は，救済命令の右の点に関する労働委員会の判断を審査してそれが誤りであると認めるときは，当該救済命令を違法なものとして取り消すことができるものというべきである。これと同旨の見解のもとに前述の理由により本件救済命令を違法であるとした原審の判断は，正当である。」

## 第2節　不当労働行為法理定立の基礎視点

労組法7条は，1号から4号の規定において次のような不当労働行為類型を定めている。①組合員であること，②組合に加入したこと，③組合を結成しようとしたこと，④労働組合の正当な行為をしたこと，を理由とする解雇や不利益取扱い。⑤組合不加入もしくは脱退を雇用条件とすること。⑥労働者代表との団交拒否。⑦組合結成・運営に対する支配。⑧組合結成・運営に対する介入。⑨組合運営に対する経理上の援助。⑩不当労働行為の申立・再申立，申立についての調査・審問さらに争議調整の際の証拠の提示・発言，を理由とする解雇や不利益取扱い。

①から④までが不利益取扱いもしくは差別待遇（1号），⑤が黄犬契約（1号），⑥が団交拒否（2号），⑦⑧が支配介入（3号），⑨が経費援助（3号），⑩が報復的不利益取扱い（4号），といわれる。条文に従ってこう分類しても全体の構造は必ずしもはっきりしない。3号を総則的にとらえる見解もあるが，どうみても全体が雑然と並んでいるだけである。労組法の立法史からもそのようにいえる（道幸2002：192頁）。そこで，ここでは不当労働行為が，集団的な労働条件決定過程のどの段階でどのような形で争われるかを確認しておきたい。紛争状態についてリアルな認識を得るためである（不当労働行為の類型化の試みとして，道幸2002：227頁以下参照。具体的には，総則的ルールとして，①組合員たるこの保護ルール，②自主的な組合運営ルール，③組合選択の自由ルール，④話し合いルールがあり，組合活動の各ステージに応じたルールとして，⑤組合結成・加入行為の保護ルール，⑥日常的組合活動保護ルール，⑦組合のプレッシャー行為受忍ルール，⑧団交応諾ルール，⑨慣行・協定の遵守ルール，⑩公正な紛争処理ルール，が考えられる）。

第1章　不当労働行為法理の全体像

## 1　集団的な労働条件決定過程

　集団的な労働条件決定過程はおおむね次のようになる。これらは主に不当労働行為規定との関連が問題になるが，それ以外においても労組法上若干の規制がなされているので，関連規定についてもふれておきたい。

### (1)　組合の結成
　組合結成の基本パターンとしては，①従業員が同僚と相談して結成する，②外部の組織と相談しもしくはその指導のもとで結成する，が想定される。ここでは，従業員自身の結成行為とともに外部組合の組織化活動が問題になる。同時に，明確な「組合」結成にいたらない集団志向的な行為（たとえば，集団的な性質を有する苦情の提出，労基法上の従業員代表としての活動，この点については小嶌1987：参照）をどう考えるかも重要である。

### (2)　組合への加入
　組合への加入は，既存の企業別組合へ加入する場合が一般的であるが，企業を超えた地域もしくは産業単位の外部組合への個人（団体）加入がなされる場合もある。この組合加入については，ユニオンショップ協定の効力が主要問題になっており，判例法理はその効力を認める（日本食塩製造（民事）事件：最二小判昭50・4・25民集29-4-456）とともに併存組合下においては組合選択の自由等を重視しユニオンショップ協定の効力を制限している（三井倉庫港運（民事）事件：最一小判平1・12・14労判552-6）。
　なお，組合からの脱退については，それを制限することは許されていない（日本鋼管鶴見製作所（民事）事件：最（一小）判平元・12・21労判553-6，東芝労働組合小向支部（民事）事件：最（二小）判平19・2・2労判933-5）。

### (3)　組合の内部運営活動
　組合役員は日常的に組合員と接触したり，苦情を聞いたり，さらに組合員とリクリエーションや学習活動をすることが多い。それ以外に制度化されたものとして，①組合集会，②組合（代議員）大会があり，内部的情宣活動として，③組合ビラの配布，④組合掲示板使用等がある。また，組合活動の拠点として⑤組合事務所の使用も問題になる。組合内部問題については，労組法上2条，5条の関連規定がある。
　組合内部運営については，その活動を制約する使用者の行為とともにそれを支援する措置の適否も経費援助・便宜供与の禁止として争われている。とはいえ，上述の組合掲示板・事務所の使用についてはあまり問題にならず，より端的な経費援助，たとえば組合専従者に対する賃金支給の適否等が論点となっている。裁判例はたとえ経費援助に該当しても，実質的に組合の自主性を阻害しない場合には特定金員を支給するとの合意を有効とする見解（北港タクシー（民事）事件：大坂地決昭57・2・4労経速1117-8）と原則通りその有効性に疑問を呈する立場（安田生命保険（民事）

事件：東京地平4・5・29判時1427-139）がある。労働委員会事件としてはこの点は，主に資格審査のレベルで争われている。

### （4） 使用者との接触，協議

使用者との日常的なコミュニケーションを通じて労働者の要求や意向を伝えることは頻繁になされている。制度化されたものとしては，①苦情処理，②労使協議があり，基本的な労働条件は③団交を通じて話し合われる。この団交過程は，(2)の組合内部における意思決定過程と連動している。団交については，労組法6条が交渉権限を定めている。

### （5） 使用者へのプレッシャー活動

使用者へのプレッシャー活動としては，明確な要求の提示から争議行為まで多様なものがある。実際には，(3)(4)と関連して，企業内における①ビラ貼り闘争，②リボン等の服装闘争，企業外における③街宣闘争がある。また，争議行為としては，ストライキ，怠業，職場占拠，ピケ等があり，「争議行為」とみなされると明文の規定によって刑事免責（1条2項）及び民事免責（8条）が認められる。使用者へのプレッシャー活動に由来する紛争については，労調法上争議調整が定められている。なお，7条1号は，争議行為と組合活動の区別をせず，きわめて抽象的に労働組合の正当な「行為」と表現し，それを理由とする不利益取扱いを禁止している。

### （6） 協約の締結・履行

労使間において話し合いがなされその結果合意に至ったならば通常協定が締結される。その典型が労働条件の基準や労使間ルールを定めた労働協約である。その他に，個別人事についての覚え書等がある。協約締結は要式行為とされ（14条），規範的効力が認められている（16条）。労使間の合意であっても書面化されなければ規範的効力は認められない（都南自動車講習所事件：最三小判平13・3・13労判805-23）。協約違反の争いは，裁判所が所管する。その態様によっては不当労働行為とみなされることもある。

### （7） 企業外におけるその他の活動

労働組合は対使用者の活動だけではなく，政治活動，社会活動，さらに組合相互間の連帯活動等をも行う。また，労働委員会や裁判において自らや組合員の利益を守る活動も重要である。

## 2　集団化のパターンと不当労働行為

集団的労使関係といっても，組合が職場におかれている状況や組合の組織化の度合い等に応じて次の3つのパターンが想定しうる。不当労働行為法理を考える場合に留意すべきものである。とくに，後述の話し合いルールや団交応諾ルールの位置づけが異なるものと思われる。

第1は，職場全体をほぼ組織化している多数組合のパターンである。このケースでは，

一応労使関係の安定化・集団化を前提として円滑な交渉関係を維持することが主目的となる。また，労働協約による労使間ルールの設定も重視され，不当労働行為の成否を判断する際に労使間で決定されたルールを一定程度重視する必要があろう（道幸1998：204頁参照）。

第2は，職場内における少数組合のパターンである。その組織率の程度にもよるが，職場において一定程度の影響力を行使しうることを主目的とする。そのために団交権の行使は，使用者に対する発言の機会であるとともに組合承認のための重要な武器となる。同時に，多数派になる可能性や従業員の組合選択の自由を確保するために多数組合員（もしくは非組合員）との間の平等取扱いは中立保持義務ととして使用者に課せられている。このような要請は，新組合を結成した直後についても基本的にあてはまる。

第3は，個人加盟のいわゆるコミュニティー・ユニオンのパターンである。このケースでは，職場における代表性はほとんど問題にならず，個別従業員の特定の労働条件についての代理的役割が重視される。団交についても，労働条件基準の設定というより個別的労働条件の決定についての協議や苦情処理となる。集団化の前提として職場において独自の「声」を死守するシステムといえる。より明るいイメージとしては，その名称のとおり，地域における連帯・サポート組織の基盤ともなりうる。労働相談機能も重要である。

不当労働行為制度は多様な形の集団化を想定しているが，実際の事件は，第2のパターンが多く，また，第1のパターンにおいては，組合分裂がからむことが一般的である。最近では，第3のパターンが増加傾向にある。このパターンの相違は主に団交拒否事件で問題になる。同じ，団交権といっても集団化のパターンに応じて持つ意味が異なることを確認しておきたい。

## 第3節　行政救済と司法救済

　労組法7条は，一般的に行政救済の基準であるとともに司法救済の基準とされている。この両法理の混在状態が行政救済法理の独自性を不明確にし，その結果労働委員会命令の取消事例が増加している側面がある。そこで，ここでは，行政救済法理の独自性を解明するという観点から，両法理がなぜ，混在して形成されてきたのか，またどのように混在しているかを検討し，行政救済法理の観点から，不当労働行為の成否の判断視角を明らかにしたい（詳しくは，道幸1998：90頁，三宅1982，山口(俊)1982，山川1993，山口(浩)2000）。

### 1　団結権の保障方法

　労組法7条が行政救済の基準であることは規定上（27条）も明らかである。ただ，行政

救済とはなにかについては，判例上必ずしも明確な定義はなされていない。司法救済との異同を強調する裁判例（たとえば，【7】ＪＲ東日本（民事）事件：仙台高秋田支判平9・7・30労判723-48，上告棄却・最二小判平11・12・17）もあるが，最高裁は，不当労働行為の成否の判断についての要件裁量，つまり労働委員会による柔軟な解釈を認めていない（寿建築研究所事件：最二小判昭53・11・24判時911-160）。他方，救済命令のレベル，つまり効果裁量は認めている（第二鳩タクシー事件：最大判昭52・2・23判時840-28）。

司法救済についても労組法7条が司法（私法）規範であることは判例法理といえる。最高裁は，医療法人新光会（民事）事件（最三小判昭43・4・9民集22-4-845）において，不当労働行為たる解雇について，「不当労働行為の禁止の規定は，憲法28条に由来し，労働者の団結権・団体行動権を保障するために規定であるから，右法条の趣旨からいって，これに違反する法律行為は，旧法・現行法を通じて当然に無効と解すべき」と明確に判示している。次に，「不当労働行為」が不法行為にあたるかについても，判例法理といえよう。たとえば，サンデン交通事件：広島高判（平6・3・29労判669-74，上告棄却・最三小判平9・6・10労判718-15）は，会社による配車差別は，「労働組合法7条1号及び3号所定の不当労働行為に該当する違法行為であるから，控訴人は，民法709条に基づき」損害を賠償する責任がある，と判示している。また，横浜税関事件最判（最一小判平13・10・25労判814-34）は，国家公務員の事案であるが当局の行為が「支配介入」に当たるとして国家賠償を認めている。その他，団交を求めうる地位の確認（【8】国鉄（民事）事件：最三小判平3・4・23労判589-6），団結権妨害排除請求権等の論点もあるがここでは，司法救済としての無効，違法構成のみを検討することとする。

この司法救済に関しては最近，違法構成で請求する事件の増加と無効構成の法的メカニズムの多様化の傾向がみられる。具体的には，たとえば反組合的な解雇について，①不当労働行為→無効（ＪＲ東日本事件：東京高判平9・1・31労判718-48，阪神高速道路公団事件：大阪地判平11・5・31労判768-43等），②濫用→無効（協栄テックス事件：盛岡地判平10・4・24労判741-36，グリン製菓事件：大阪地決平10・7・7労判747-50，沖歯科工業事件：新潟地決平12・9・29労判804-62等），さらに③権利濫用で無効であるとともに不当労働行為意思もあるので不当労働行為でも無効（岳南朝日新聞社事件：静岡地沼津支決平11・12・15労判786-85，富士見交通事件：横浜地小田原支部決平12・6・6労判788-29）という3つの構成がみられる。②においては，不当労働行為（より正確にいえば，反組合的事実）的側面は濫用性判断の一ファクターにすぎないわけである。とりわけ，解雇事件については法律行為としてこのような構成が可能であったと思われる。

また，違法構成についても，侵害された権利の具体的内容はなにか，損害額の具体的算定方法等が問題となっている。たとえば，組合員の損害について，ヤマト運輸事件・静岡

第1章　不当労働行為法理の全体像

地判（平9・6・20労判721-37）は労働者の期待権と，西神テトラパック事件：神戸地判（平10・6・5労判747-65）は団結権と，中央タクシー事件：長崎地判（平12・9・20労判798-34頁）は精神的利益とし，JR西日本事件：広島地判（平10・7・23労判750-53）は明示していない。組合の損害については前掲中央タクシー事件：長崎地判，大和交通事件・奈良地判（平12・11・15労判800-31）等において団結権侵害と構成されている。団結権侵害につき独自の損害がないという特異な例もある（恵和会宮の森病院事件：札幌高判平16・9・17労判886-53）。

さらに，「不当労働行為」の成否との関連をどう構成するか。たとえば，東豊観光事件：大阪地判（平8・6・5労判700-30），【9】若松運輸等事件：千葉地判（平12・9・13労判795-15）は，損害が認められるのは強度の違法性のある場合と判示している（愛集学園愛集幼稚園事件：大阪高判平16・3・12労判883-71も参照）。また，都南自動車教習所事件：東京高判（平10・9・10労判755-61），前掲大和交通事件：奈良地判は，不当労働行為＝不法行為と把握している。理論的に未解明の難問が多い。

なお，近時「不当労働行為」事件を株主（会員）代表訴訟で争うケースもみられる（渡島信用金庫事件：札幌高判平16・9・29労判885-32 問題点は道幸2000年③参照）。

【7】　JR東日本（秋田保線区等）（民事）事件：仙台高秋田支判平9・7・30労判723-48

事実　JR発足過程においてなされた配転命令，配属通知を人事権の濫用，不当労働行為として特定の職場に置いて勤務すべき雇用契約上の地位を求めた事案。

昭和62年3月10日当時，国鉄に雇用され，それぞれの職場に勤務し，国労に所属していた控訴人らが，同年国鉄の事業が被控訴人に引き継がれるに際し，被控訴人の設立委員が，控訴人らを同年4月1日付けで被控訴人に採用することを決め，同年2月16日ころ控訴人らに通知した後に，国鉄が同年3月10日付けで，控訴人らに対し，次いで被控訴人の設立委員も，控訴人らに通知した。そこで，本件配転命令および本件配属通知は，控訴人らが国労組合員であること理由とした不当な差別待遇であって不当労働行為にあたり，また転居を伴う遠隔地への配転が恣意的になされ，著しい不利益を科するものであるから人事権の濫用であって無効であると主張していた。

判旨　実質的同一性の認定に関する両法理の視角の相違について

「控訴人提出の，（証拠略）によると，中央労働委員会は，本件と同種の事案について，国鉄が設立委員の補助機関的役割を果たしたとして，実質的同一性の理論を適用し，不当配転の措置を受けたものの不利益を解消するための措置を執るように承継法人に対して命じていることが認められる（この場合でも，原職場に復帰することを認めてはいない）。しかし，労使関係の将来的正常化のために行政救済上の規範として設定されている労働法の救済原理と，法律関係の確定，義務の強制，損害の転（ママ）補などを目的とした私法体系に基づ

いた司法的救済とは，自ずから法原理を異にするところがあるといわざるを得ない。

いわゆる実質的同一性の理論とは，主として，労働委員会において，①新旧両会社の間に，経営者ないし実権者，資本の構成，営業の実態（特に，内容，場所，設備，名称等）について同一性ないし類似性が認められ，かつ，②旧会社の解散と新会社設立に至る諸事情，すなわち，旧会社の解散の必然性ないし合理性の有無，旧会社の解散と新会社設立との時間的接着性，旧会社における組合活動の動向とこれに対する旧会社の対応等に照らし，旧会社の解散と新会社の設立が組合壊滅を目的とした一連の行為であると認められる場合に，新会社を名宛人として救済命令を発することを肯定するための理論として，採用されてきたものと考えられる。しかし，右のように，法律関係とは異なる平面において，不当労働行為等により不利益を被った当事者の原状回復を図る救済手続においてはともかく，法律関係の存否の確定を目的とする民事訴訟においては，社会的・経済的同一性のみをもって法律関係の当然承継を認める法的根拠とすることは相当とは言い難い。」

【8】 国鉄（民事）事件：最三小判平 3・4・23 労判 589-6

**事実** 鉄道乗車証（職務定期乗車証，精勤乗車証，永年勤続者乗車証）制度の改廃問題についての団交要求の拒否に対し，団交応諾義務の確認と損害賠償を請求した事案。

**判旨** 「原審の適法に確定した事実関係の下において，被上告人から上告人に対し第一審判決添付の別紙目録記載の各事項（以下「本件各事項」という）につき団体交渉を求め得る地位にあることの確認を求める本件訴えが，確認の利益を欠くものとはいえず，適法であるとした原審の判断は，正当として是認することができ，原判決に所論の違法はない」。

### 原審（東京高判昭 62・1・27 労民集 38-1-1）

「労働組合法1条1項等によって示される団体交渉の性質，同法7条の規定に違反する法律行為の効力，同法6条及び27条等の関連規定や労働委員会規則35条及び40条に規定する審問手続の当事者主義的構造，更に労働組合法と憲法28条との密接な関係を総合的に考慮すると，労働組合法7条の規定は，単に労働委員会における不当労働行為救済命令を発するための要件を定めたものであるにとどまらず，労働組合と使用者との間でも私法上の効力を有するもの，すなわち，労働組合が使用者に対して団体交渉を求める法律上の地位を有し，使用者はこれに応ずべき法律上の地位にあることを意味するものと解すべきであつて，団体交渉をめぐる労働組合と使用者との間の関係は，右の限りにおいて一種の私法上の法律関係であるというべきである。そして，本件で争われているのは，労働組合が使用者に対して一定の事項について団体交渉に応ずべきことを裁判上請求することができるような具体的団体交渉請求権の存在ではなくて，原判決別紙目録記載の事項が当事者間の団体交渉の対象となるか否かということ，すなわち，被控訴人が控訴人に対して右事項につき団体交渉を求める地位を有するか否かということであるから，これについて判決により判断を下すことによって確定される控訴人の地位の内容が不明確，不特定であるということはできない。また，被控訴人と控訴人との間で前記目録記載の事項が団体交渉の対象事項であるかどうかが争われており，この点が判決をもつて確定されれば，その限りで当事者間の紛争が解決されることになるのであるから，確認の利益が認められるものというべきである。確かに，右のような点の確認をしても，そ

れによつて直ちに本件の団体交渉事項そのものについての紛争が解決されるわけではないが，これによつて被控訴人が右のような団体交渉を求めることのできる地位にあるものであることが確定し，控訴人がこれに反するような主張をすることは許されなくなるのであるから，なお紛争解決の実効性があるというに妨げず，したがつて，それが具体的事件の解決に何ら役立たず，確認の利益がないとする控訴人の主張を採用することはできない」。

### 【9】 若松運輸等（民事）事件：千葉地判平12・9・13 労判795-15

**事実** 団交拒否及び支配介入を理由とする損害賠償請求事案。

被告らの会社の運転手ら6名が，原告組合に加入し，その分会を結成したところ，会社から，団体交渉を拒否される，仕事上の差別を受ける，一時金を支払われない，懲戒処分（出勤停止）の濫発を受けるなどの不当労働行為を受けたたとして，不法行為に基づき，右原告組合が被告会社に慰謝料の，右原告組合員らが被告らに懲戒処分がなければ支払われたはずの賃金相当額の賠償の各支払を求めるとともに，右原告組合員らが被告らに右懲戒処分の無効確認を求めた事案である。

**判旨** 「被告らの前記各行為は，分会が結成されたときから，原告組合及び分会を敵視して行われた一連の行為で，その期間も長期に及び，態様も執拗かつ悪質というべきである上，原告組合及び分会の主張を是認した地労委の救済命令等がなされたにもかかわらず，これを尊重し，遵守することもなかったとの事情を総合すると，社会的相当性の見地からも著しく逸脱し，強度の違法性があるというべきであるから，原告組合に対する不法行為を構成するというべきである。」

## 2 行政救済と司法救済

行政救済法理の独自性の解明のためには，司法救済法理との異同を明確にする必要がある。ここでは，その前提作業として両法理が混在して形成されてきた理由を確認し，両法理の相違点を明らかにし，それをふまえて行政救済法理の独自性を解明したい。

### (1) 両法理が混在して形成されてきた理由

わが国において両法理が明確に区分されることなく混在して形成されてきた主要な理由として以下をあげることができる。

第1は，法思考の伝統である。使用者の反組合的行為を民事無効的に構成する発想は戦前からのほぼ一貫した伝統である。特に，旧労組法時代については，直罰主義が採用されていたので，このような構成のニーズが高かった。行政救済の独自性という発想自体が希薄であったことや紛争事案として主に不当「解雇」事件が想定されたことがこのような傾向を助長したといえる。通常は，司法救済の不十分さを是正するために行政救済制度が構想されるが，行政救済の不十分さをカバーするために司法救済法理（例えば団交応諾仮処分に関する論争や最近の違法構成事件）が展開している。

第2は，救済の視角，方法の類似性である。手続的には，両救済とも当事者主義的であり，保護法益は，「私益」たる組合活動の保護と

解されている。また，救済の仕方も原職復帰（地位保全），バック・ペイ（賃金支払い）と類似した内容であった。さらに，資格審査制度の例外を定める5条1項但書の規定は，個人申立を認めているので個人救済的発想を助長する結果となった。

第3は，論争の仕方の特異性である。学会の主要関心は，使用者の反組合的行為の反規範性，具体的には司法救済法理の構築であった。法理の混在こそが課題であったといえる。さらに，7条の規定が包括的であったために，司法救済法理を構築するためにもしごく便利であり，実務的には明文の規定があったほうが裁判所の理解を得られやすかったという側面もある。他方，憲法28条の団結権については，公務員の争議権，ユシ協定論が論争の中心であり，不当労働行為法理との関連については，十分な議論がなされなかった。また，憲法規範の私人間効力についても同様であった。総じて，労組法7条から自由な団結権論は想定されず，そのような問題関心さえなかったといえる。前述の医療法人新光会事件最判がこのような傾向を決定的に助長し，現在に至っている。

### (2) 行政救済からみた司法救済の特徴

両法理は，事案処理の目的やアプローチ，救済の仕方が異なっている部分も少なくない。ここでは，行政救済の観点からみた司法救済の特徴を確認したい。

第1は，「権利」主体に関する。行政救済においては，申立適格の問題であり，実際には，組合申立が圧倒的に多く（組合申立につき道幸1988②参照），不当労働行為法理自体が組合自身の利益を守るという構造になっている。個別労働者に対する救済も基本的には，組合の利益を守る目的を持つ。ただ，組合が申立適格を有するためには，資格審査を経る必要がある。

他方，司法救済については，違法構成の場合は，違法類型に応じて組合及び組合員が原告になり，それぞれ自分に対する加害行為に対し賠償の請求をする。無効構成では，契約上の権利の有無が直接争われるので，原告となるのは契約の締結主体である労働者本人だけであり，主体の面からいえば，組合の利益を守るという構造にはなっていない。もっとも，組合であるかぎり（労働条件の維持改善の目的，労働者が主体，2名以上の組合員の存在が要件），2条但書きに該当したり，5条2項に定める組合規約がなくとも違法構成との関連においては権利主体となりうる。

第2は，「義務」主体に関する。行政救済では，被申立人の問題であり，使用者の行為だけが規制される。元請会社や親会社についても事案によっては，その使用者性が認められているが，それでも限界がある。

司法救済については，無効構成の場合は，被告となるのは契約締結主体たる使用者だけである。労働契約関係が前提になっているので，行政救済の場合よりも使用者の範囲はより限定されている。他方，違法構成の場合は，団結権を侵害する主体は，使用者に限らないので，権利侵害の態様に応じ多様な主体に対

## 第1章　不当労働行為法理の全体像

して損害賠償の請求が可能である。例えば，管理職個人，別組合（員），取引先・関連会社・取引銀行等である。違法構成の大きなメリットといえる。

第3は，審査の仕方や手続に関する。行政救済においては，審査手続は，労組法や労働委員会規則に定められた労働委員会手続による。同規則においても実際上も，不当労働行為の「立証」や請求する救済内容につき基本的に当事者主義的手続が採用されている。若干職権主義的側面もあり，2004年改正によってこの点がより明確になっている。

他方，司法救済においては，無効構成にせよ，違法構成にせよいずれも民訴手続が採用されるので，弁論主義による。したがって，反組合的行為の立証責任はもっぱら原告たる，組合もしくは組合員にあり，審査対象，救済内容ももっぱら原告の意向にしたがう。

第4は，紛争処理基準に関する。行政救済については，まさに不当労働行為の成否だけが問題になる。就業規則違反の有無や権利濫用的側面は，もっぱら不当労働行為の成否との関連で考慮されるにすぎない。

他方，司法救済については，不当労働行為以外の他の法理も当然考慮される。例えば，無効構成については，就業規則違反や権利濫用の有無，労基法3条違反等も問題になる。結局，契約上の地位（従業員たる地位や賃金支払を受ける地位）自体が保護法益とみなされる。

違法構成についても，まず，従業員たる利益や適切な仕事をすること自体（人格権）が保護法益になり，不当労働行為の成否は，主に違法性の有無との関連で問題となる。同時に，団結権自体も独自の保護法益となる。個々の組合員について従業員たる利益，人格権，団結権に対する侵害が相互にどう関連し，損害額の算定においてどう評価すべきかまでは十分に議論されていない。また，組合については独自の団結権侵害として損害賠償が認められている。もっとも，団結権保障につき組合員と組合との利害がどう関連するかについてまでは論議されていない。

第5は，不当労働行為の成否の具体的な判定の仕方に関する。行政救済においては，使用者の反組合的行為が7条の各号に違反するかのみを問題にする。労働者の非違行為や労働組合の活動が就業規則に違反するか，また使用者の懲戒処分が濫用か等は，独自に問題にならず，不当労働行為の成否を判断する一ファクターになるにすぎない。あくまでも反組合的行為の有無が争われる。不当労働行為に認定につき決定的動機説が形成されやすい原因でもある。このレベルだけで問題を処理しようとするからである。また，救済命令の型や7条の何号に該当するかによって，立証の仕方や不当労働行為の認定が異なる場合もある。要件事実自体がファジィーといえる。

他方，司法救済においては，それぞれの法的構成に応じて若干の相違がみられる。違法構成においては，「不当労働行為」＝団結権侵害行為とみなしても，加害者の「故意・過失」や「損害額」において独自の判断を余儀なくされる。また，違法性の強い「不当労働

行為」だけを違法とみなす立場によれば，独自の違法論が必要になる。裁判例の傾向は，この点につき使用者の（不当労働行為）意思の有無を重視しているように思われる。

無効構成については，不当労働行為の判断と並立してもしくは独自に就業規則違反や処分の濫用を問題としうる。そのため，不当労働行為の成否についての判断の仕方に混乱がみられるようになる。例えば，軽微な非違行為を理由とする組合委員長に対する解雇の例で考えると，当該解雇が「不当労働行為(A)」として無効，「不当労働行為(B)」ではないが「濫用」として無効，「不当労働行為(C)」の判断をせずに「濫用」として無効，という構成を想定しうる。この場合，同じ「不当労働行為」という表現を使っていても，(A)(B)(C)で想定している具体的判断基準や考慮事項は必ずしも同じではない。不当労働行為の成否の判断も，実際には処分事由の有無が中心であり，そのレベルだけで処理されがちである（例えば，丸新港運事件：大阪地決平9・9・22労経速1650-22）。

さらに，同じ「解雇」という概念であっても，行政救済では，必ずしも法律行為に限定されないので実質的な解雇的行為や退職強要的な行為も含まれる場合もある。他方，無効構成ならば，法律行為的な解雇だけが問題になる。違法構成ならば，必ずしも解雇に限定せず退職強要行為もその対象となる。

総じて，不当労働行為の成否の判断について，行政救済では，組合員たることや組合活動が不当に制約されるか否かの観点から多様な事情を考慮して判断するのに対し，無効構成では，契約上の地位や利益が不当に侵害されるか否かの判断の一環としてなされると思われる。つまり，同じ現象であっても，光のあて方で評価が異なる場合がありうるわけである。

第6は，救済の仕方に関する。行政救済は，裁判所ではなしえない個別事案に応じた柔軟な救済とともに労働組合を念頭に置いた救済をなすことが期待されている。実際にも，原職復帰やバック・ペイ等の原状回復的命令，団交応諾や差別の是正等の労使関係秩序の確保命令，ポスト・ノーチス命令等の再発防止的措置が命じられている。救済内容（救済利益の有無を含む）を決定する際に，過去になされた行為とともに，当該労使関係の将来の在り方をも考慮している。救済の集団的・将来的な視点は，行政救済の顕著な特徴である。

また，救済は集団的労使関係ルールの確保を目的とするので，救済内容はある程度包括的なものでもかまわない（例えば，額を特定することなく「賃金相当額」の支払いを命ずる）。もっとも，特定の救済命令の適否や相当性を考慮する際には，私法規範との関連は問題になる。労働契約上の権利，義務とあまりにもかけ離れた救済命令は違法とされるからである。たとえば，バック・ペイからの中間収入控除，チェック・オフ分の組合への支払い（【10】ネスレ日本事件：最一小判平7・2・23労働判例670-10）がその例である。さらに，これらの命令の強制は，違反に対し過料に処すことにより確保される。その過料額は国庫に納

第1章　不当労働行為法理の全体像

入され，申立組合には帰属しない。ここに司法救済のニーズがあったといえる。

　一方，司法救済においては，過去になされた反組合的行為の有無が問題になり，判決内容も民訴法上の制約を受け一定のパターンが決っている。無効構成の場合は，従業員たる地位の確認や未払い賃金の請求が認められる。違法構成の場合は，損害金の支払いが命じられる。地位確認については，任意の履行が期待されるにすぎないが，金銭債権については，強制執行手続が規定されている。

【10】　ネスレ日本（霞ヶ浦工場）事件：最一小判平7・2・23労働判例670-10

事実　組合分裂過程において，一方の組合の組合員につきチェックオフをし，それを別組合に支払ったことを不当労働行為とした中労委命令（昭和60・12・18命令集78-656）の取消訴訟の上告審。

　その後中労委は，審査を再開しチェック・オフ分を個別組合員へ支払う命令を発したが（平8・7・17命令集105-648），救済利益との関連において一部が取り消されている（東京地判平11・2・18労判762-60）。なお，本件最判と同様な判断はネスレ日本東京島田工場事件：最一小判平7・2・23労働判例686-15においても示されている。

判旨　「本件命令部分は，チェック・オフの継続と控除額の訴外組合の支部への交付という不当労働行為に対する救済措置として，上告人会社に対し，控除した組合費相当額等を組合員個人に対してではなく，参加人支部へ支払うことを命じたものである。しかし，右チェック・オフにより控除された組合費相当額は本来組合員自身が上告人会社から受け取るべき賃金の一部であり，また，右不当労働行為による組合活動に対する制約的効果や支配介入的効果も，組合員が賃金のうち組合費に相当する金員の支払を受けられなかったことに伴うものであるから，上告人会社をして，今後のチェック・オフを中止させた上，控除した組合費相当額を参加人支部所属の組合員に支払わせるならば，これによって，右不当労働行為によって生じた侵害状態は除去され，右不当労働行為がなかったと同様の事実上の状態が回復されるものというべきである。これに対し，本件命令部分のような救済命令は，右の範囲を超えて，参加人組合と上告人会社との間にチェック・オフ協定が締結され，参加人組合所属の個々の組合員が上告人会社に対しその賃金から控除した組合費相当額を参加人支部に支払うことを委任しているのと同様の事実上の状態を作り出してしまうこととなるが，本件において，原審の認定事実によれば，右協定の締結及び委任の事実は認められないのであるから，本件命令部分により作出される右状態は，不当労働行為がなかったのと同様の状態から著しくかけ離れるものであることが明らかである。さらに，救済命令によって作出される事実上の状態は必ずしも私法上の法律関係と一致する必要はなく，また，支払を命じられた金員の性質は控除された賃金そのものではないことはいうまでもないが，本件命令部分によって作出される右のような事実上の状態は，私法的法律関係から著しくかけ離れるもののみならず，その実質において労働基準法24条1項の趣旨にも抵触すると評価され得る状態であるといわなければならない。したがって，本件命令部分は，労働委員会の裁量権の合理的行使の限界を超える違法なものといわざるを得ない」。

● コメント

　判例法理は（エッソ石油事件：最一小判平

5・3・25労判650-6)，チェックオフをなすためにはそれを基礎づける労働協約とともに使用者が「個々の組合員から，賃金から控除した組合費相当分を労働組合に支払うことにつき委任を受ける」必要があると判示している。

## 3　行政救済法理の独自性

行政救済法理の独自性はなにか。ここでは，基本的特徴だけを指摘しておきたい。

その1は，資格審査制度との関連である（5条1項）。組合運営や組合員資格につき特定要件を充たす組合だけが救済の対象となる。その側面においては，不当労働行為制度は，特定の組合観や「組合民主主義」原理（5条2項）を内在したものと評価しうる。もっとも，5条1項において個人申立をも認めているので，この原則は一定程度修正されている。

その2は，申立の仕方や救済内容・利益について，組合の意向を重視することである。組合申立が基本であり，組合員個人に対する救済についても組合独自の利益が前提となる。この点は，バックペイからの中間収入の控除が争われた第二鳩タクシー事件および救済利益が争点となった旭ダイヤモンド工業事件の最判でも強調されている。

その3は，使用者の行為や措置が反組合的かをもっぱら問題にする判定視角である。不当労働行為の成否判断基準については，事実としての反組合的行為をどう認定するか，たとえば，解雇，処分が問題になった場合には，当該処分の相当性・正当性よりも，それが組合活動や組合員であることに事実上どう影響を与えるかを考える（1号と同様に3号的視角）。この点を強調している例として西神テトラパック事件：東京高判（平11・12・22労判779-47）がある。具体的には，組合員に対する差別的措置かを問題にし，労使関係の背景や経緯やなされたタイミング等を重視するわけである。結局，組合員や組合活動がなかったらどのような取扱いがなされたかがポイントとなろう（ＪＲ東海関西支社（配転・民事）事件：大阪地判平17・5・11労判900-75も参照）。同じ事案（たとえば，ＪＲ北海道配転事件）でも，司法救済（札幌地判平17・11・30労判909-14）と行政救済（北海道労働委員会平18・6・9）の判断が異なる場合もある。

その4は，労使関係の将来的視点をも考慮した柔軟な救済命令である。組合員や組合にいきすぎがある場合等には，救済の仕方で一定の利害調整が可能（ポスト・ノーティスだけ，抽象的不作為命令，具体的差別是正措置）となる。その側面においては，不当労働行為の成否と救済命令の在り方を明確に分離することは適切とはいえない。

その5は，救済の実効性の観点からは，労働委員会の労（別組合，非組合員も含む）使双方に対する，集団的労使関係ルール確立に向けた教育的機能は極めて重要である。その点からは当事者の合意を必要とする「和解的」処理は効果的である。同時に，集団的労使関係が職場において適切に形成されるためには，組合が一定の力量・影響力を有していることが不可欠と思われる。組合基盤がほとんどな

いケースや確信犯的な使用者の場合には，行政救済は必ずしも的確に機能し得ないと思われる。強制力の点では司法救済のほうが適切といえようか。

# 第2章　不当労働行為の共通問題

## 第1節　7条各号相互の関係

　労組法7条は，条文の上では，組合活動等を理由とする不利益取扱い（1号），団交拒否（2号），支配介入（3号），申立等を理由とする不利益取扱い（4号）の四つの不当労働行為類型を定めている。実務的には，使用者の反組合的行為を，以上の類型のどこかにあてはめ，各類型に応じた救済命令を発している。申立の仕方によって同じ行為を複数の類型にあてはめることも多く（特に，1号と3号），その点では実務的にはややルーズな取扱いになっている。

### 1　3号をどのように位置づけるか

　労組法7条各号の相互の関係をどのように考えるべきか。申立人の意向如何という側面があるのでどこまで純化した法理論を構築しうるかはやや疑問である。一応，次のように解することができる。

　不当労働行為を，組合活動の自由を侵害する行為と位置づけると，1号，2号，4号違反行為は原則的に3号違反的な側面をもつ。この点につき【11】旭ダイヤモンド工業事件・最判（最三小判昭61・6・10労判476-6）は，ストに対する報復的な賃金カットは，「組合員の組合活動意思を萎縮させその組合活動一般を抑圧ないし制約し，かつ，参加人支部の運営について支配介入するという効果を必然的に伴うものである」と判示している。この「必然的効果」は1号事件に限らないので，3号を包括的位置を占めるものと評価することは十分可能であると思われる。しかし，この点は判例法理として確立しているわけではない。というより，この問題自体が現在ではほとんど意識されていない。

> **【11】　旭ダイヤモンド工業事件：最三小判　昭61・6・10労判476-6**

事実　組合申立に基づき個々の組合員に対する金員の支払いを命じた神奈川地労委命令（昭51・3・19命令集58-350）の取消訴訟の上告審。

第2章　不当労働行為の共通問題

　ストライキに対する報復として，不就労が全日のストライキでないにもかかわらずこれを全日のストライキであるとして賃金カットを行ったものとして労委は，本件賃金カットは労働組合法7条1号および3号所定の不当労働行為に当たると認定した上，その主文第1項および第4項において，被上告人が，上記25名に対し，本件賃金カットに係る賃金及びこれに対する年5分の割合による加算金を支払うべきことを命じ，同じく主文第5項において，被上告人が，参加人支部に対し，本件賃金カットが不当労働行為に当たることを認め，これを撤回し，是正措置を講ずるとともに今後かかる不当労働行為を一切行わないことを誓約する旨の誓約書を交付し，かつ，右誓約書を木板に墨書して被上告人の玉川工場正面玄関付近に掲示すべきことを命じていた。これに対し原審（東京高判昭58・2・28労判476-16）は組合員資格を喪失した者に関する主文第1項，第4項および第5項に関する部分を取り消すべきものと判断していた。

**判旨**　「思うに，労働組合法27条に定める労働委員会の救済命令制度は，労働者の団結権及び団体行動権の保護を目的とし，これらの権利を侵害する使用者の一定の行為を不当労働行為として禁止した同法7条の規定の実効性を担保するために設けられたものである。本件賃金カットは，参加人支部のストライキに対する報復としてなされたものであって，前記25名の個人的な雇用関係上の権利利益を侵害するにとどまらず，右25名に生ずる被害を通じ，参加人支部の組合員の組合活動意思を萎縮させその組合活動一般を抑圧ないし制約し，かつ，参加人支部の運営について支配介入するという効果を必然的に伴うものであり，労働組合法7条1号及び3号の不当労働行為に当たるとされる所以である。したがって，参加人らは，本件賃金カットの組合活動一般に対する抑圧的，制約的ないしは支配介入的効果を除去し，正常な集団的労使関係秩序を回復・確保するため，本件救済命令の主文第1項，第4項及び第5項が命ずる内容の救済を受けるべき固有の利益を有するものというべきである。

　すなわち，本件救済命令の主文第1項及び第4項は前記25名に対する本件賃金カットに係る賃金の支払を命じているが，これも，本件賃金カットの組合活動一般に対する侵害的効果を除去するため，本件賃金カットがなかったと同じ事実上の状態を回復させるという趣旨を有しており，参加人らは，右の救済を受けることにつき，右組合員の個人的利益を離れた固有の利益を有しているのである。そして，参加人らが右の救済を受ける利益は，本件賃金カットがなかったと同じ事実上の状態が回復されるまで存続するのであり，右組合員が本件賃金カットの後に参加人支部の組合員資格を喪失したとしても，参加人らの固有の救済利益に消長を来たすものではない。右組合員が組合員資格を喪失したからといって，右に述べた組合活動一般に対する侵害的効果が消失するものではないからである。

　もっとも，本件のように，労働組合の求める救済内容が組合員個人の雇用関係上の権利利益の回復という形をとっている場合には，たとえ労働組合が固有の救済利益を有するとしても，当該組合員の意思を無視して実現させることはできないと解するのが相当である。したがって，当該組合員が，積極的に，右の権利利益を放棄する旨の意思表示をなし，又は労働組合の救済命令申立てを通じて右の権利利益の回復を図る意思のないことを表明したときは，労働組合は右のような内容の救済を求めることはできないが，かかる積極的な意思表示のない限りは，労働組合は当該組合員が組合員資格を喪失したかどうかにかかわらず救済を求めることができるものというべきである。」

## 2　各号の相互関連

　使用者の特定の行為が7条の何号違反かの問題は，不当労働行為の成否とともに救済命令の在り方とも関連する場合がある。前者について，【12】北辰電機製作所事件：東京地判（昭56·10·22労判374-55）は1号事案と3号事案とでは立証の程度に違いがあるとはっきりと説示している。また，後者についても，命令の型は該当条号に連動するという見解が実務ではかなり根強い。たしかに，そうしたほうが事件処理が簡便であるという側面はある。しかし，不当労働行為のパターンに応じた柔軟な救済をなすべきであるという立場からは，該当号自体ではなく，より具体的な個別の不当労働行為類型に応じた処理が適切と思われる。

　また，不当労働行為意思との関連においても各号の位置づけが問題になっている。つまり，不当労働行為意思は，主に使用者の行為が不利益取扱い（1号）に該当するかという形で論じられ，その前提として7条の各号につき不当労働行為意思が必要か否かが争われていた。とくに，7条1号および4号が「……の故をもって」，「……を理由として」という規定を有しているために，1号，4号には意思は必要であり，2号，3号は不要であるという見解も主張されていた。この点は不当労働行為意思の箇所で検討したい。

【12】　北辰電機製作所事件：東京地判昭56·10·22労判374-55

**事実**　組合内のグループ間差別を不当労働行為と認めた東京地労委命令（昭51·12·7命令集60-276）の取消訴訟。
　組合には全金派と反全金派の2つのグループがあり激しく対立していた。会社は，職務，職務遂行能力，その他の評定要素毎につけた評価点の合計点数をもって考課点としそれに年齢を考慮して換算点を計算して昇級・賞与等を決定していた。グループ間において昇級・賞与・主事補昇格につき，明確な格差があるとして申立がなされ，労働委員会は考課点格差を是正した昇級・賞与差額の支給等命じていた。

**判旨**　「労働委員会に対して不当労働行為の救済を求める申立人は，不当労働行為該当の事実が存在することを立証しなければならないが，個々の組合員らが前記のように特定の集団に属して組合活動を行う故をもって昇給・昇格等で差別されている（労働組合法7条1号該当）と主張する場合には，個々の組合員について不利益取扱いの成否を考えなければならないから，申立人が，㈠使用者が右集団を嫌悪していることのほかに，㈡個々の組合員に対する昇給・昇格等が右集団に属しない者に対する昇給・昇格等に比べて差異があること，㈢右昇給・昇格等の基礎となるべき個々の組合員の勤務の実績ないし成績が右集団に属しない者のそれとの間に隔りのないこと，を個別的に立証する必要がある。

　これに対し，使用者が特定の集団に属して組合活動を行う組合員らの昇給・昇格等を差別することにより右集団の活動に打撃を与え組合の運営に支配介入している（労働組合法7条3号該当）と主張する場合には，右集団について不利益な取扱いがあるかどうかを考えれば足りるから，申立人

第2章　不当労働行為の共通問題

としては，㈠使用者が右集団を嫌悪していることのほかに，㈡右集団に属する組合員の昇給・昇格等が全体として右集団に属さない他の組合員たちの昇給・昇格等に比べて差異があることを，いわゆる大量観察により立証すれば足り，右立証がされれば，使用者において，右差異が合理的理由に基づく等の特段の事情を立証しないかぎり，右差別は特定の集団に属して組合活動を行つたことを理由とするものであり，不当労働行為に該当すると推認するのが相当である。」

## 第2節　労働組合──管理職の組合加入を中心にして──

　不当労働行為制度は労働組合活動を保護するものなので，ある団体が「労働組合」か否かの定義が必要となる。一般的には，労働条件の維持向上を目的とする，労働者が主体となる，2名以上の団体とされる。この要件さえクリアーすれば，その団体の活動は労働組合のそれとして一応保護される。

　同時に，労組法は，労働委員会手続との関連において不当労働行為の救済申立適格を組合と個人に認めている（5条1項）。ところが，この組合申立との関連において同項は，2条及び5条2項の規定に適合することを要件とし，労働委員会による資格審査制度を規定している。この資格審査において労働組合の目的，組合員資格，規約内容等が問題にな

るが，主要な争点はいわゆる自主性の要件（2条但書1号）である。使用者の利益代表者が加入しているかが争われ，管理職組合や管理職の組合加入の許否が問題となる。この点は，団交拒否の正当性の有無等不当労働行為の成否との関連においても争われており，管理職の組合加入の是非は，管理職の地位の不安定化にともないホットなテーマになっている（資格審査制度の問題点については道幸1998：178頁以下参照，管理職組合については，中山1978，特集「管理職組合」1996）。

　労働法上，管理職とは通常，課長レベル以上の職位を意味することが多い。もっとも，管理職自体が法的な用語ではないので，規制目的との関連においてその具体化がはかられることになる。労務管理システムの変貌や多様化さらに名称の個性化により，現在この管理職の概念は非常に捉えにくいものになっている。以下では，いわゆる管理職についてどのような法的な紛争があるのか，また，管理職の組合加入についていかなる裁判例があるかを検討する。

　ところで，労働組合性の前提として，「労働者」概念も争われており，その判断につきデリケートなものが少なくない。労組法3条は，「労働者」を，「職業の種類を問わず，賃金，給料その他これに準ずる収入によって生活する者をいう」と失業者をも含めて広く定義している（労基法9・11条参照）。とはいえ，最近の雇用形態の多様化にともない，労働者や労働契約概念も流動化しており，その確定は労働法上の難問の一つである。労委実務は，

「使用者」の指揮命令をうけ，その対価として一定の収入を得ているものを鷹揚に広く「労働者」とみなしている。プロ野球選手や楽団員（【13】中部日本放送事件：最一小判昭51・5・6判時813-3）も労働者である（もっとも，新国立劇場運営財団（民事）事件：東京地判平18・3・30労経速1936-18は合唱団メンバーの出演契約の労働契約性を否定している）。

---

**【13】　中部日本放送事件：最一小判昭51・5・6判時813-3**

事実　楽団員が結成した組合からなされた団交拒否の申立につきそれを棄却した名古屋地労委命令（昭41・2・19命令集34・35-706）の取消訴訟の上告審。

会社と楽団員との関係は「自由出演契約」であり，(1)楽団員の他社出演等は自由であり，楽団員が会社からの出演発注を断ることも文言上は禁止されておらず，(2)その出演報酬としては，年額・月割払で楽団員が会社の出演発注に応じないことがあっても減額されない契約金と1時間100円の割合による出演料を支払うものとされ，(3)契約解除については従前と同様（正当な理由あれば途中でも解除できる）であり，(4)楽団員に対する芸能員就業規則の適用もないこととなっていた。右自由出演契約の締結にあたっては，専属性を弱めるものであるとして楽団員側が難色を示したが，会社からは，同契約のもとにおいても専属出演契約の重要な契約部分は実体としては残すから安心するようにとの説明がされ，会社も楽団員も，右契約によって出演発注に対する楽団員の諾否が文字どおり自由になるのではなく，出演発注があれば原則としてはやはりこれを拒否できず，いつも発注に応じないときは，契約解除の理由となり更には次年度の契約更新を拒絶されることもありうるものと考えていた。

判旨　「本件の自由出演契約が，会社において放送の都度演奏者と出演条件等を交渉して個別的に契約を締結することの困難さと煩雑さとを回避し，楽団員をあらかじめ会社の事業組織のなかに組み入れておくことによって，放送事業の遂行上不可欠な演奏労働力を恒常的に確保しようとするものであることは明らかであり，この点においては専属出演契約及び優先出演契約と異なるところがない。このことと，自由出演契約締結の際における会社及び楽団員の前記のような認識とを合わせ考慮すれば，右契約の文言上は楽団員が会社の出演発注を断わることが禁止されていなかったとはいえ，そのことから直ちに，右契約が所論のいうように出演について楽団員になんらの義務も負わせず，単にその任意の協力のみを期待したものであるとは解されず，むしろ，原則としては発注に応じて出演すべき義務のあることを前提としつつ，ただ個々の場合に他社出演等を理由に出演しないことがあっても，当然には契約違反等の責任を問わないという趣旨の契約であるとみるのが相当である。楽団員は，演奏という特殊な労務を提供する者であるため，必ずしも会社から日日一定の時間的拘束を受けるものではなく，出演に要する時間以外の時間は事実上その自由に委ねられているが，右のように，会社において必要とするときは随時その一方的に指定するところによって楽団員に出演を求めることができ，楽団員が原則としてこれに従うべき基本的関係がある以上，たとえ会社の都合によって現実の出演時間がいかに減少したとしても，楽団員の演奏労働力の処分につき会社が指揮命令の権能を有しないものということはできない。また，自由出演契約に基づき楽団員に支払われる出演報酬のうち契約金が不出演によって減額されないことは前記のとおり

第2章 不当労働行為の共通問題

であるが，楽団員は，いわゆる有名芸術家とは異なり，演出についてなんら裁量を与えられていないのであるから，その出演報酬は，演奏によってもたらされる芸術的価値を評価したものというよりは，むしろ，演奏という労務の提供それ自体の対価であるとみるのが相当であって，その一部たる契約金は，楽団員に生活の資として一応の安定した収入を与えるための最低保障給たる性質を有するものと認めるべきである。

以上の諸点からすれば，楽団員は，自由出演契約のもとにおいてもなお，会社に対する関係において労働組合法の適用を受けるべき労働者にあたると解すべきである」。

## 1 管理職をめぐる法的紛争

管理職も，「使用される者で，賃金を支払われる者」（労基法9条），すなわち労働者に他ならない。したがって，労働契約上次のような問題が発生する。

その1は，勤務成績や態度不良を理由とする解雇が許されるかである。また，降職，降格の是非も争われる。管理職については，一定の能力や適性が要求されるので，一般従業員よりも解雇が許される幅がひろいといえる（安田火災海上保険事件：長崎地判平6·9·6労判660-39）。とりわけ，初めから管理職として採用された場合にそういえる（たとえば，フォード自動車事件：東京高判昭59·3·30判時1119-143）。降職や降格についても，使用者側の裁量の幅はより広い（星電社事件：神戸地判平3·3·14労判584-61）。

その2として，管理職がその後，会社の役員になった場合に，従業員たる地位が継続するか（使用人兼務取締役）が争われる（たとえば，住建事件：長野地松本支判平8·3·29労判702-74）。継続することになると労働契約関係にもあることになる。同時に，退職金の算定の仕方も問題になる（たとえば，前田製菓事件：最二小判昭56·5·11判時1009-124）。

その3として，労働時間規制の適用除外をうける管理，監督者かが争われる（労基法41条2号）。労基法上は，主にこの点との関連において管理者か否かが問題となっている（たとえば否定例として，国民金融公庫事件：東京地判平7·9·25労判683-30，ユニコン・エンジニアリング事件：東京地判平16·6·25労経速1882-3，神代学園ミューズ音楽院事件：東京高判平17·3·30労判905-72等が，肯定例として，日本プレジテントクラブ事件：東京地判昭63·4·27労判517-18等がある）。

また，労組法との関連においても次の点が争われている。不当労働行為に関連した事案については2で検討する。

その1は，組合加入権が認められるかの問題である。全ダイエー労組事件では，組合員資格の認められていない課長職にある者が組合加入を求めたのに対し，組合による拒否が許されると判断された（横浜地判平元·9·26労判557-73）。

その2は，事業所単位の協約の拡張適用につき，管理職も協約の適用を受ける労働者，つまり「同種の労働者」（労組法17条）といえるかの問題である。近時，労働条件の不利益変更は，就業規則や労働協約によってなさ

れる場合が多く，拡張適用によって非組合員に対しても当該協約内容の適用があるかが争われている。特に，組合員資格が認められていない管理職についてはどうか。この点は，朝日火災海上保険事件で正面から問題となり，最判（最三小判平 8・3・26 労判 691-16）は，不利益部分についても未組織労働者に適用があるが，その適用が著しく不合理と認められる特段の事情がある場合は別であると判示し，本件は特段の事情があるとした。

その 3 は，最近はほとんど争われていないが，使用者の利益代表者が加入する法外組合の協約締結能力の有無の問題である。労組法 2 条本文に該当する組合であれば認められている（高岳製作所事件：東京地決昭 25・12・23 労民集 1-5-770，京都全但タクシー事件：京都地判昭 37・11・30 労民集 13-6-1140）。もっとも，自主性が認められないいわゆる御用組合の場合は協約の効力（ユシ協定）は認められていない（寿紡績事件：大阪地判昭 38・4・5 労民集 14-2-465）。つまり，協約締結能力がある組合とは，「その意思決定につき相手方当事者たる使用者の拘束を受けない自主性ないし独立性を持つもの」（前掲・京都全但タクシー事件京都地判）でなければならないわけである。

## 2 不当労働行為に関連する裁判例

管理職の組合活動，組合参加に関しては，現行労組法成立から昭和 60 年ごろまで専ら民事事件で争われた。したがって，労組法 5 条 1 項は直接問題とならず，2 条但書 1 号についてもあまり詰めた議論がなされていなかった。労委命令の取消訴訟において，この点が争われるのは昭和 60 年以降である。しかし，以下のように資格審査上の瑕疵が独自の取消事由にならないことが判例上確立しているので，裁判上争われることは相変らず少ない。

最高裁は，日本通運会津若松支部事件（最三小判昭 32・12・24 民集 11-14-2337）以来繰り返し命令の独自の取消事由とはならないという判断を示している（その後の最高裁判例として，阪神観光事件：最一小判昭 62・2・26 判時 1242-122，東京家の光事件：最二小判昭 62・3・20 労判 500-32，倉田学園事件：最一小判平 2・10・25 労判 600-9）。労委の審査義務は，「労働委員会が，組合が第 2 条および第 5 条第 2 項の要件を具備するように促進するという国家目的に協力することを要請されている意味において，直接，国家に対して負う責務にほかならず，申立資格を欠く組合の救済申立を拒否することが，使用者の法的利益の保障の見地から要求される意味において，使用者に対する関係において負う義務ではないと解すべきである」というのがその理由である（行訴法 10 条 1 項参照）。

### (1) 民 事 事 件

管理職の組合加入との関連においては，法外組合に関しても「不当労働行為」が成立するか，また，利益代表者の組合活動も労組法 7 条 1 号にいう「正当な行為」といえるかが争いになった。

## 第2章 不当労働行為の共通問題

　まず，前提として，特定の組合が法外組合か否かが争われている。北国銀行事件：金沢地判（昭和25・3・6労民集1-1-65）は，課長代理，検査役につき，神戸全但タクシー事件：大阪地判（昭36・10・19労民集12-5-917）は，配車係につき，全日本検数協会事件・名古屋地判（昭40・10・18労民集16-5-706）は，係長につき，それぞれ利益代表者に当たらず，法外組合とはいえないという判断を示している。

　次に，法外組合であっても，裁判例は一貫して，「自主的な」組合ならばその組合員に対する不利益取扱いにつき不当労働行為が成立すると判示している（日本セメント事件：東京地判昭25・1・30労民集1-1-13，東京生命事件：東京地決昭25・5・8労民集1-2-230，日本冷蔵事件：仙台地判昭25・5・22労民集1-3-391）。さらに，利益代表者たる組合員の行為についても不当労働行為制度上の保護を受けると解されている（塚本総業事件：千葉地判昭35・12・6労民集11-6-1397，久留米井筒屋事件：福岡地久留米支判昭49・2・12労判199-42）。論点は，当該組合がはたして自主的な組合か否かであり，実質的に判断すべしとされている。

　昭和50年頃より，管理職の職責ゆえに組合活動がどの程度制約されるかというデリケートな事案がでてくる。同人の職位，組合における地位・組合活動の程度，使用者の措置や不利益の程度によって異なった判断が示されている。

　まず，使用者による処分等が無効とされた事案として以下がある。これらの幾つかは労委においても争われている。

　ナトコペイント事件では，人事労務係長たる組合役員に対する配転命令が不当労働行為かが争われ，名古屋地判（昭63・7・15労判525-41，名古屋高判：平2・5・31労判580-53も同旨）は，同係長は日常的雑務，定型的業務をなすにすぎず，また採用等についても事務手続だけをなしているので使用者の利益代表者に該当せず配転は無効と判示している。男鹿市農協事件は，総務課長が組合に加入し，他の役付職員に対し組合加入を働きかけたことを理由とする出勤停止処分の効力等が争われたものである。秋田地判（昭60・4・15労判461-74）は，総務課長は人事，労務管理に関する方針の決定に関与せず，補助的業務が中心で利益代表者といえないこと，本人の組合加入の経緯も労使交渉をふまえ組合からいったん脱退しその後再加入したことから，著しく信義に反した行為とまではいえないとして当該処分を無効と判示した。他方，控訴審たる仙台高秋田支判（平元・1・30労判538-76）は，総務課長は36協定等の重要関係書類を起案し，さらに争議対策にかかわる事項についても関与していたので利益代表者に該当し，同人が組合活動を行うことは好ましくないが，本件行為は独自の組合活動というより結果報告的な行為に他ならないので，総務課長としての適性は問題となるが処分するほどの背信性はないと判示した。

　この背信性は，管理職の組合結成行為を理由としてなされた解雇の効力が争われた柄谷工務店事件でも問題となった。神戸地尼崎支判（昭59・6・15労判438-44）は，同人の安全

管理，管理部開発室の仕事は人事，労働条件に関せず，また最終的な業務決定権がないので利益代表者に当らないとして，大阪高判（昭60・3・19労判454-48）も，労組法2条但書1号の趣旨は使用者からの自主独立性の確保なので，利益代表者の範囲は使用者からの判断だけでは決められないとして，原審と同一の判断を示し，解雇を無効とした。

大阪相互タクシー事件は，営業所長，課長等の組合結成，役員就任等を理由とする懲戒解雇の効力が争われたものである。大阪地決（平7・9・4労判682-42）は，利益代表者であるか否かは効力の判断につき重要な要素であるが決定的ではないと説示すると同時に，本件課長の職務の大半は機械的であり，補助的助言的権限しかないこと，また，当該行為は会社の信用失墜行為とはいえず従業員としての適性に問題があるともいえないことから，本件解雇を無効とした。もっとも，一般論としてではあるが，使用者の利益代表者が組合結成に関与することは，「対外的にも対内的にも労組法7条3号の禁ずる使用者の支配・介入であるとの疑いを抱かせる」ので場合によっては懲戒処分の可能性があると判示している。

次に処分等が有効とされた事案として以下がある。

津田電線事件は，ほぼ自動的な昇進によって課長代理（非組合員）になる人事システムを採用している会社において組合活動を継続することを希望して昇進を拒否した者に対する懲戒解雇の効力が争われたものである。京都地判（昭50・10・7判時804-97）は，課長代理昇進は組合活動を封殺するためではなく昇進制度の適用の結果であり，さらに命令拒否は人事秩序のみならず人事計画をも破壊するとの理由により，大阪高判（昭53・3・10労経速997-15）も，本件組合員資格の喪失は労働協約の定めに由来するとして，ともに不当労働行為に当たらないと判示した。名古屋放送事件は管理職としての業務不適格を理由とする降格処分が争われたものである。名古屋地判（昭51・3・31労民集27-2-173）は，課長代理は利益代表者ではないが，その職務を誠実に遂行する部面に組合活動を持ち込むことは許されないとして，部下の査定をしなかったり，番組実施の連絡をせず職務放棄のストの指導をしたことのゆえに同人を降格したことは裁量の範囲内と判示した。

国際コンテナ輸送事件は，登用の際の会社との約束に反して副課長が組合活動を行ない取引先，別組合から苦情が出されたことを理由とする懲戒解雇の効力が争われたものである。神戸地決（平7・7・12労判680-45）は，当該合意はなまじの約束ではなく，副課長は（別組合との協定上）非組合員とされているので当該合意は有効であるとし，同人の行為は「非協力的な言動をとり，職場の秩序を乱した」場合にあたるとして懲戒解雇を有効と判示した。

民事事件は，処分等の効力が争われているので，処分が不当労働行為か否かを必ずしも直接問題にする必要はない。処分の理由，経緯，程度等からそれ自身に相当性があるか濫

用にあたるかが問題になる。実際にも，最近の事案においては処分が不当労働行為かというより，管理職の組合活動が背信的か，職務適性上問題があるかという観点から争われている例が多い。労委事件において，特定の組合員が利益代表者か否かを問題にする仕方とは明確に異なっているアプローチをとっていることを確認しておきたい。

#### (2) 取消訴訟事件

管理職の組合加入，結成をめぐる事件は，申立組合の「救済適格」及び不当労働行為の成否，救済命令の適否の問題として争われている。

利益代表者が加入している組合に「救済適格」は認められるか。ただ，救済適格とはなにかは必ずしもはっきりせず，資格審査上の瑕疵なのか命令上の瑕疵なのかが問題となる。前者ならば判例法上，3で検討するとおり独自の取消事由とされていないのでなぜ司法審査において判断するかが問題となる（その旨明示して，原告の主張を失当としたものとして倉田学園事件：高松地判昭62・8・27労判509-69がある）。後者についても，命令内容の違法性なのか，申立適格の問題なのか，さらに不当労働行為の成否の論点なのかが不明確である。以下紹介する事案はなぜかその点につきはっきりとした判断を示していない。

柄谷工務店事件は，少数組合であることを理由とする団交拒否が争われ，原告会社は利益代表者が加入しているので救済適格がないと主張した。東京地判（昭60・1・21労判447-42，東京高判昭61・2・26労判476-62も同旨）は，利益代表者か否かは実情に即して実質的に判断すべきであり，I組合員は主任主事，主席主事の資格を有しているが，職務内容は上司の補佐にすぎず同人の組合参加によって，「労働組合の使用者からの自主独立性を損なうおそれ」のある地位ではなく利益代表者には該当しないと判示した。

団交拒否事件についてもっとも注目されるのはいわゆる管理職組合からの団交要求が争われた【14】セメダイン事件である。中労委（平10・3・4命令集110-689）が不当労働行為の成立を認めたので取消訴訟が提起されたが，東京地判（平11・6・9労判763-12，東京高判平12・2・9労判807-7も同旨）は，利益代表者が加入している組合であってもそのこと自体は団交を拒否する正当な理由にあたらず，また，利益代表者が加入するために適正な団交の遂行が期しがたい事情もないとして労働委員会の立場を支持している。最判（最一小判平13・6・14労判807-5）もこの立場を追認している。

ナトコペイント事件は，資格審査との関連において総務課人事労務係長，経理係長が利益代表者に当たるかが争われたものである。名古屋地判（昭63・7・15労判524-35，名古屋高判平2・5・31労働委員会関係裁判例集25-378も同旨）は，利益代表者排除の目的は労働組合の自主性確保にあり，その具体的判断は担当業務の実質的内容によるとして，該当者は日常的雑務，定型的業務しかなさず，人事上の決定にも関与していないとして利益代表者

## 第2節　労働組合——管理職の組合加入を中心にして——

には該当しないとした。

不当労働行為の成否との関連においては，【15】男鹿市農協事件において課長補佐を組合員であることを理由として課長に任命しなかったことを不当労働行為として右任命を命じた秋田地労委命令の取消が請求された。秋田地判（平2・2・17労民集41-6-985）は，課長は利益代表者には該当しないとしたが，使用者の行為は課長になっても組合員を止めない「職場での在り方，勤務態度を上級職制たる加工課長にふさわしくないと判断した結果」であり，それにはそれなりの合理性があると判示した。同時に，上級職制にどのような人物をあてるかは使用者の専権に属するので，特定のポストについての任命命令は昇格が例外なく行われているという特別の事情がないかぎり原則として許されないとして当該命令を違法として取消した。控訴審たる仙台高秋田支判（平3・11・20労民集42-6-887）は，不当労働行為にあたらないと判示した。京都福田事件は，組合委員長を主任，副主任から解任し配転を命じたことが争われたものである。東京地判（平2・9・28労判570-14，東京高判平3・5・23労判594-114，最三小判平4・3・3労判615-15も同旨）は，主任職と組合員たる立場は両立する等の理由で不当労働行為の成立を認めた。

放送映画製作所事件は，副部長，課長，チーフへの昇格差別を不当労働行為とみなした命令の取消が請求されものである。東京地判（平6・10・27労判662-14）は，副部長は人事異動，人事考課，服務規律につき決定権限を有しているので利益代表者に該当し，組合員たる地位とは両立できず副部長への昇格命令は違法であると判示した。課長，チーフについては利益代表者には該当しないとしたが，昇格差別は不当労働行為に当たらないとした。同時に，2条但書1号の趣旨を，労働組合の自主性を確保するためであって，「一定の労働者を組合員から除外することにより得られる使用者側の利益は副次的なもの」とみなした。

使用者の利益代表者の範囲につき労使間で争いがある場合に労働協約によりその範囲を確定するケースも少なくない。【16】日本アイ・ビー・エム事件は，労働委員会での和解により協定された協約を組合が一部解約し，スタッフ管理職の組合員資格を認めたことにつき，使用者がその資格につき疑義があるとして，当該組合員についてのチェックオフの不実施，執行委員就任の撤回要請，処分の予告等を行ったことが不当労働行為にあたるかが争われた。東京地労委（平13・3・27命令集119-887）が不当労働行為の成立を認めなかったので，申立組合が取消訴訟を提起し，東京地判（平15・10・1労判864-13）は，当該スッタフ管理職は使用者の利益代表者に該当せず，また組合による協約の一部解約は許されるとして不当労働行為の成立を認めた。他方，東京高判（平17・2・24労判892-29）は，利益代表者及び一部解約については原審と同様な判断を示したにも拘わらず，不当労働行為意思がないと判断し不当労働行為の成立を否定した。

## 第2章 不当労働行為の共通問題

**【14】 セメダイン事件：東京地判平11・6・9 労判 763-12**

**事実** 管理職組合からの団交要求を拒否したことを不当労働行為とした中労委命令（平10・3・4 命令集 110-689）の取消訴訟。

組合員の範囲を管理職および管理職資格者とした管理職組合からのスタッフ管理職手当の新設等を交渉事項とする団交要求を、使用者の利益代表者が含まれているという理由等で拒否したことが争われた。中労委は、総合企画部・総務部・人事部の管理職としての担当職、総合企画部情報システムグループ課長と総務部財政グループ課長、総合企画部次長が利益代表者にあたるが、その他の管理職はそれに該当しないと判断していた。

**判旨** 「㈠労働組合法7条2号は、『使用者が雇用する労働者の代表者と団体交渉をすることを正当な理由がなくて拒むこと』を不当労働行為としている。右規定が、2条において定義された特定の意味内容を前提とする『労働組合』の文言を用いず、これと比較してより広がりを持った意味内容を許容し得る『労働者の代表者』という文言を用いていること、労働組合法は、憲法28条の規定をうけて、『労働者が使用者との交渉において対等の立場に立つことを促進することにより労働者の地位を向上させること』等を目的として制定されたものであるが（労働組合法1条参照）、憲法の右規定上、『勤労者』すなわち労働者である限りにおいては、利益代表者といえども、団結する権利、団体交渉その他の団体行動をする権利を保障されているものと解されること、それにもかかわらず、労働組合法が、2条ただし書1号のような規定を置いたのは、同号掲記の労働者の参加を許せば組合の自主性が損なわれるおそれがあるとの見地から、このような労働者の参加を許す組合の救済申立を労働委員会に拒否させることを

通じて組合が右労働者の参加を許すことを控制させ、もって、使用者と対等の立場で交渉することができる組合を育成しようとする一種の後見的配慮に基づくものと考えられるが、本来、組合員の範囲は組合自身が決定すべきことであり、右のような後見的配慮を働かせる場面にはおのずから限度があるといわざるを得ないこと、以上のことにかんがみれば、利益代表者の参加を許す労働組合であっても、労働組合法7条2号の『労働者の代表者』に含まれるものであって、ただ、このような労働組合は、使用者から団体交渉を拒否された場合でも、同法2条の要件を欠くため、5条1項により労働委員会による救済手続を享受することはできないものと解するのが相当である。そして、労働組合法7条2号の規定は労働組合と使用者との間における私法上の効力を有する規定としての性質をも持ち、労働委員会が救済命令を発するための要件を定めた規定としての性質を持つにとどまるものではないのであるから（最高裁平成3年4月23日第三小法廷判決・裁判集民事162号547頁参照）、右規定の意義を以上のように解することには合理性があるということができる。

このように、利益代表者の参加を許す労働組合もまた、労働組合法7条2号の『労働者の代表者』に含まれるのであるから、仮に補助参加人に利益代表者が参加していたとしても、また参加していないことを使用者に対して明らかにしていないとしても、そのこと自体は、当然には団体交渉拒否の正当な理由にはならないことが明らかである。

㈡もっとも、団体交渉に当たって使用者側の担当者となるべき者が存在しなくなる場合とか、利益代表者が当該交渉事項に関して使用者の機密事項を漏洩している場合など、労働組合に利益代表者が参加していることに起因して適正な団体交渉の遂行が期しがたい特別の事情がある場合には、右のような特別の事情の存在は使用者側の団体交渉拒否の正当な理由を構成するものと解されるが、

第2節　労働組合——管理職の組合加入を中心にして——

このような特別の事情の存在は，事柄の性質上，使用者において，これを具体的に明らかにする責任があるものというべきであって，右特別の事情の存在を具体的に明らかにしないまま団体交渉を拒否することは，正当な理由を欠くものといわざるを得ない。」

労働組合の生成発展ないしその阻害とは別のことであるといいうるからである。」

【16】　日本アイ・ビー・エム（組会員資格）事件：東京高判平17・2・24 労判892-29

【15】　男鹿市農協事件：仙台高秋田支判平3・11・20 労民集42-6-887

事実　課長補佐を組合員であることを理由に課長に昇格させなかったことを不当労働行為として課長昇格命令を発した秋田地労委命令（平1・2・15命令集85-237）に対する取消訴訟の控訴審。

　課長職の組合員資格についての紛争により同人がいったん組合を脱退した後に，組合規約が改正された。そこで再度組合に加入した加工課長補佐に対し組合を脱退しないことを理由に課長に昇格させなかったことが争われた。

判旨　「組合が労組法2条1号所掲の者を除く課長職等を組合員の範囲内に含めている場合に，使用者が組合員を課長等に任命したのち，或いはそれを含みとする打診の段階で，組合からの脱退を求めるというような積極的行為をしたのであれば，それは正に支配介入になるといって妨げないであろうが，本件では既に縷述した如く，課長職が実際上組合員たる立場と容易に両立し難い地位であること及びMの適性に関する判断に基づいて同人を課長に起用しなかっただけであると推認することが可能であって，被控訴人が右の如き積極的行為に出たわけではないことのほか，このような組合規約と使用者の人事に関する実際の運用状況の中で，いずれを選択するかは究極のところ労働者各個人の生き方，考え方の問題であり，

事実　労働委員会での和解により協定された協約を組合が一部解約し，スタッフ管理職の組合員資格を認めたことにつき，使用者がその資格につき疑義があるとして，当該組合員についての①チェックオフの不実施，②執行委員就任の撤回要請，③処分の予告等を行ったことを不当労働行為と認めなかった東京地労委命令（平13・3・27命令集119-887）の取消訴訟の控訴審。

判旨　「当裁判所は本件一部解約は有効であると判断するもので，客観的には本件条項は，本件一部解約から90日を経過した平成4年8月25日には効力を失ったのであるが，中労委和解に基づき覚書と本件条項を含む本件確認書が締結されるに至った経緯，中労委和解及び覚書の内容と本件確認書は実質的に関連しており，本件条項を含む本件確認書が合意に至ることを前提として，参加人が一定数の組合員の専門職への昇進や解決金支払いの合意に応ずる関係にあったこと，参加人は，中労委和解や覚書で自らが行うべきものとされた事項は全て履行しているのに，被控訴人支部は本件確認書3項に定められた一般職の組合員が中央執行委員として就業時間中組合活動する場合の取り扱いについての協議に誠実に応じていないと感じている上に，被控訴人支部が本件条項のみの一部解約を主張するのは不公正であると考えていたこと，労働協約の一部である組合員の範囲を限定する条項のみの解約が認められるか否か，認められるとするとその要件は何かについては最高裁判所の判例もなく，通説というまでの地位を

占める学説もなかった状況の下では，法律専門家にとっても，本件条項のみの一部解約が有効とされるかどうかの判断は微妙であることを考えると，本件行為②，③の当時，参加人が本件条項の一部解約は認められないと考えるのも無理からぬ事情があったというべきであるから，本件行為②，③の当時，参加人が本件条項が有効で，専任以上のスタッフ専門職には組合員資格がないと考えその自己の考えを意見で表明したり敷衍して説明したりすることを支配介入による不当労働行為意思の表れと見るのは相当でない。」

● コメント

不当労働行為の成否の判断の前提として管理職の範囲等を定めた協約の効力及びその一部解約の適否が争点となった。東京地裁，高裁ともに一部解約の効力を認めたが，高裁はそのような解釈は必ずしも一般的ものではなかったとして会社に不当労働行為意思がなかったと判断した。事件処理のアプローチおよび不当労働行為意思認定のあり方に問題があるケースといえる。

## 第3節　使用者概念

不当労働行為とは，労働者や労働組合の活動に対する使用者の反組合的行為である。そこで，労働者や使用者等の概念の確定が必要になる。使用者概念につき，理論的，実務的に問題になるのは，誰が使用者とみなされるかである。企業形態も組織機構の見直しやリストラ対策として，分社化，別会社化さらに多様な営業譲渡がごく日常的になされている。また，労働者派遣や業務請負も一般的である。不当労働行為とは使用者の行為に他ならないので，使用者概念をなおざりには出来ず，労委実務は一定の処理基準を確立している（道幸2006：187頁，2007：165頁，本田1976，古西1982，本多1988，萬井2000①等参照）。

使用者概念は，不当労働行為事件において概ね次の2つの場合に問題となる。その1は，命令の名宛人（被申立人適格）であり，使用者概念の拡大が主張されている。その2は，使用者への帰責の問題である。解雇や配転等会社自体がなす行為については問題にならないが，特定個人がなす脱退勧奨等の事実行為を「使用者」の行為とみなしうるかが争われる。

### 1　被申立人（命令の名宛人）

効果的救済の観点からは，誰を命令の名宛人にするかは重要である。具体的には，次の3つの問題が争われている。

第1は，法形式的には使用者ではないが，実質的には労働者の労働条件の決定に深く関与し，労務の対価たる金員を支払っているとみられる親会社や元請会社の使用者性である。労委実務は，それらの会社が子会社もしくは下請会社の労働条件の決定に実質的に強い影響力を及ぼしている場合には，子会社もしくは下請会社とともに重畳的に使用者性を認め

て，救済命令の名宛人としている。最高裁も，元請会社（**【17】**油研工業事件：最一小判昭 51・5・6 民集 30-4-409) やキャバレー経営会社の使用者性を認めている（**【18】**阪神観光事件：最一小判昭 62・2・26 労判 492-6)。もっとも，後者の事案は楽団員の形式的な「使用者（バンドマスター）」がほとんど使用者的な権能を行使していなかった事件であった。では，子会社もしくは下請会社にそれなりの独立性があったらどうか。**【19】**朝日放送事件において，ＴＶ番組製作の元請会社の使用者性が争われ，原審（東京高判平 4・9・16 労旬 1302-43) は，それを認めなかったが，最判（最三小判平 7・2・28 労判 668-11) は，労働者の基本的な労働条件等について「雇用主と部分的とはいえ同視できる程度に現実的かつ具体的に支配，決定することができる地位」にあるとしてその使用者性を認め，この判示が判例法理となっている。

とはいえ，交渉事項は朝日放送が自ら決定できる事項にかぎられることも強調されている。使用者概念のレベルではなく，交渉事項のレベルで事案に応じた制約を課したといえる。その点，ほぼ同一の事実関係において朝日放送の使用者性が争われた朝日放送事件・大阪地判（平 18・3・15 労判 915-94) は，被解雇者を職場で就労させること等は朝日放送が自ら決定できる事項に当たらないなどとしてその使用者性を否定している。また，ＪＲ西日本事件：東京地判（平 17・3・30 労経速 1902-13) は，作業指示をしていた元請会社の使用者性を認めていない。

第 2 は，契約関係が時系列的に変化するケースであり，合併や営業譲渡等の場合の合併先・譲渡先の使用者性や組合が「雇用する労働者」の代表者にあたるかが争われることが多い。たとえば，土佐清水鰹節水産加工業協同組合事件：高松高判（昭 46・5・25 労民集 22-3-536) は，雇用契約が一時的に中断していても特別な事情がない限り将来雇用されるのが確実な場合には当該労働者は労組法 7 条 2 号にいう「雇用する労働者」に当たるとしている。また，日本育英会事件：東京地判（昭 53・6・30 労民集 29-3-432) は，雇用契約の終了により従業員たる地位を失っていても，当該従業員で構成する労働組合は，その後解決可能な交渉事項（例えば，退職金額等）がある場合にはその限度で団交主体たる地位があると判示していた。

その後はＪＲ発足時に，国鉄がなした不当労働行為の責任をＪＲに帰責しうるか，またＪＲを被申立人として命令を発しうるかの問題として主に争われた。具体的には，国鉄改革法 23 条の解釈が中心となり，最判はＪＲ自体の使用者性は認めていない（**【20】**ＪＲ北海道国労事件：最一小判成 15・12・22 判時 1847-8)。もっとも，使用者性を認める少数意見や高裁段階の判断（ＪＲ北海道全動労事件：東京高判平 14・10・24 労判 841-29) もあった（ＪＲ事件については，佐藤 1990，萬井 2000 ①，2002)。その後鉄道建設・運輸施設整備支援機構（民事）事件：東京地判（平 17・9・15 労判 903-36) は，国労所属を理由とするＪＲ採用候補者名簿不記載を不法行為と判断し

## 第2章　不当労働行為の共通問題

ている。

他方，【21】青山会事件は，営業譲渡過程における選別を不当労働行為とし，譲渡先の使用者性が争点となった。譲渡先の使用者性を認めた中労委命令（平11・2・17命令集113-691）の取消訴訟において東京地判（平13・4・12労判805-51）および東京高判（平14・2・27労判824-17）はその使用者性を認めている。

最高裁は，ＪＲ事件と青山会事件において結論において異なった判断を示しており両者の関連が問題となる。ＪＲ事件はあくまで鉄道改革法23条の解釈としてのそれであり，また，青山会事件について最判は独自の判断を示してはいない。全体として営業譲渡過程でなされた組合員排除の不当労働行為事件につき，譲渡先の使用者を認めるべきかについての判例法理は必ずしもはっきりしないといえよう。さらに，破産会社の使用者性も争われ，池田電器事件：高松高判（平3・3・29労判614-14，上告審ではこの点は問題になっていない。最二小判平4・2・14労働判例614-6）はそれを認めている。

現在，団交事案を中心に使用者概念の拡張が図られている。しかし，各事案の特色もあり必ずしも朝日放送事件最判のフレームによっているわけではない。たとえば，大藤生コン三田事件：大阪高判（平9・4・23労判734-91）は，黙示の雇用契約が成立したとして，また本四海峡バス事件：大阪高判（平15・12・24労旬1577-48）は，海員組合の使用者性が争われたやや特殊な事案であるが，会社に対し「実質的な影響力及び支配力を有し」ているとして使用者性を認めている。

団交拒否以外の事案をも対象とすると，下級審の傾向は「決定」を要件としているか否かで一応二分されている。朝日放送事件最判のフレーム，つまり「現実的かつ具体的な支配・決定」を要するとするケース（日本一生コンクリート事件：大阪地判平8・5・27労判700-61，真壁組事件：大阪高判平10・10・23労判758-76）と「具体的，実質的な支配力」（真壁組事件：大阪地判平8・5・27労判699-64）や支配従属（柳井商店事件：神戸地判平7・4・18労判684-79）を問題にするケースである。もっとも，両者がどの程度意図的に使い分けられているかは明かではない。また，朝日放送事件最判のフレーム自体をどう評価し，具体的な事案に適応するかについても考え方は必ずしも一致していないと思われる。朝日放送事件の最判の判示自体も多様な解釈がありうるからである。

最近の注目すべきケースとして【22】大阪証券取引所事件がある。本件において大阪地労委（平12・10・26命令集118-93）および中労委（平15・3・19労判847-91）は，仲立証券の組合員との関係において大阪証券取引所の使用者性を認め団交を命じている。ところが，東京地判（平16・5・17労判876-5）は，前述・朝日放送事件最判のフレームによりつつ使用者性を否定し，命令を取消した（その他に，ブライト証券他事件：東京地判平17・12・7労経速1929-3も参照）。この東京地判の見解は，最判フレームの評価・適用につき基本的な問題があり，また，団交権保障の観点からも見

逃し難い疑問があると思われる（道幸2006：197頁）。

なお，企業間ネットーワーク化にともない元請会社との下請け会社従業員との雇用契約の有無自体も争われている。とりわけ，元請会社の受注停止によって専属的下請けが閉鎖を余儀なくされ，下請従業員の解雇がなされるケースにおいて問題になっている。裁判例は，法人格否認の法理の適用や黙示の労働契約の成立に慎重な態度を示す傾向にある（最近の代表例として大阪空港事件がある。大阪地判平12・9・20労判792-26，同事件：大阪高判平15・1・30労判845-5）。また同種の論点は専属下請以外の多様な事案で争われているが，従業員たる地位が認められることは少ない（イーディメディアファクトリー事件：東京地判平11・3・15労判766-64，JR西日本事件：大阪地判平13・3・9労経速1766-10，パルコスペースシステムズ事件：東京地判平14・10・29労経速1847-3〔転籍元への退職金請求事件〕，呉港運輸・倉本組事件：大阪地判平15・8・29労判857-93ダイジェスト〔退職金請求事件〕，大森陸運事件：神戸地判平15・3・26労判857-77等参照）。

他方，下請倒産後も引き続き就労させていた場合には雇用関係の成立が認められており（中島興業・中島スチール事件：名古屋地判平15・8・29労判863-51），また，企業グループの親会社に対する退職金請求（黒川建設事件：東京地判平13・7・25労判813-15）が認められた事案も散見される。さらに，センエイ事件・佐賀地武雄支部決（平9・3・28労判719-38）は，社外労働者と受け入れ企業との間の黙示の雇用契約の成立を認め，また第一交通産業事件・大阪地岸和田支部決（平15・9・10労判851-11）は，法人格を濫用したとして子会社の偽装解散を認定し，親会社との雇用関係の成立を認めている（一森ほか事件：大阪地判平11・7・28労判775-82，藤川運輸倉庫事件：東京地決平12・4・18労判793-86も参照）。

第三は，法人以外に，下部組織（病院，支店）や個人（支店長）をも名宛人としうるかの問題である。不当労働行為は法律行為ではなく，事実行為なのでそれが行われた組織や行為者を名宛人とする場合がありうる。最高裁は，名宛人は法人に限ると判示し（【23】済生会中央病院事件：最三小判昭60・7・19労判455-4），中労委もそれに従っている。

【17】 油研工業事件：最一小判昭51・5・6民集30-4-409

事実　油圧器の製造販売を目的とする参加人会社藤沢工場では，かねてから油圧装置に関する設計図の製作を社外の業者（以下「外注業者」という）に請け負わせ，これら外注業者からその従業員の派遣を受けたうえ，参加人会社の作業場内において発注にかかる設計図の製作にあたらせていた（上記派遣従業員を以下「社外工」という）。被上告人Aら3名は，後記のような経緯により，昭和41年当時は有限会社東神設計所所属の社外工として参加人会社で就労していた者である。

ところで，参加人会社に社外工を派遣する外注業者には，多様な形態のものが存在し，しかも，それらは短期間のうちに離合集散を重ね，その構成員の変動も極めて頻繁であったが，参加人会社は，社外工を受け入れるにあたっては，かかる外

注業者の実態については全く無関心で，社外工本人の履歴書，住民票の提出を求める等個人の技能，信用に着眼して人物本位に受入れを決定しており（個人が会社名を名乗ることも放任していた），また，社外工の勤務態度や技術程度が不良であるときは，外注業者にその者の派遣を中止させ，外注業者が独自に代わりの社外工を派遣することは認められていなかった。

参加人会社に受け入れられた社外工は，同会社従業員の勤務時間と同一時間事実上拘束され，同会社従業員と同一の設計室で，同会社の用具等を用い，同会社職制の指揮監督のもとで，同会社従業員と同一の作業に従事しており，その間それぞれ所属の外注業者から作業や勤務等につき指示を受けることは全くなかった。しかし，社外工には，参加人会社の就業規則は適用されず，また，同会社から有給休暇や退職金を与えられることもなかった。

社外工の作業に対しては参加人会社から外注業者あてに請負代金名義で対価が支払われたが，その金額は，各社外工につきその労働時間または出来高に応じて計算した額を合算したものであり，これを各社外工がそれぞれの作業実績に比例して分配していた。

以上の事実関係のもと，上告会社がAらに対し仕事の打ち切りを通告したので，Aらの所属する組合はこれを解雇とみなし，これをめぐる団交拒否とあわせて不当労働行為の申立をした。神奈川地労委（昭42・5・12命令集36-313）が使用者に当たらないという判断を示したのでAらが取消訴訟を提起した。一審および原審（東京高判昭49・5・29労経速852-29）が使用者性を認め棄却命令を取り消したので会社が上告した。

判旨　「右のような事実関係のもとにおいては，たとえ被上告人ら3名に対し参加人会社の就業規則が適用されていなくても，両者の間には労働組合法の適用を受けるべき雇用関係が成立していたものとして，参加人会社は被上告人ら3名との関係において同法7条にいう使用者にあたると解するのが相当である。……それゆえ，これと同旨の結論をとる原判決に所論の違法はな」い。

【18】　阪神観光事件：最一小判昭62・2・26労判492-6

事実　バンドマスターであるAおよびBも含めて両楽団の楽団員は，グループで年間を通じ被上告人の経営するNに必要な楽団演奏者としての営業組織に組み入れられ，Nの営業に合わせ被上告人の指定する時間にその包括的に指示する方法によって長年月継続的に演奏業務に従事してきたものであり，また，被上告人から支払われる演奏料は楽団演奏という労務の提供それ自体の対価とみられる。一方，被上告人は，Aバンドを起用するに当たり，楽団としての演奏技量についてはテストを行ったものの，個々の楽団員についてはテスト・面接をせず，その氏名・住所・担当楽器等も確認せず，履歴書・誓約書等を徴することもせず，また，テスト時の技術水準が維持されるならば楽団員の交替も差し支えないものとし，楽団員に支障が生じた場合の代替員や退団者が出た場合の後任者を探し選定することはすべて楽団自身により行われ，被上告人が関与することはなく，被上告人に対しその旨の通知・届出もされず，さらに，演奏料は各楽団ごとに定められ，被上告人はこれを一括してAらに支払うだけで，後はAらがその判断で各楽団員に対する分配，代替員に対する支払をし，被上告人は楽団員の出勤・早退・遅刻についての管理を行わず楽団全体としての出演人数を日報に記載するにとどまっていた。Aらの結成する組合が被上告人に団交要求をしたところ拒否されたので不当労働行為の申立をし中労委（昭50・11・5命令集57-544）が被上告人の使用

者性を認めたので，提起された取消訴訟の上告審。

**判旨** バンドマスターであるＡらに一定の裁量があったとしても，「これらの諸点に照らせば，両楽団の楽団員は対価を得てその演奏労働力を被上告人の処分にゆだね，被上告人は右演奏労働力に対する一般的な指揮命令の権限を有していたものというべきである。そうすると，被上告人は，Ａらを含む両楽団の楽団員に対する関係において労働組合法7条にいう使用者に当たると解するのが相当である」。労働組合法7条にいう使用者に当たらないとした原審（東京高判昭57・8・10労判396-94）の判断は，同条の解釈適用を誤ったものというべく，原判決は破棄を免れない。

## 【19】 朝日放送事件：最三小判平7・2・28 労判668-11

**事実** 被上告人は，大阪市に本社を置いてテレビの放送事業等を営む会社であり，上告補助参加人は，近畿地方所在の民間放送会社等の下請事業を営む企業の従業員で組織された労働組合である。株式会社大阪東通（他の2社も含め請負3社という）は，被上告人など近畿地方所在の民間放送会社からテレビ番組制作のための映像撮影，照明，フィルム撮影，音響効果等の業務を請け負う等の事業を目的とする会社であり，従業員は約160名であった。上記従業員のうち約50名は，後記請負契約に基づき，被上告人の番組制作の現場においてアシスタント・ディレクター，音響効果等の業務に従事し，このうち上告補助参加人の組合員は3名（請負3社全体で7名）であった。請負3社は，上記各請負契約に基づきその従業員を被上告人の下に派遣して番組制作の業務に従事させ，各請負契約においては，作業内容および派遣人員により一定額の割合をもって算出される請負料を支払う旨の定めがされていた。

番組制作に当たって，被上告人は，毎月，1カ月間の番組制作の順序を示す編成日程表を作成して請負3社に交付し，上記編成日程表には，日別に，制作番組名，作業時間（開始・終了時刻），作業場所等が記載されていた。請負3社は，この編成日程表に基づいて，1週間から10日ごとに番組制作連絡書を作成し，これによりだれをどの番組制作業務に従事させるかを決定することとしていたが，実際には，被上告人の番組制作業務に派遣される従業員はほぼ同一の者に固定されていた。請負3社の従業員は，その担当する番組制作業務につき，右編成日程表に従うほか，被上告人が作成交付する台本および制作進行表による作業内容，作業手順等の指示に従い，被上告人から支給ないし貸与される器材等を使用し，被上告人の作業秩序に組み込まれて，被上告人の従業員と共に番組制作業務に従事していた。請負3社の従業員の業務の遂行に当たっては，実際の作業の進行はすべて被上告人の従業員であるディレクターの指揮監督の下に行われ，ディレクターは，作業時間帯を変更したり予定時間を超えて作業をしたりする必要がある場合には，その判断で請負3社の従業員に指示をし，どの段階でどの程度の休憩時間を取るかについても，作業の進展状況に応じその判断で右従業員に指示をするなどしていた。

請負3社の従業員の被上告人における勤務の結果は当該従業員の申告により出勤簿に記載され，請負3社はこれに基づいて残業時間の計算をした上，毎月の賃金を支払っていた。請負3社は，それぞれ独自の就業規則を持ち，労働組合との間で賃上げ，夏季一時金，年末一時金等について団体交渉を行い，妥結した事項について労働協約を締結していた。

上告補助参加人は，被上告人に対して，賃上げ，一時金の支給，下請会社の従業員の社員化，休憩室の設置を含む労働条件の改善等を議題として団体交渉を申入れたが，被上告人は，使用者でない

第2章　不当労働行為の共通問題

ことを理由として，交渉事項のいかんにかかわらず，いずれもこれを拒否した。Z組合は以上の行為を不当労働行為として救済申立をなし中労委（昭61・9・17命令集80-714）はX会社の使用者性を認めた。そこでX会社は取消訴訟を提起し，原審たる東京高判（平4・9・16労民集43-5・6-777）はX会社の使用者性を否定し本件命令を取り消したので中労委が上告。

**判旨**　「労働組合法7条にいう『使用者』の意義について検討するに，一般に使用者とは労働契約上の雇用主をいうものであるが，同条が団結権の侵害に当たる一定の行為を不当労働行為として排除，是正して正常な労使関係を回復することを目的としていることにかんがみると，雇用主以外の事業主であっても，雇用主から労働者の派遣を受けて自己の業務に従事させ，その労働者の基本的な労働条件等について，雇用主と部分的とはいえ同視できる程度に現実的かつ具体的に支配，決定することができる地位にある場合には，その限りにおいて，右事業主は同条の『使用者』に当たるものと解するのが相当である。

これを本件についてみるに，請負3社は，被上告人とは別個独立の事業主体として，テレビの番組制作の業務につき被上告人との間の請負契約に基づき，その雇用する従業員を被上告人の下に派遣してその業務に従事させていたものであり，もとより，被上告人は右従業員に対する関係で労働契約上の雇用主に当たるものではない。しかしながら，前記の事実関係によれば，被上告人は，請負3社から派遣される従業員が従事すべき業務の全般につき，編成日程表，台本及び制作進行表の作成を通じて，作業日時，作業時間，作業場所，作業内容等その細部に至るまで自ら決定していたこと，請負3社は，単に，ほぼ固定している一定の従業員のうちのだれをどの番組制作業務に従事させるかを決定していたにすぎないものであること，被上告人の下に派遣される請負3社の従業員は，このようにして決定されたことに従い，被上告人から支給ないし貸与される器材等を使用し，被上告人の作業秩序に組み込まれて被上告人の従業員と共に番組制作業務に従事していたこと，請負3社の従業員の作業の進行は作業時間帯の変更，作業時間の延長，休憩等の点についても，すべて被上告人の従業員であるディレクターの指揮監督下に置かれていたことが明らかである。これらの事実を総合すれば，被上告人は実質的にみて，請負3社から派遣される従業員の勤務時間の割り振り，労務提供の態様，作業環境等を決定していたのであり，右従業員の基本的な労働条件等について，雇用主である請負3社と部分的とはいえ同視できる程度に現実的かつ具体的に支配，決定することができる地位にあったものというべきであるから，その限りにおいて，労働組合法7条にいう『使用者』に当たるものと解するのが相当である。

そうすると，被上告人は，自ら決定することができる勤務時間の割り振り，労務提供の態様，作業環境等に関する限り，正当な理由がなければ請負3社の従業員が組織する上告補助参加人との団体交渉を拒否することができないものというべきである。ところが，被上告人は，昭和49年9月24日以降，賃上げ，一時金の支給，下請会社の従業員の社員化，休憩室の設置を含む労働条件の改善等の交渉事項について団体交渉を求める上告補助参加人の要求について，使用者でないことを理由としてこれを拒否したというのであり，右交渉事項のうち，被上告人が自ら決定することのできる労働条件（本件命令中の『番組制作業務に関する勤務の割り付けなど就労に係る諸条件』はこれに含まれる。）の改善を求める部分については，被上告人が正当な理由がなく団体交渉を拒否することは許されず，これを拒否した被上告人の行為は，労働組合法7条2号の不当労働行為を構成するものというべきである」。

## 【20】 ＪＲ北海道事件：最一小判平15・12・22 判時1847-8

**事実** 国鉄経営の悪化に対処するために政府は，改革の具体的方法として国鉄の分割，民営化を打ち出した。1986年に日本国有鉄道改革法等の国鉄改革関連8法が成立し，国鉄の事業をＪＲ北海道等の6旅客会社およびＪＲ貨物等に承継することや国鉄を清算事業団に移行することが定められた。国鉄における労働組合の結成状況は，1987年1月において，国鉄労働組合（国労）以外に国鉄動力車労働組合（動労），鉄道労働組合（鉄労），全国鉄動力車労働組合（全動労），日本鉄道労働組合（日鉄労）等があった。そのうち，2月に動労，鉄労，日鉄労等は全日本鉄道労働組合総連合会（鉄道労連）を結成し，また国労より脱退した組合員により日本鉄道産業労働組合総連合（鉄産総連）が結成された。

改革法23条は，承継法人たる各ＪＲの職員の採用手続につき次のように規定した。①承継法人の設立委員は，国鉄を通じてその職員に対し，それぞれの承継法人の労働条件および職員の採用基準を提示して職員の募集を行う（1項）。②国鉄は，国鉄職員の意思を確認し，承継法人別にその職員となる意思を表示した者の中から当該承継法人の採用の基準に従い，その職員となるべき者を選定し，その名簿を作成して設立委員等に提出する（2項）。③その名簿に記載され，設立委員等から採用する旨の通知を受けた者であって1987年3月31日現在国鉄職員であるものは，承継法人の設立時に当該承継法人の職員として採用される（3項）。④承継法人の採用について当該承継法人の設立委員がした行為および同人に対してなされた行為は，それぞれ当該承継法人がした行為および同法人に対してなされた行為とする（5項）。選考の結果，承継法人に採用されない国鉄職員は1987年4月1日以降清算事業団の職員となり，再就職促進法が失効する3年以内に再就職するものとされた。

1986年12月に合同の設立委員会が開催され採用基準として，年齢，健康状態等とともに「国鉄在職中勤務の状況からみて，鉄道会社の業務にふさわしい者であること，なお，勤務の状況については，職務に対する知識技能及び適性，日常の勤務に関する実績等を国鉄における既存の資料に基づき，総合的かつ公正に判断すること」を定めた。1987年2月，国鉄は承継法人の職員となる意思を表明する意思確認書を提出した者のなかから承継法人毎の採用候補者の選定および名簿を作成し，各人毎の職員管理調書の内容を要約した資料を添えて設立委員等に提出した，各社合同の設立委員会は採用候補者名簿に記載された者全員を当該承継法人の職員に採用することを決定した。この採用率については，各組合間に顕著な差異がみられた。4月1日に採用予定者は当該承継法人の職員となり，不採用者は再就職を必要とする清算事業団職員となった。その後ＪＲの職員に欠員が生じたことから若干の追加採用（6月採用）がなされた。

国労，全動労らは本件不採用は不当労働行為にあたるとして各地労委に救済申立を行い，各地労委はＪＲの使用者性を認め，ＪＲへの採用等を命じた（例えば，ＪＲ北海道・ＪＲ貨物（国労）事件＝第一事件　北海道委平1・1・12命令集85-44，同（全動労）事件＝第二事件：北海道委平1・3・20命令集85-597）。そこで，各ＪＲ（Ｘら）が中労委（Ｙ）に再審査を申し立てた。中労委はＪＲ（設立委員）の使用者性を認めるとともに採用差別を不当労働行為と認定した（第一事件：平5・12・15命令集98-403，第二事件：平6・1・19命令集99-1044）。もっとも，救済方法については，希望者が採用予定人員に達しなかったＪＲ東日本事件（平7・10・4命令集103-504）等では採用を命じたが，予定人員を越えたＪＲ北海道事件等では，清算事業団から離職を余儀なくされ本命令後に採用

第2章　不当労働行為の共通問題

を申し出た者のなかから、設立委員の提示した職員の採用基準等を参考にして改めて公正に選考して、命令交付日から3年以内に就労させることが命じられた。そこで、各JRおよび国労がこれらの中労委命令の取消訴訟を提起した。各裁判所は、多様な理論構成をとりつつもJR各社の不当労働行為責任を否定し命令を取消した（第一事件については、東京地判平10・5・28労判739-15、東京高判平12・12・14労判801-37【37】、第二事件については、東京地判平12・3・29労判841-46、東京高判平14・10・24労判841-29）。なお、第二事件について東京高判は、JRの使用者性は認めたが、分割民営化に反対する全動労組合員の行動を不利に評価しても不当労働行為に当たらないと判示していた。そこで、Y上告。

**判旨**　「（第一事件について）
4月採用について、国鉄の選別過程につきJRの設立委員会が使用者としての責任を負うかについて、多数意見は以下のように論じた。

改革法23条は、採用手続に段階を設け、各段階ごとに行う事務手続の内容、主体及び権限を規定するとともに、国鉄の職員について、承継法人の職員に採用されるべき者と国鉄の職員のまま残留させる者とに振り分けることとし、国鉄にその振り分けを行わせることとした。そして、「承継法人の職員に採用されず国鉄の職員から事業団の職員の地位に移行した者は、承継法人の職員に採用された者と比較して不利益な立場に置かれることは明らかである」。しかし、「改革法は、前記のとおり、所定の採用手続によらない限り承継法人設立時にその職員として採用される余地はないこととし、その採用手続の各段階における国鉄と設立委員の権限については、これを明確に分離して規定しており、このことに改革法及び関係法令の規定内容を併せて考えれば、改革法は、設立委員自身が不当労働行為を行った場合は別として、専ら国鉄が採用候補者の選定及び採用候補者名簿の作成に当たり組合差別をしたという場合には、労働組合法7条の適用上、専ら国鉄、次いで事業団にその責任を負わせることとしたものと解さざるを得ず、このような改革法の規定する法律関係の下においては、設立委員ひいては承継法人が同条にいう『使用者』として不当労働行為の責任を負うものではないと解するのが相当であり」、また、設立委員自身が不当労働行為を行ったともいい難い。

他方、少数意見は次のように反論した。「国鉄は、承継法人の職員の採用のために設立委員の提示した採用の基準に従って採用候補者名簿の作成等の作業をすることとされ、国鉄総裁が設立委員に加わり、設立委員会における実際の作業も国鉄職員によって構成された設立委員会事務局によって行われたものと考えられる。このような採用手続の各段階における作業は、各々独立の意味を持つものではなく、すべて設立委員の提示する採用の基準に従った承継法人の職員採用に向けられた一連の一体的なものであって、同条において国鉄と設立委員の権限が定められていることを理由に、その効果も分断されたものと解するのは、あまりにも形式論にすぎるものといわざるを得ない。」また、改革法の国会審議からもそういえる。したがって、採用手続過程において国鉄に不当労働行為があったときは、設立委員ひいては承継法人が労働組合法7条の「使用者」として不当労働行為責任を負うことは免れない。
（第二事件）略

**【21】　青山会事件：東京高判平14・2・27労判824-17**

**事実**　営業譲渡過程において組合員だけを譲渡先が採用しなかったことを不当労働行為とし、譲渡先の使用者性を認めた中労委命令（平

11・2・17 命令集 113-691）の取消訴訟の控訴審。

　仁和会の経営していた越川記念病院は、健康保険法による保険医療機関の指定取消し等の行政処分を受けたことから経営を続けることが不可能になり、控訴人が同病院の施設等を使用して同病院に入院中の患者の治療を継続して行うことを含めて病院の経営を引き継ぐことが合意され、越川記念病院の職員は全員解雇するものとし、控訴人が同病院の職員をみくるべ病院の職員として採用するかどうかは控訴人の専権事項とされた。控訴人は、越川記念病院の全職員 55 名のうち 32 名をみくるべ病院の職員として採用していること、このうち、Y と T が属していた看護科の職員 33 名については、採用を希望しなかった者および賃金等の条件面が折り合わなかった者を除く 21 名を採用し、組合員たる Y と T については、両名が採用を希望していたにもかかわらず、採用面接もせず、採用しなかった。

**判旨**　「控訴人は、仁和会から越川記念病院の事業を引き継いでこれを運営していくため、本件契約によって、越川記念病院の土地建物に関する権利及び病院運営に必要な一切の什器・備品を譲り受けているところ、この行為（以下「本件譲渡」という。）は、病院経営という事業目的のため組織化され、有機的一体として機能する仁和会の財産の譲渡を受け、これによって仁和会が営んでいた事業を受け継いだものということができるから、商法上の営業譲渡に類似するものということができる。そして、このように仁和会が越川記念病院の経営を控訴人に引き継がせることになったのは、上記 1 で認定したところによると、越川記念病院が健康保険法による保険医療機関の指定の取消し及び生活保護法による指定医療機関の取消しを受けたため、保険診療報酬等の収入が見込めなくなって病院経営を続けていけなくなったことによるものであるから、本件譲渡自体が不当労働行為を目的としてされたものということはできない。

　ところで、仁和会と控訴人との間で締結された本件契約では、仁和会はその職員に対して解雇予告を行うとともに、その職員を控訴人が雇用するか否かは控訴人の専権事項であるとされ、また、仁和会は平成 6 年 12 月 31 日までに生じた組合員についての仁和会の債務を自己の責任で清算するとされていたのであるから、本件契約においては、控訴人は仁和会の職員の雇用契約上の地位を承継しないとの合意があったものというべきである。そして、営業譲渡の場合、譲渡人と被用者との間の雇用関係を譲受人が承継するかどうかは、原則として、当事者の合意により自由に定め得るものと解される。

　しかしながら、契約自由の原則とはいえ、当該契約の内容が我が国の法秩序に照らして許容されないことがあり得るのは当然である。そこで、控訴人によるみくるべ病院の職員の採用の実態をみると、本件譲渡では、前記のように、越川記念病院に入院中の患者については従前受けていたのと同一の治療行為を引き続きみくるべ病院において行うこととしていたことから、本件契約においては、前記のとおり、控訴人は越川記念病院における職員の雇用契約上の地位を承継しないとしていたにもかかわらず、控訴人は、同病院の職員、特に数も多数を占め、実際に患者の看護に当たっていた看護科の職員については、Y 及び T の両名を除いて、採用を希望する者全員について採用面接をし、採用を希望し、賃金等の条件面の折り合いが付いた者全員を採用しているのであって、実質的には雇用者と被用者との雇用関係も承継したに等しいものとなっている。そして、控訴人が Y 及び T の両名を殊更に採用の対象から除外したのは、この両名が被控訴人補助参加人に所属し、組合活動を行っていたことを控訴人が嫌悪したことによるものであることは、前記 2 で認定判断したとお

りである。また，本件譲渡の譲渡人である仁和会においても，本件譲渡前，被控訴人補助参加人と激しく対立しており，かつ，越川記念病院が本件譲渡を余儀なくされたのは，前記のように健康保険法による保険医療機関の指定の取消し及び生活保護法による指定医療機関の取消しを受けたことにあるところ，それに至った経緯として被控訴人補助参加人が県に対して越川記念病院の運営改善につき指導要請をしたこと等も一因となったとみられることからすれば，仁和会が被控訴人補助参加人並びにその構成員であるY及びTに対して強い悪感情を持っていたであろうことは，容易に推認できるところである。控訴人がみくるべ病院の開設に当たって関係者に送付した前記あいさつ状には，「告発のみに終始し，何ら生産的運動をなしえなかった東京労働組合もその余韻すら残せず消え去りました。」との記載があるが，このことからも，控訴人と仁和会が被控訴人補助参加人の県に対する要請行動と越川記念病院が保険医療機関の指定取消しなどの行政処分を受けたこととが関係あると認識し，このような要請行動を行った被控訴人補助参加人とその構成員を嫌悪して，これを排除しようとしていたことをうかがうことができるのである。

このようにみてくると，控訴人による越川記念病院の職員のみくるべ病院の職員への採用の実態は，新規採用というよりも，雇用関係の承継に等しいものであり，労働組合法7条1号本文前段が雇入れについて適用があるか否かについて論ずるまでもなく，本件不採用については同規定の適用があるものと解すべきである。本件契約においては，控訴人は越川記念病院の職員の雇用契約上の地位を承継せず，同病院の職員を控訴人が雇用するか否かは控訴人の専権事項とする旨が合意されているが，上記採用の実態にかんがみれば，この合意は，仁和会と控訴人とが被控訴人補助参加人並びにこれに属するY及びTを嫌悪した結果これを排除することを主たる目的としていたものと推認されるのであり，かかる目的をもってされた合意は，上記労働組合法の規定の適用を免れるための脱法の手段としてされたものとみるのが相当である。したがって，控訴人は，上記のような合意があることをもって同法7条1号本文前段の適用を免れることはできず，Y及びTに対して本件不採用に及んだのは，前記認定のようなみくるべ病院の職員の採用の実態に照らすと，同人らをその従来からの組合活動を嫌悪して解雇したに等しいものというべきであり，本件不採用は，労働組合法7条1号本文前段の不利益取扱いに該当するものといわざるを得ない。

また，本件不採用当時被控訴人補助参加人の組合員はY及びTの2名のみであったことからすれば，本件不採用により，同時に被控訴人補助参加人が壊滅的打撃を受けたことは明らかであるから，控訴人は，本件不採用により被控訴人補助参加人へ壊滅的打撃を与えることを意図し，Y及びTが被控訴人補助参加人を運営することを支配し，これに介入したものということができる」。

【22】 大阪証券取引所事件：東京地判平16・5・17労判876-5

事実　N証券会社の従業員で組織する組合からの団交要求を拒否した大坂証券取引所Xに対する団交命令（中労委・平15・3・19労判847-91）に対する取消訴訟。

Xは，有価証券の売買取引に必要な市場の開設を目的とする会員制の公益法人として設立され，本件再審査継続中に株式会社に組織変更された。最高意思決定機関は会員総会であり，正会員として証券会社，仲立会員としてN証券がある。N証券は，Xにおける正会員間の有価証券売買取引の媒介を目的とする株式会社である。昭和60年から

Xが資本参加し，以後，X出身者が役員・管理職に就任しているが法人の実体としてはXとは独立した存在。株式はXが27％，正会員協会が25％，仲立証券と同社社長共同出資の持株会社2社が計48％を保有（計100％）する。XにおけるN証券の媒介業務の作業内容，手順，時刻等はXが規定（Xが売買立会時間等を変更したときは，N証券が従業員の休暇，勤務時間を変更して対応）。また各証券会社がN証券に支払う仲立手数料の料率はXが会員委員会に諮問の上決定している。

　Xの専務理事を務めていたDがXの意向に沿う形で社長に就任した。その後N証券の経営は悪化したためXは新会社の設立計画とN証券従業員の受入の用意について提案し，これを受けてN証券は新たな再建策（50名退職，Xの新会社に50名採用，42名残留）を策定した。そこで，N証券が従業員に希望退職を提案し，Xが設立した子会社がKBS社を設立し，同社が計21名採用（KBSの全社員）した。Xの常務2名がD社長に対し「X内部の打合せでN証券東京支店の廃止もやむをえないとの結論に達した（……）N証券の自主廃業も視野に入れて検討してもらいたい」旨申し入れた。

　N証券の従業員で組織するZ組合がXに対し，N証券の「親会社」としてN証券従業員の雇用等の問題に関して責任があるとして団交要求したが，Xは，N証券の合理化やこれに伴う人員削減の問題はN証券内の労使間で話し合う問題でありXとの団交の議題にはなじまないとして拒否した。そこで，Zが大阪地労委に対し，XおよびN証券を被申立人とする救済申し立てをなし，①Xに対し，仲立手数料率の回復，給与減額分の回復，団交応諾，②N証券に対し，賃金カット分の回復およびバックペイを求めた。

　中労委は，「XのN証券の再建策検討等に対する積極的な関与は…N証券は制度面・資本面・人事面においてXに依存せざるを得ない立場ないしは従属的な立場にあったことから，XがN証券に対して相当な支配力を有していたこと等に基づくものといえる。すなわち，Xは上記に支配力を実際に行使して，N証券従業員の基本的労働条件である雇用問題を左右するN証券の再建策検討等に積極的に関与し，これを実行に移していたということができる」。「加えて，本件の団体交渉事項…は，組合員の今後の雇用確保等を含む雇用問題について団体交渉を求めたものであると解されるところ，労働組合法第7条第2号の趣旨・目的に照らして，N証券従業員の雇用問題に関しては，N証券の再建策検討等に積極的に関与しこれを実行に移していたXと組合との間で団体交渉を行うべき必要性は大きいといわなければならない」。「以上を総合して判断するに，XはN証券従業員の基本的な労働条件である雇用問題に対して，現実的かつ具体的な支配力を有していたということができる」。「したがって，Xは，本件における団体交渉上の当事者であり，労働組合法第7条第2号の使用者に該当する」と判断していた。

**判旨**　「一般に使用者とは労働契約上の雇用主をいうものであるが，同条が団結権の侵害に当たる一定の行為を不当労働行為として排除，是正して正常な労使関係を回復することを目的としていることにかんがみると，雇用主以外の事業主であっても，当該労働者の基本的な労働条件等について，雇用主と同視できる程度に現実的かつ具体的に支配，決定することができる地位にある場合には，その限りにおいて，上記事業主は同条の『使用者』に当たるものと解するのが相当である（朝日放送事件最高裁判決参照）」。ただし，「外延が幾らでも広がるような開放的な概念によって『使用者』を定義することは相当ではな」い。

　本件において，「Xが本件団体交渉に応じる義務があるというためには，XにおいてN証券の事業再開と同証券従業員の雇用を確保しなければならないという程にあるいはXや証券関係の業界でN

証券従業員を再雇用しなければならないという程に」，換言すれば「N証券従業員の雇用確保等について，雇用主であるN証券と同視できる程度に現実的かつ具体的に支配，決定することができる地位にあったということがいえて，はじめて労働組合法7条にいう『使用者』に当たると解するのが相当である」。

## 【23】 済生会中央病院事件：最三小判昭60・7・19 労判 455-4

**事実** 併存組合下において妥結月実施条項の諾否の違いによって発生した賃金差別を不当労働行為とした中労委命令（昭53・3・15命令集63-527）の取消訴訟の上告審。

**判旨** 「労働組合法27条の規定による救済命令の名宛人とされる『使用者』は，不当労働行為を禁止する同法7条の規定にいう『使用者』であり，かつ，不当労働行為の責任主体として不当労働行為によって生じた状態を回復すべき公法上の義務を負担し，確定した救済命令（労働組合法27条9項）又は緊急命令（同条8項）を履行しないときは過料の制裁を受けることとされているのであるから，右の『使用者』は，法律上独立した権利義務の帰属主体であることを要するというべきである。したがって，企業主体である法人の組織の構成部分にすぎないものは，法律上独立した権利義務の帰属主体ではないから，右の「使用者」にはあたらず，これを救済命令の名宛人として救済命令を発することは許されないものというべきである。以上によれば，法人組織の構成部分を名宛人とする救済命令は，労働組合法27条及び7条の規定にいう使用者に該当しない者を名宛人としている点に瑕疵があることとなるが，合理的解釈が可能な範囲内でできるだけ救済命令を適法有効なものと解することが不当労働行為救済制度の趣旨，目的にそう所以であることは否定できないところであるし，当該構成部分を含む法人組織において右の使用者にあたる者は当該法人以外には存在しないのであるから，救済命令の名宛人となるべき者は右法人以外には考えられず，また，右構成部分は法人組織に含まれるもので両者は全体と部分の関係にある一体のものであるから，右構成部分を名宛人とする救済命令は，実質的には右構成部分を含む当該法人を名宛人とし，これに対し命令の内容を実現することを義務付ける趣旨のものと解するのが相当である」。

## 2 誰の行為を使用者へ帰責しうるか

解雇や配転等使用者（正確には法人）自身の名義，責任においてなされる不当労働行為は，それが使用者の行為か否かをことさら検討する必要はない。しかし，組合員に対するいやがらせ，反組合的言辞，脱退勧奨等の事実行為については，実際の行為者の地位との関連において，それが使用者の行為とみなされるか，つまり使用者に帰責しうるか否かが問題となる。

労委実務は概ね以下のように処理しており，判例法理もそれを追認している。

まず，企業の代表者や役員，法人の理事等の行為は，その職責上まさに使用者自身の行為とみなしうる。一定の人事・労務管理権限のある部長，課長等のミドル・マネージメントの行為も使用者に帰責しうる。使用者の方針を具体化する権限があるからである。デリケートなのは，係長，主任等の下級職制の行

為である。組合員に対する一定の人事・労務管理権限を有する場合には，一応ミドルと同様に考えることができる。職制上の地位を利用した行為と解されるからである。

下級職制の行為については，職責上会社の意を体して行動しているとして使用者に帰責する例が多い。たとえば，ＪＲ東海中津川運転区事件：東京地判（平16・11・29判時1881-125）は，主席助役の組合脱退慫慂発言につき，当該発言が区長の質問に続いてなされたこと，主席助役は区長を補佐し人事考課の査定に強い影響力を有していたことから会社と意思の連絡があるか，少なくとも会社の意思を体して発言したと認定している（ＪＲ西日本事件：東京地判平17・12・26判時1939-161も同旨）。

最高裁もＪＲ東海事件（最二小判平18・12・8労判929-5）においてＪＲの指導科長の行為を使用者に帰責しうるとして以下のように判示している。「労働組合法2条1号所定の使用者の利益代表者に近接する職制上の地位にある者が使用者の意を体して労働組合に対する支配介入を行った場合には，使用者との間で具体的な意思の連絡がなくとも，当該支配介入をもって使用者の不当労働行為と評価することができるものである」。

これを本件についてみるに，①Ｂ科長は利益代表者に近接する職制上の地位にあったこと，②行為が組合分裂直後になされていること，③発言内容がＸの意向に沿って上司としての立場からなされていること，からＢ科長の行為は，相手方との個人的な関係からの発言であることが明らかである等の特段の事情がないかぎりＸの意を体してなされたものと認められる。

また，必ずしも会社との意思連絡を要件としない例もある。大分銀行事件において課長代理や係長等の末端職制の行為に対する使用者の帰責が争われ，東京地判（昭45・12・21労民集21-6-1603）は，使用者の利益代表者以外の「職制機構の末端にいる監督的被用者の反組合的行為も，職制機構の一員としての地位におけるまたはその地位を利用しての行為である限り，使用者の支配圏内におけるものとして」，使用者との意思連絡を要件とすることなく禁止の対象となると判示している。同時に，管理者の反組合的行為が会社の指示に反している場合であっても，不当労働行為責任を免れるものではないとされる例もある（【24】国鉄大分鉄道管理局事件：東京地判昭43・12・18労民集19-6-1544，同事件：東京高判昭45・3・31労民集21-2-446も支配介入の成立を認めている）。

もっとも，職制本人が別組合に加入しているケースでは，同人の行為（典型例は，別組合への加入の説得）がはたして職制としてのそれか，別組合員としてのそれかが問題になる。職制上の地位・権限，行為の場所，時期，行為内容，目的等から判断することになろう。

平従業員であっても，使用者の命令や要請に基づいて反組合的行為をなした場合には使用者に帰責しうるのは当然である。また，第三者（親，保証人）についても，会社の意向を受けた行為については不当労働行為が成立

第2章　不当労働行為の共通問題

する。【25】興人パルプ事件は，この点が正面から争われ，東京高判（昭45・9・17労民集21-5-1229）は，上司たる課長の組合脱退発言であっても，組合員の言動に対応したものにすぎず，また身元保証人としての行動であるとして支配介入の成立を否定した。

次に，業務命令等により第三者の意見を聞くことが強制された場合についてはどうか。例えば，社内研修の際の部外講師の反組合的発言につき，それを使用者へ帰責しえないという判断が示されている（【26】オリエンタルモーター事件：東京地判平2・2・21労判559-54，控訴審・東京高判平2・11・21労判583-27，上告審・最二小判平7・9・8労経速1580-11）。そのような機会を作った使用者の責任は否定できないので疑問のある説示と思われる。なお，第三者の圧力によりやむなくした行為であっても，使用者自身の不当労働行為責任は免がれないとされている（【27】山恵木材（民事）事件：最三小判昭46・6・15民集25-4-516参照）。

【24】　国鉄大分鉄道管理局事件：東京地判昭43・12・18労民集19-6-1544

事実　国鉄助役の組合脱退慫慂を支配介入とした公労委命令（昭40・11・1労民集19-6-1579）の取消訴訟。

大分鉄道管理局管内の別府駅，大分運転所および中津保線区の助役らが，組合員らに対し，同組合を脱退するように慫慂し，また同中津保線区の助役が同組合の組合員の組合活動に干渉し，もって同組合の運営に介入したとして，公労委が原告に対し，上記助役らをして，謝罪の文書を同組合に交付させるとともに，同人らに今後それぞれ右のような行為を繰り返さないよう注意を与えるべきことを命じた。

判旨　「右三助役は管理者といつても比較的下級の役職であり，直接の上司たる駅長，運転所長または保線区長の指示命令にしたがつてこれを補佐し，その業務の処理を担当しているにすぎず，ただ上司が不在のときその業務を代理するだけであつて，一般的に原告の代理権を与えられているものでないことが認められる。しかしながら，不当労働行為の主体となるのは常に使用者本人またはその代表者ないし代理人に限るべきものではない。すなわち，通常使用者とは個別的労働関係における一方当事者であつて，他方当事者たる労働者に対し雇主たる地位にある者をいうのであるが，不当労働行為の一類型たるいわゆる支配介入の成否を論ずるときは，それが集団的労働関係における問題であるところから，その場合の主体たる使用者とは，雇主たる使用者のほか使用者の利益を代表する者（労働組合法第2条第1号参照）をも包含し，それらの者につき支配介入行為があつたときは，雇主たる使用者はその責に任ずべきものと解するのが相当である。これを本件についてみるに，前記三助役が公共企業体等労働関係法第4条第2項に定める告示により労働組合法第2条第1号に所定の使用者の利益を代表する者に該当することは当事者間に争いのないところであるから，三助役のした介入行為につき使用者たる地位にある原告はその責を負わねばならない。

原告はまた，三助役らを含む管理者に対し昭和39年10月初め以来表面化した国労大分地本の組織上の紛争に際して厳正中立の立場を維持し，不当労働行為にわたるような行為に出ることのないよう度々指示しているから，上司の意思がそこにあり，いやしくも不当労働行為にわたるような行為に出ることは上司の意思に反する旨を十分に認

識していたのであり，かような場合には使用者たる原告に三助役の支配介入行為の責を帰すべきではないと主張する。思うに現行法上における不当労働行為制度は，労働者の団結権を実質的に保障することによつて円滑な労使関係を形成することを目的とするものであり，そのため労働者の団結権を侵害し，もしくは侵害するおそれのある行為がなされた場合には，その結果を除去し，そのような行為がされなかつたと同様な状態に回復しようとするものである。してみれば，結果的に団結権を侵害し，もしくはそのおそれのある使用者もしくはその利益を代表する者の言動は，それが行為者の認識のもとに行われたものである限り，その主観的意図のいかんにかかわりなく，すべて不当労働行為に該当し，その結果を除去することが，右制度の趣旨にそうゆえんのものである。ただ団結権を侵害し，もしくは侵害のおそれのある行為であるか否かは，たんに外形的な使用者もしくはその利益を代表する者の外形的な行為だけでなく，当該行為のなされた当時における諸般の状況のもとにおいて具体的に判断することが必要である。たとえば相手方が詐術，欺計を用い，あるいは挑発したため，それ自体として不当労働行為とみられるような結果を招来したというような特別な事情がある場合には，右行為をもつて団結権を侵害し，もしくは侵害するおそれのある行為と評価することはできない。これを本件についてみるに，原告の大分鉄道管理局長が所論のごとき指示をしたことは前に認定したところであるが，このことはたんに大分鉄道管理局長ひいては原告が支配介入の意思を有するものでなかつたことを推認するにとどまり（このことが不当労働行為の成立を阻却するものでないことは前述のとおりである），それ以上に三助役の行為が団結権を侵害し，もしくは侵害するおそれのある行為に該当すると評価することを妨げる特別な事情であるとすることはできない」。

【25】 興人パルプ事件：東京高判昭 45・9・17 労民集 21-5-1229

事実　K組合員の身元保証人でもある課長が部下たるKに対し組合からの脱退を勧奨したことを支配介入とした中労委命令（昭 41・3・16 命令集 34・35-817）の取消訴訟の控訴審。

判旨　①A（Kの身元保証人）は単に課長対一課員という関係からKと本件の話合をするに至ったものではなく，両者間のそれまでの密接な関係から話合が持たれたのであり，しかもこの話合はAから積極的にKに呼びかけて持たれたものではないのである。②本件当夜，KがAと話合う機会を持ったこと自体は，何らKの意思に反するものではなく，むしろ同夜K自らも無期限スト突入の頃から話合の機会のなかったA課長や工務室の者らと話合いたかったとさえ，その希望を表明していた。③話合の内容についてみるに，Kは，たとえ相手が課長であろうが職場における上長先輩であろうがそのような関係には一切束縛されないで，一貫して旧労側で聞いていたところのみが正しいと考えて旧労の組合員の立場を変えず，話合というよりは一方的に敵意をもって会社および新労を激越な態度で難詰する攻撃の手をゆるめなかった

以上から「A宅におけるAとKとの会談はAが積極的にKを招致したものでもなく，また会談の内容はKの言動があつてこそ，これに対応してAの本件言動があつたといえるのであり，右のような当夜の情況並びにさきに認定したAとKとの間の，普通の課長対課員という関係を超えた親密な関係を前提としてAの言動を評価するときは，たといAにKの新労加入を望ましいとする考えのあつたことを考慮に入れても，本件当夜のAの言動を以つて使用者の利益代表者たる課長がその課長たる地位を利用して課員の一人である旧労組合員

第2章　不当労働行為の共通問題

に対し旧労脱退，新労加入を勧誘し，よつて旧労の弱体化を図つて労働組合の運営に支配介入した不当労働行為であるとは到底認めることはできないのである」。

【26】　オリエンタルモーター事件：東京地判平2・2・21 労判559-54

事実　非常勤の顧問たるHは，原告保養所で実施された高校卒業新入社員合宿教育の講師として，原告から依頼された「不安定成長経済と企業」というテーマについて講義を行った。その際，出席者から労働組合について質問を受けてこれに答える形で，労働組合について述べたが，その中で，全金は会社が組合員名簿の提出を要求しても拒否するという非常に卑怯な方法をとっており，補助参加人はまさしくこれに該当する等と補助参加人に批判的な見解を述べた。原告は，右講義の講義録を管理職に対する参考資料として作成，配付したが，右労働組合に関する部分が右講義録のかなりの部分を占めていた。不当労働行為の成立を認めた中労委命令（昭62・5・20命令集81-647）の取消訴訟。

判旨　Hの行為を使用者に帰責しえない。
「Hは会社に常駐しない原告の非常勤の顧問にすぎない者であり，同人のこのような地位に照らすと，原告がHに前記講義において組合問題に言及するよう依頼するなど，予め同人の労働組合に言及した部分の講義内容を予測できたという事情を認めるに足りる証拠がない本件においては，同人が前記講義中で補助参加人を批判する言動をしたとしても，その責めを原告に負わせることはできず，それが原告の組合に対する支配介入（労働組合法7条3号）に該当するということはできない。右講義の講義録が後日管理職の参考資料と

して作成，配付され，労働組合に言及した部分が同講義録のかなりの部分を占めていたことも，右判断を左右するものではない。したがって，本件命令がこれを不当労働行為として，原告に対しこの点につきポストノーティスを命じた部分は違法であるから，取り消されるべきである」。

● コメント

Hの行為を予測できなかったとしても，その講義録をその後配布した行為はあきらかに支配介入といえる。また，たとえ予測しえなかったといえても，強制された研修の際に当該発言がなされたので，会社は組合批判的な発言を利用しているとの評価も可能である。

【27】　山恵木材（民事）事件：最三小判昭46・6・15 民集25-4-516

事実　Y会社は訴外A会社との契約によりその市場内で木材の委託販売を行っている木材問屋であった。Yの従業員たるXの組合活動によってA会社も信用を失ったとしてA会社からXを解雇するよう要請されYはやむなく解雇し，当該解雇の効力が争われた訴訟の上告審。

判旨　「訴外会社の上告会社に対する被上告人解雇の要求が原判示の争議における被上告人の正当な組合活動を理由とするもので，そのことは上告会社において十分に認識しており，上告会社は，訴外会社の要求を容れて被上告人を解雇しなければ，自己の営業の続行が不可能になるとの判断のもとに，右要求を不当なものとしながら被上告人に対して解雇の意思を表示した，というのである。そして，これによると，被上告人の正当な組合活動を嫌忌してこれを上告会社の企業外に排除せしめようとする訴外会社の意図は，同会

社の強要により，その意図が奈辺にあるかを知りつつやむなく被上告人を解雇した上告会社の意思に直結し，そのまま上告会社の意思内容を形成したとみるべきであつて，ここに本件解雇の動機があつたものということができる。論旨は，原判決も明らかに認定しているところの強要のもとにおいては，上告会社の意思として存在したのは，被上告人を『解雇しなければ会社の営業の続行が不可能になるとの判断』のみであるとして，あたかも経営維持の必要が本件解雇の動機であるかのごとくいうが，被上告人を解雇しなければ訴外会社の協力を得られず，上告会社の営業の続行が不可能になるという点は，前記の訴外会社による強要の事実をより具体的に説明したにとどまるのであつて，被上告人の正当な組合活動に対する嫌忌と経営続行の不可能との両者は表裏一体の関係にあるというべきであり，したがつて，上告会社の営業の続行が不可能になるという点は，たとえば，使用者側の事業の合理化のための人員整理の必要などの事情とは異なり，被上告人の正当な組合活動に対する嫌忌の点と別個独立に考慮されるべき他の動機であるとすることはできない」。したがつて，前記の認識をもつてされた本件解雇の意思表示は，たとえ自発的なものでなかつたとしても，上告会社に不当労働行為をする意思がなかつたとはいえないとした判断は，結局正当である。

## 第4節　併存組合に対する中立保持義務

わが国の主要な組合組織形態は，企業別組合である。実際に，企業内に複数の組合が存在したり，一部の従業員が外部の組合（コミュニティー・ユニオン，一般労組）に所属することも少なくない。法政策的にアメリカ法のような排他的交渉代表制度がとられていないので，複数の交渉関係が成立することとなる。問題は，これらの組合が必ずしも職種や労働条件決定上の共通の利害に基づいて結成されていないことである。多くは，政治的立場や企業に対する関与のスタンスさらに人間関係に基づく場合さえある。ここに，労働組合相互間の対立，葛藤の原因があり，それに使用者が関与する（関与せざるをえない）というわが国独特の不当労働行為図式が出来上がる。とくに，労組法において，組合間紛争を処理する独自のシステムに欠ける，というより全く想定していないことがこのような紛争を助長している（道幸1982，1998：145頁，籾井1976，岸井1977，特集1979，奥山1982，宮本1988，高橋1991，國武2000）。

### 1　併存組合状態に対する法規定

憲法28条は，勤労者の広義の団結権等を特定の政策としてではなく人権レベルで保障している。勤労者および労働組合は，不可侵の団結権，団交権，争議権を持つわけである。同時に，労組法は，組合の要件（2条・5条2項）につき定めるだけで，公務員が結成する職員組合を除き，結成の手続や登録等につき何らの規定をも有していない（たとえば，国家公務員法108条の3）。結成に関する労組

法の政策はきわめてルーズであり，組合分裂の事件等では，組合が一つなのか二つに分裂したのかもはっきりしないケースも少なくない。

そこで，平等な団結権，団交権，争議権を有する組合がそれぞれ使用者と団交を通じて自主的に労働条件を決定し，協約規範は原則として所属する組合員にだけ及ぶという組合併存状態が発生する。労使関係が不安定にならざるをえないと同時に組合（員）間差別状態が発生しやすいわけである。

この点，アメリカ法では排他的交渉代表制度，つまり交渉単位内の全従業員（非組合員も含む）の過半数によって選出された組合だけが団交「権」を有し全従業員の労働条件を決定しうるという制度を採用している。交渉代表選出選挙および団交権の付与により労働組合相互間および労使間の紛争を一挙に解決しているわけである。ここには，団交を媒介とした組合間差別というわが国におけるような事態は発生しない（道幸2002：204頁以下参照）。

一方，わが国では，所属組合員数が異なっていても，組合であるかぎり原則として平等な団結権等を有する。しかし，明文上，事業所内において過半数を組織している組合についてだけ特別の権能が与えられている場合があり，過半数組合は従業員代表的な機能をも果している。主要な規定として，賃金控除（労基法24条），労働時間に関する特別規制（同法32条の3，同条の4，同条の5，38条の2），36協定（同法36条），計画年休（同法39条），就業規則作成・変更時の意見聴取（同法90条）等があげられる。また，労組法にも，過半数代表組合とユニオン・ショップ協定を締結することが不当労働行為にならない旨（7条1号但し書）および「同種の労働者の4分の3以上の数の労働者が一の労働協約の適用を受けるに至ったとき」に他の同種の労働者についても当該協約の適用をうけるという一般的拘束力制度の定め（17条）がある。

総じて，わが国の労働法は，組合相互間の対立や併存組合状態を予定した独自の法制度を用意してはいない。当該紛争の処理は判例法理に委ねられているわけである。

## 2 使用者の中立保持義務

不利益取扱いの禁止（7条1号）は，組合活動の自由を確保するために，組合員と非組合員との差別を禁止することを原則とする。しかし，併存組合状態になると，組合（員）間差別も問題になり，さらには組合内部のグループ（潮流）間差別も争われる（例えば，北辰電機製作所事件：東京地判昭56・10・22労判374-55）。これらの差別を，不当労働行為制度上どう評価すべきであろうか。

労委実務および判例法理は，使用者には組合間および組合内紛争や対立に関与せず，併存組合を平等に取り扱う，いわば中立保持義務があると解している。最高裁は，残業差別が争われた【28】日産自動車事件（最三小判昭60・4・23労判450-23）において，「複数組合併存下にあっては，各組合はそれぞれ独自の

第4節　併存組合に対する中立保持義務

存在意義を認められ，固有の団体交渉権及び労働協約締結権を保障されているものであるから，その当然の帰結として，使用者は，いずれの組合との関係においても誠実に団体交渉を行うべきことが義務づけられているものといわなければならず，また，単に団体交渉の場面に限らず，すべての場面で使用者は各組合に対し中立的態度を保持し，その団結権を平等に承認，尊重すべきものであり，各組合の性格，傾向や従来の運動路線のいかんによって差別的な取扱いをすることは許されないものといわなければならない」と明確に判示している。同時に，「各組合の組織力，交渉力に応じた合理的，合目的的な対応をすることが右義務に反するものとみなさるべきではない」という指摘もなされている。【29】高知県観光事件最判（最二小判平7・4・14判時1530-132）は，多数組合との合意内容によって少数組合とも妥結しようとするのは自然であるとして残業差別の不当労働行為性を否定している。

とはいえ，各組合との交渉の在り方につき，誠実さが要求されることも強調されている（【30】日本メール・オーダー事件：最三小判昭59・5・29労判430-15）。結局，使用者のいかなる（差別的）行為が合理的かということがポイントとなる。この問題は，主に団交を媒介とした差別事件で争われるので，そこで検討したい。

団交を媒介とした労働条件上の差別事件以外においても，最高裁は中立保持義務を重視している。組合事務所や掲示板貸与差別が争われた【31】日産自動車事件（最二小判昭62・5・8判時1247-131）や査定差別が争われた紅屋商事事件（【4】最二小判昭61・1・24労判467-6）がその好例である。また，不当労働行為以外の事案においても，団結権の平等は強調されている。例えば，併存組合下のユニオン・ショップ協定の効力が争われた【32】三井倉庫港運（民事）事件（最一小判平1・12・14労判552-6）において，別組合員に対し解雇の脅威によって特定の組合への加入を強制することは，「労働者の組合選択の自由及び他の労働組合の団結権を侵害する場合には許されない」と判示されている。

【28】　日産自動車（残業差別）事件・一般論につき前掲：最三小判昭60・4・23労判450-23（【3】）

事実　会社が，支部において会社の提示する交替制勤務及び計画残業方式に服することに合意しないことのゆえをもって支部所属組合員に対しては一切の残業を命じないことを不当労働行為にあたるとした救済命令に対する取消訴訟の上告審。

判旨　一般論部分【3】参照。「支部が計画残業に同意する旨を表明しない状況のもとでは，個々の組合員が計画残業に服するか否か予測し難いにもかかわらずその全員を計画残業に組み入れなければならず（個々の組合員によって異なる取扱いをすれば，差別取扱い，組合切りくずしの非難を受けることになろう。），この場合に，組合員が右計画残業に非協力の態度を取れば，その補充体制を整えるために相当の手数を要するとと

もに，あらかじめこれに備えるとすれば上告人会社に余分の負担を与えることになると考えられるからである。また，前記交替制及び計画残業は，上告人会社が合併前からその工場で採用してきた制度であり，合併後これを旧プリンスの工場に導入するについて圧倒的多数の労働者を組織する組合の同意を得られたものであつて，かつ，その制度自体の合理性を否定することができないものであるうえに，同一の事業場においては全従業員が統一的な勤務体制により就労することによつて効率的な作業運営が図られるものであることに鑑みると，上告人会社が前記のような態度で支部との交渉に臨んだことについては，この限りにおいてこれを不当として非難することはできないものと考えられる」。

「しかしながら，右団体交渉における支部に対する上告人会社の要求が一見合理的かつ正当性を承認しうるような面を備えているとしても，その真の決定的動機が少数派組合である支部に対する団結権否認ないしその弱体化にあり，本件の残業問題に関する団体交渉が右の意図に基づく既成事実を維持するために形式的に行われているものと認められるときは，これに対する会社の行為はこれを全体的にみて支配介入にあたるものといわなければならない」。

これを本件についてみると，①支部が会社合併および労働組合の組織統一等をめぐる組合内部の意見の対立により大多数の組合員が全金を脱退してプリンス自工組合を結成し，支部は僅か152名の少数派組合となつた一連の過程において，合併を成功させようとする立場から，おのずから日産労組やこれに同調する支部内の動きに対して好意的であり，前記多数派による全金からの支部の脱退および組合の名称をプリンス自工組合と改称した旨の通告を受けた時点において全金に所属する支部は消滅したものとする態度をとり，前記残存組合員らによる団体交渉の申入れを拒否し，合併後の労働条件についてプリンス自工組合とのみ協定を結び，合併後も右と同様の態度をとり，多くの不当労働行為をなした。②昭和42年2月から前記交替制と計画残業を旧プリンスの製造部門に導入したものであるが，かかる労働条件の変更を伴う勤務体制を事業場に導入するについて，日産労組とのみ協議してその導入を決定し，支部とはなんらの協議も行うことなく，一方的に支部所属組合員を昼間勤務にのみ配置し，かつ，右導入以後同組合員につき一切の残業への組入れをしなかった。③支部は日産労組所属の組合員と同一の労働条件の下での交替制および計画残業に服することを拒否し続けたことが明らかであるが，支部の側に団体交渉の姿勢がなかったといえない以上，このような事情をもって，上告人会社が前記交替制および計画残業を旧プリンスの製造部門に導入するについて支部となんらの協議も行わず，かつ，導入以後支部所属組合員を一切の残業から排除したことを正当ならしめる事由と解することはできない。④間接部門においては，遅番勤務がなく，したがって同部門における残業を含む作業割当ては前記交替制に対する支部としての賛否の問題とはかかわりがないにもかかわらず，上告人会社は同部門に勤務する支部所属組合員に対しても昭和42年2月以降一切残業を命じていない。

全体としてみると，本件残業問題に関し，上告人会社が支部所属組合員に対し残業を一切命じないとする既成事実のうえで支部との団体交渉において誠意をもって交渉せず，支部との間に残業に関する協定が成立しないことを理由として支部所属組合員に依然残業を命じないとしていることの主たる動機・原因は，同組合員を長期間経済的に不利益を伴う状態に置くことにより組織の動揺や弱体化を生ぜしめんとの意図に基づくものであったと推断されてもやむをえないものである。

【29】 高知県観光事件：最二小判平7・4・14判時1530-132

**事実** 上告人は，勤務シフトを事務所内に掲示するとともに，社員会との間で，時間外労働の許容限度を明確にした36協定（以下「旧36協定」という）を締結し，高知労働基準監督署に届け出た。また，賃金計算方法についても，従前の賃金体系を改め，各乗務員の水揚高に39パーセント，40パーセントまたは41パーセントを乗じた額を基礎給として，これに労働基準法所定の各種割増賃金及び年休保障給を加算することを内容とする賃金計算方法（以下「新賃金計算方法」という）を作成した。上告人は，勤務シフトを事務所内に掲示し，旧36協定を締結した後もしばらくの間は，乗務員がこれによって許容された時間外労働時間数を超えて時間外労働をすることを事実上黙認し，賃金も従来どおりの計算方法によって支払っていたが，申立組合の組合員を含む全乗務員に対し，同年3月から勤務シフトに従って乗務するよう指示するとともに，同年3月分以後の全乗務員の賃金を新賃金計算方法によって計算して支払った。

申立組合の組合員らは，上告人の指示にもかかわらず，勤務シフトに従わず，従来どおりに無制限に時間外労働を続けたため，上告人は，勤務シフトの不遵守等を理由として，出勤停止処分をなした。その後上告人は，当時の従業員の過半数で組織されていた社員会との間で，勤務シフトの変更を合意し（以下，この勤務シフトを「新勤務シフト」という），新勤務シフトを前提として許容される時間外労働時間を増加することなどを内容とする36協定（以下「新36協定」という）を締結するとともに，賃金については，新賃金計算方法による基礎給の歩合を38.5パーセント，39.5パーセントまたは40.5パーセントに引き下げることを合意した。申立組合は，社員会と同一内容の36協定を締結することには異論はなかったが，賃金については，基礎給を水揚高に45パーセントまたは46パーセントを乗じた額とし，これに時間外割増賃金および深夜割増賃金を加算して支払うことを要求して団体交渉を行ったが不調に終わった。その後上告会社は，申立組合の組合員が時間外労働を行うことを禁止した。

高知地労委・被上告人（平2・1・11命令集89-51）は，出勤停止処分や申立組合との間で新勤務シフトを前提とする36協定を締結することを拒否して，申立組合の組合員の時間外労働を禁止している行為等は，労働組合法7条1号および3号に違反する不当労働行為に該当するとした。高知地判（平3・6・18労判594-102）および高松高判（平5・6・22労判679-29）は不当労働行為の成立を認めていた。

**判旨** 「同一企業内に複数の労働組合が併存する場合には，各組合は，それぞれ独自に使用者との間で労働条件等について団体交渉を行い，労働協約を締結し，あるいはその締結を拒否する権利を有するのであるから，併存する組合の一方は使用者との間に一定の労働条件の下で時間外労働をすることについて労働協約を締結したが，他方の組合はより有利な労働条件を主張し，右と同一の労働条件の下で時間外労働をすることについて反対の態度を採ったため，時間外労働に関して協約締結に至らず，その結果，後者の組合員が使用者から時間外労働を禁止され，前者の組合員との間に時間外労働に関し，取扱いに差異を生じることになったとしても，それは，各組合が異なる方針ないし状況判断に基づいて選択した結果によるものである。したがって，使用者が，団体交渉において，労働組合の団結権の否認ないし弱体化を主な意図とする主張に終始し，右団体交渉が形式的に行われたにすぎないものと認められる特段

第2章　不当労働行為の共通問題

の事情のない限り，使用者が，団体交渉の結果により，時間外労働について，併存する組合の組合員間に取扱上の差異を生ずるような措置を採ったとしても，原則として，不当労働行為の問題は生じないものといわなければならない」。

これを本件についてみると，①「上告人が時間外割増賃金及び深夜割増賃金を含むとの認識の下に従前の賃金体系を採用していたとすれば，乗務員に深夜にわたる時間外労働の延長を許容しながら，従来の賃金に時間外割増賃金及び深夜割増賃金を加算して支払うことは，過大な賃金を支払わざるを得なくなることを意味し，経営上の負担になることは容易に推認することができるし，また，仮に上告人が申立組合の組合員についてだけ右のような労働条件を認めたならば，社員会の組合員との対比において，申立組合の組合員だけに著しく有利な労働条件を認めることになることが明らかである。このような事情にかんがみると，前記団体交渉における上告人の主張には，一応合理的理由があるとみることができる」。

②「上告人は，新勤務シフトの導入とこれを前提とする36協定の締結及びこれに伴う新賃金計算方法による基礎給の歩合の変更について社員会とのみ協議をし，申立組合とは何らの協議を行うことなく，申立組合の組合員の時間外労働を禁止したものであるが，賃金の支払に関して前示のような要求を続けていた申立組合が，新賃金計算方法を承認した上で，基礎給の歩合を更に引き下げることを簡単に受け入れないであろうことは容易に推認できるところであって，上告人が，これらの労働条件について，まず社員会との間で協議を行い，これらの点について合意を成立させようとしたとしても，その態度をあながち不当なものということはできない。そして，上告人は，申立組合の組合員による時間外労働を禁止したものの，その5日後には，新勤務シフトの導入とこれを前提とする36協定の締結及びこれに伴う新賃金計算方法による基礎給の歩合の変更について，申立組合との間でも団体交渉を行っていることからすると，申立組合との間で団体交渉を行った時期が遅きに失したものとまではいえない」。

③「使用者が，多数派組合との間で合意に達した労働条件で少数組合とも妥結しようとするのは自然の動きというべきであって，少数派組合に対し，右条件を受諾するよう求め，これをもって譲歩の限度とする強い態度を示したとしても，そのことだけで使用者の交渉態度に非難すべきものがあるとすることはできない。したがって，上告人が申立組合との間で行った団体交渉において，社員会との間で合意したように，新賃金計算方法による基礎給の歩合を引き下げることを強く主張し，この点について合意をしない限り新勤務シフトを前提とする36協定の締結には応じられないとの態度を採ったこと自体をもって，誠実な団体交渉を行わなかったものと評価することはできない」。

以上のことから，「上告人が申立組合との間の団体交渉において，前記のような主張をした主な意図が申立組合の団結権の否認ないし弱体化にあり，右団体交渉が，申立組合の組合員が時間外労働を禁止されているという既成事実を維持するために形式的に行われたものであると断定するには足りないものといわざるを得ない。そうすると，上告人が，申立組合との間で新勤務シフトを前提とする36協定の締結を拒否して，申立組合の組合員の時間外労働を禁止している行為が不当労働行為に当たるとした原審の判断には，労働組合法7条1号及び3号の解釈を誤った違法があ」る。

【30】　メール・オーダー事件：最三小判昭59・5・29 労判430-15

事実　被上告人の従業員が結成する労働組合には，日本メール・オーダー労働組合（以

第4節　併存組合に対する中立保持義務

下「労組」という）と全日本商業労働組合日本メール・オーダー分会（以下「分会」という）とがあり，本件救済命令が発せられた当時，所属組合員数は，労組が120名を下らず，分会が20数名であつた。分会は，被上告人に対し，年末一時金として基本給の5カ月分プラス一律2万円（1人平均27万円）の要求をし，労組も，そのころ年末一時金の要求をした。被上告人は，労組および分会に対していずれも第1回団体交渉において，従業員1人あたり基本給の3.71月分（平均19万2,100円）を支給する旨および査定部分の割合は原則として上下20パーセントとする旨の回答をした。

被上告人は，一時金の支給額につき再検討した結果，従業員が生産性向上に協力する趣旨のもとに一生懸命働くならば，従来の営業成績から推して，昭和48年には10パーセント程度の生産性向上が見込まれるので，その生産性の向上を一部先取りするという方法により従業員1人あたり3,100円の上積みが可能であるとの結論に達した。そこで，被上告人は，労組との第2回団体交渉において，「生産性向上に協力すること」との前提条件を付したうえ，基本給の3.77カ月分（1人平均19万5,200円）を支給する旨および査定部分の割合は前回の回答どおりとする旨の回答をしたところ，労組がこれを受諾して労働協約が成立するに至り，被上告人は，労組の組合員に対し年末一時金を支給すると同時に，非組合員に対しても労組と同一条件のもとに同一内容の一時金を支給した。

被上告人は，分会との第2回団体交渉において，「組合は，生産性向上に協力すること」を前提条件として，労組に対する回答と同様の回答をした。分会は，この回答のうち，一時金の額および査定部分の割合については同意の意向を示したが，「生産性向上に協力すること」との前提条件については，人員削減を伴う合理化，労働強化，実質的な賃下げ，労働組合つぶし，労働組合の御用化等に

つながるものであると考え，その内容について被上告人に質問したところ，具体的な説明は得られなかった。そこで，分会は，この前提条件については拒否の態度をとり，他方，会社は，この前提条件が前記回答と不可分一体のものであると主張したため，結局本件一時金について妥結するに至らなかった。被上告人は，その後も本件一時金につき分会と団体交渉を持ち，その際，「生産性向上について協力すること」との前提条件の内容につき「就労義務のある時間中は会社の業務命令に従つて一生懸命働くという趣旨である。」と説明したが，分会は，この前提条件を第二回団体交渉の回答から切り離すべきことを要求し，被上告人は，右前提条件が回答と一体のものであると主張して，両者が互いに譲らないため，本件一時金について妥結するに至らず，被上告人は，分会所属の組合員に一時金を支給しなかった。東京地労委（昭48・5・8命令集50-235）は不当労働行為の成立を認めた。

一審東京地判（昭49・3・12労民集25-1・2-106）は不当労働行為の成立を認めたが，原審東京高判（昭50・5・28労民集26-3-451）は，会社がこの前提条件の内容について説明し，しかも既に労組が同一条件で妥結しているにもかかわらず，分会が，会社の説明を信用せず，この前提条件に特別の意味が隠されているものと解し，この前提条件には絶対に同意できないとの態度を維持したため，一時金につき会社との間に妥結が成立せず，その結果，分会所属の組合員が一時金の支給を受けられないことになったのであって，これは，分会の自由意思に基づく選択の結果にほかならとして命令を取り消した。

**判旨**　一時金の決定額に1人平均3,100円を上積みする前提として「生産性向上に協力すること」という条件を提示した，というのであるから，被上告人としては，一時金積上げ要求に

不当労働行為の成立要件　**63**

第2章　不当労働行為の共通問題

対する回答内容を実現するために必要なものとして，この前提条件を提示したものということができ，その限りでは，前提条件を提示した被上告人の意図において不当なものがあったということは困難であるかのように考えられる。

「しかしながら，分会において右前提条件を受諾し，労働協約をもってその旨を協定した場合には，分会は，これに拘束されることになるのを免れないところ，右前提条件の『生産性向上に協力する』という文言は，抽象的であってその具体的内容が必ずしも一義的に明確であるとはいえないため，これをそのまま労働協約の内容とした場合には，それが分会に及ぼす拘束の内容，範囲等について疑義を生じ，その意味するところについて分会と被上告人との間で見解の一致を見ないこととなる場合も予想されるところであり，このような点において，右前提条件を労働協約の内容とすることには問題があるものといわなければならない。のみならず，生産性向上という用語については，殊に労働者側からの見方によれば，それ自体，人員削減，労働強化，労働条件の切下げ等をもたらすものとして消極的な評価を受けることになることも避けられないのであって，右交渉が行われていたのは，いわゆる生産性向上運動が深刻な労使紛争にまで発展した事例が広く知られて間もない時期のことであり，当時既にそのことが一般に強く印象づけられていたとみられることをも併せ考えると，被上告人が一時金の上積みをする前提として『生産性向上に協力すること』という条件を提示したのに対し，分会の側においてこれを容易に受諾し難いものと考えたことも，理由のないものということはできないと考えられる。

このように，本件の前提条件が抽象的で具体性を欠くものであり，しかもこれを労働組合が受諾することが労働強化等に連なるという見方も肯認できないものではないことからすると，前記のように一時金の積上げを実施するための前提として

その提案をした趣旨については，被上告人において団体交渉を通じ分会に対しその理解を得るため十分説明することが必要であったというべきところ，原審の確定したところによると，被上告人は，団体交渉の席で，右前提条件の内容につき『就労義務のある時間中は会社の業務命令に従って一生懸命働くという趣旨である。』と説明したにすぎないというのであって，勤務時間内に業務命令に従って働くということは労働者の義務として当然のことであることからすると，右前提条件を分会が受け入れた場合に分会ないしその所属組合員において右協力義務の履行として具体的に何をすればよいかについて，被上告人は十分な説明をしていないといわざるをえない。そうすると，右一時金の積上げ回答に本件前提条件を付すことは合理性のあるものとはいい難く，したがって，分会がこれに反対したことも無理からぬものというべきである。それゆえに，分会は，被上告人からの右前提条件の提示に対して，これを受諾して自己の要求を実現するという方針をとらず，右前提条件は受け入れ難いものであるとしてその受諾を拒否するという方針を選択したのであって，その結果分会が自己の要求を実現することができなくなったのは，一面において，みずからの意思に基づく選択によるものであるというべきではあるが，他面，分会としては，好んでかかる選択をしたものではなく，被上告人が合理性のない前提条件を提示しこれに固執しているためやむなくかかる選択に及んだものというべきであるから，その結果について被上告人側の前記のような交渉の仕方が原因を与えていることは否定し難いところであって，これをすべて分会の自由な意思決定によるものとするのは相当でない。この場合，分会として，あくまでもその要求を実現しようとするのであれば，ストライキその他の争議行為を行って右前提条件を撤回させる手段も残されていたということもできないわけではないが，一般に，争議行為は

労働組合自身にも幾多の犠牲を強いるものであって、現実の問題として、組織力及び経済的基盤の十分でない労働組合としてはたやすく争議行為の実施に踏み切れるものではなく、また長期にわたって争議行為を継続することも困難であることを考えると、労働組合が、争議手段に訴えず、又は争議行為によっても使用者をして要求を受け入れさせるに至らなかった場合に、それを専ら当該労働組合の力不足によるものであるとする見方は、一面的に過ぎ、にわかに首肯し難いものというべきであ」る。

「本件前提条件が提示されるに至った経緯、状況及び右前提条件の内容等に関して上述したところを総合すると、分会において本件前提条件の受諾を拒絶して団体交渉を決裂させるのやむなきに至り、その結果、分会所属の組合員が一時金の支給を受けることができなくなったことについては、被上告人において、前記のように合理性を肯認しえず、したがって分会の受け入れることのできないような前提条件を、分会が受諾しないであろうことを予測しえたにもかかわらずあえて提案し、これに固執したことに原因があるといわなければならず、しかも、分会の右前提条件受諾拒否の態度は、理由のないものではないというべきである。そして、一方において、労組が本件前提条件を受諾して団体交渉を妥結させ、一時金につき労働協約を成立させたのに、他方において、分会は、本件前提条件の受諾を拒絶して団体交渉を決裂させ、一時金につき労働協約を成立させることができないこととなれば、右二つの労働組合所属の組合員の間に一時金の支給につき差異が生ずることは当然の成り行きというべきであり、しかも、分会が少数派組合であることからすると、分会所属の組合員が一時金の支給を受けられないことになれば、同組合員らの間に動揺を来たし、そのことが分会の組織力に少なからぬ影響を及ぼし、ひいてはその弱体化を来たすであろうことは、容易に予測しうることであったということができる。したがって、被上告人が右のような状況の下において本件前提条件にあえて固執したということは、かかる状況を利して分会及びその所属組合員をして右のような結果を甘受するのやむなきに至らしめようとの意図を有していたとの評価を受けてもやむをえないものといわなければならない。

そうすると、被上告人の右行為は、これを全体としてみた場合には、分会に所属している組合員を、そのことの故に差別し、これによって分会の内部に動揺を生じさせ、ひいて分会の組織を弱体化させようとの意図の下に行われたものとして、労働組合法7条1号及び3号の不当労働行為を構成するものというべきである」。

## 【31】 日産自動車（貸与差別）事件：最二小判昭 62・5・8 判時 1247-131

**事実** 併存組合下における組合事務所の貸与差別を支配介入とした東京地労委命令（昭51・2・3命令集 59-170）の取消訴訟の上告審。原審は、東京高判昭 57・1・20 労判 396-66。

合併前のプリンス自動車工業株式会社には全国金属労働組合の支部が存在し、同社から、荻窪、三鷹、村山の各工場に1カ所ずつの組合事務所および大型、小型掲示板の貸与を受けていた。日産との合併過程において支部が分裂し日産労組と併存状態になり、事務所等の使用ができなくなった。その後支部は組合事務所等の貸与を要求したが、日産が専従者の職場不復帰問題との一括解決を主張したために進展をみなかった。荻窪等3工場における組合事務所等については、日産労組が上告会社からこれを借り受けて使用を継続しているが、参加人支部は、組合事務所等が貸与されないため、会議や連絡のための場所を欠き、教宣活動も十分

第2章　不当労働行為の共通問題

できないなど、その組合活動に大きな支障をきたしている。なお、荻窪等3工場における昭和48年当時の組合員数は、日産労組員8,595名、参加人支部組合員89名である。

**判旨**　「労働組合による企業の物的施設の利用は、本来、使用者との団体交渉等による合意に基づいて行われるべきものであり、使用者は、労働組合に対し、当然に企業施設の一部を組合事務所等として貸与すべき義務を負うものではなく、貸与するかどうかは原則として使用者の自由に任されているということができる。しかし、同一企業内に複数の労働組合が併存している場合には、使用者としては、すべての場面で各組合に対し中立的な態度を保持し、その団結権を平等に承認、尊重すべきであり、各組合の性格、傾向や従来の運動路線等のいかんによって、一方の組合をより好ましいものとしてその組織の強化を助けたり、他方の組合の弱体化を図るような行為をしたりすることは許されないのであって（最高裁昭和53年（行ツ）第40号同60年4月23日第三小法廷判決・民集39巻3号730頁）、使用者が右のような意図に基づいて両組合を差別し、一方の組合に対して不利益な取扱いをすることは、同組合に対する支配介入となるというべきである。この使用者の中立保持義務は、組合事務所等の貸与といういわゆる便宜供与の場面においても異なるものではなく、組合事務所等が組合にとってその活動上重要な意味を持つことからすると、使用者が、一方の組合に組合事務所等を貸与しておきながら、他方の組合に対して一切貸与を拒否することは、そのように両組合に対する取扱いを異にする合理的な理由が存在しない限り、他方の組合の活動力を低下させその弱体化を図ろうとする意図を推認させるものとして、労働組合法7条3号の不当労働行為に該当すると解するのが相当である。（右合理的な理由の存否については、単に使用者が表明した貸与拒否の理由について表面的、抽象的に検討するだけでなく、一方の組合に貸与されるに至った経緯及び貸与についての条件設定の有無・内容、他方の組合に対する貸与をめぐる団体交渉の経緯及び内容、企業施設の状況、貸与拒否が組合に及ぼす影響等諸般の事情を総合勘案してこれを判断しなければならない）。

これを本件についてみるに、前記事実関係によれば、上告会社は、日産労組との間では、貸与に際し特段の条件を付したり前提となる取引を行ったりすることなく、いわば無条件で組合事務所等の貸与に応じていながら、参加人支部からの貸与の申入れに対しては、専従問題の解決が先決であるなどとして具体的交渉に応じることなく、一貫してその要求を拒否し続けているものであるところ、専従問題は、必ずしも組合事務所等の貸与と関連性を有するものではなく、貸与問題と同時解決を図らなければならない程の緊急性があるともいえないことからすると、参加人支部が右専従問題の解決に消極的であったことは、組合事務所等の貸与について日産労組と参加人支部とを差別する合理的な理由とはいい難いし、また、上告会社が本訴において主張する両組合員間の紛争の増加ないし激化のおそれとか（そのようなおそれが認められないことは、原審の適法に確定するところである。）、上告会社の生産方針に対する参加人支部の非協力的態度などの点は、いずれも日産労組と差別して組合事務所等の貸与を拒否する合理的な理由とはならないというべきであって、本件において、上告会社が日産労組に対して組合事務所等を貸与しながら、参加人支部にはこれを貸与しないという異なる取扱いをすることに合理的な理由が存するものとはいえないとした原審の判断は、正当として首肯することができる。

したがって、上告会社が参加人支部に対して組合事務所等の貸与を拒否することは、これによって参加人支部の組合活動に支障をもたらし、その

弱体化を図ろうとする意図を推認させるものとして，労働組合法7条3号の不当労働行為に当たる」。

## 【32】 三井倉庫港運（民事）事件：最一小判平1・12・14労判552-6

**事実** ユニオンショップ締結組合を脱退して別組合に加入した元組合員に対するユニオンシュップ協定を理由とする解雇の効力が争われ，原審（大阪高判昭59・12・24民集43-12-2069）は解雇を無効としていた。

**判旨** 「ユニオン・ショップ協定は，労働者が労働組合の組合員たる資格を取得せず又はこれを失った場合に，使用者をして当該労働者との雇用関係を終了させることにより間接的に労働組合の組織の拡大強化を図ろうとするものであるが，他方，労働者には，自らの団結権を行使するため労働組合を選択する自由があり，また，ユニオン・ショップ協定を締結している労働組合（以下「締結組合」という。）の団結権と同様，同協定を締結していない他の労働組合の団結権も等しく尊重されるべきであるから，ユニオン・ショップ協定によって，労働者に対し，解雇の威嚇の下に特定の労働組合への加入を強制することは，それが労働者の組合選択の自由及び他の労働組合の団結権を侵害する場合には許されないものというべきである。したがって，ユニオン・ショップ協定のうち，締結組合以外の他の労働組合に加入している者及び締結組合から脱退し又は除名されたが，他の労働組合に加入し又は新たな労働組合を結成した者について使用者の解雇義務を定める部分は，右の観点からして，民法90条の規定により，これを無効と解すべきである（憲法28条参照）。そうすると，使用者が，ユニオン・ショップ協定に基づき，このような労働者に対してした解雇は，同協定に基づく解雇義務が生じていないのにされたものであるから，客観的に合理的な理由を欠き，社会通念上相当なものとして是認することはできず，他に解雇の合理性を裏付ける特段の事由がない限り，解雇権の濫用として無効であるといわざるを得ない」。

# 第 3 章　不利益取扱い

　労組法 7 条 1 号は，組合活動等を理由として，「解雇し，その他これに対して不利益な取扱をすることを」禁止している。この不利益取扱いは，本人に対するインパクトだけではなく，他の組合員や非組合員に対しても多大な見せしめ的効果がある典型的な不当労働行為に他ならない。

　使用者の特定の行為が 1 号に違反するかは，基本的に，(イ)正当な組合活動等がなされたか，(ロ)はたして不利益取扱いといえるか，(ハ)(ロ)が(イ)を理由とするものなのか，の観点から争われる。(イ)については，主に第 7 章で検討することとし，本章においては，(ロ)を取り上げ，(ハ)はいわゆる不当労働行為意思論として第 4 章で考察したい。

## 第 1 節　不利益取扱いの態様

　不当労働行為は，事実としての反組合的行為に他ならないので，不利益取扱いの態様もきわめて多様である。懲戒解雇から職場における孤立化・いやがらせ，さらに，表彰式において名前をよばれないことさえも含まれる。ここでは，不利益取扱いの前提となる，「不利益」性の判断視角を明らかにするとともに，具体的な不利益取扱いの態様を検討する（道幸 2002：22 頁以下，門田 1967，佐伯 1967，蓼沼 1967，香川 1982，野田 1985，萬井 1985，原田 1986）。

### 1　不利益性の判断視角

　まず，使用者のいかなる行為，措置が「不利益」といえるかを考えてみたい。

　第 1 に，あくまで事実上の不利益が問題となるので，労働条件以外に仕事上，生活・精神上の不利益をも含む。そして，不利益か否かの基準も，性質上当然のもの（懲戒，解雇等），現状を不利益に変更したもの（賃金減額，労働時間の延長等），さらに差別的措置（別組合員についてだけ賃上げを実施する等）等多様である。いずれも不利益にあたる。あくまで事実上の不利益が問題になるが，裁判例は権利の有無，つまりそのような権利主張が

## 第3章 不利益取扱い

できるかを問題にしているケースもある。

**【33】兵庫県衛生研究所事件：大阪高判（平3・3・15 労判 589-85，上告は棄却されている[最三小判平3・12・3 労判 609-16]）**は，日々雇用の職員に対し更新の意思表示をするか否かは任用権者の自由裁量に委ねられているので，更新をしない旨の通知について「不当労働行為の成立する余地はない」と判示している。事実上，組合員についてだけ更新を認めないケースがありうるのでこの説示は疑問である。

第2に，不利益性は申立人の意向によって相対的に決定する側面がある。例えば，残業差別は，残業を命じられることが不利益のケースと命じられないことが割増賃金を得ることができないので不利益のケースがある。その時々の状況と組合の意向によって，いずれの場合も不利益と解される。もっとも，不当労働行為の成否は全体として判断され，使用者が組合の意向を知っていたことが重視される。

裁判例は，労働者の意向に反していたとしても不利益性自体がないと解する例もある。たとえば，**【34】奈良学園事件：大阪高判（平3・11・29 労判 603-26）**は，「高校訪問の内容，目的，担当者の委嘱方法，担当しないことによる不利益の不存在等から，高校訪問を担当させるかさせないかは，労組法7条1号の不利益取扱いの対象にあたらないものというほかはない」との判断を示している（学園側敗訴部分につき上告がなされ上告は棄却されている。最三小判平4・12・15 労判 624-9）。

次に，使用者の措置，行為と結果との因果関係，つまり「取扱い」の意味が問題となる。使用者の一方的な行為たる解雇や処分等ではこの点を検討する必要はない。しかし，使用者の意向に応じてなされた労働者の退職申出はどうか。また，解雇の結果，子供が高校を中退せざるをえない場合や住宅ローンの支払不能によって住宅を手放す場合（エッソ石油（大阪地労委）事件：大阪地判平1・12・21 労判 555-39，控訴審・大阪高判平2・7・19 労判 580-20 参照。本件では不当労働行為の成立は認められていない）はどうか。組合員や第三者の意思や自主選択が介在した結果についてまで，使用者の行為による，つまり「不利益取扱い」とみなしうるか否かの論点である。

---

**【33】兵庫県衛生研究所事件：大阪高判平3・3・15 労判 589-85**

**事実** 日々雇用の公務員に対する更新拒否を不当労働行為に当たらないとした兵庫地労委命令（昭59・7・31 命令集76-528）の取消訴訟の控訴審。

昭和49年に，同人は兵庫県衛生研究所に採用され，細菌部に配属されて，試験管の洗浄業務，培地作り，データー整理の業務に従事していたが，昭和52年に総務部の図書室に配置換えとなり，同所において，図書の整理などの業務に従事してきたところ，昭和53年3月雇止めされた。

**判旨** 「日々雇用職員は，日々雇い入れられる職員であるから，その任用権者から改めて雇用（任用）する旨の更新の意思表示がなされない限り，その任用された日の終了により，当然日々雇用職員である身分を失うものと解すべきであり（但し，労働基準法21条但し書，20条の準

用により予告期間中の予告手当を支払う義務があるか否かは暫く措く），また，右任用権者には，再任用する旨の更新の意思表示をすべき義務はなく，右更新の意思表示をするか否かは，任用権者の自由裁量に委ねられているものと解すべきであるから，兵庫県衛生研究所所長の雇止めの通告すなわち更新をしない旨の通告については，不当労働行為の成立する余地はないというべきである」。

【34】 奈良学園事件：大阪高判平 3・11・29 労判 603-26

事実　組合員を高校訪問の任からはずしたことを不当労働行為とした奈良地労委命令（昭 62・11・16 命令集 82-316）に対する取消訴訟の控訴審。

判旨　「第一審原告では，短期大学への入学志願者を募集するための広報活動のひとつとして，毎年 6 月と 9 月の 2 回にわたり高校訪問を実施していること，高校訪問の目的は，短大の名称，所在，特色，設置学科，学生募集要綱等をより広く知ってもらい，高校の先生との信頼関係を結び，より親密な関係を維持していくというだけのものであること，高校訪問の訪問先は，入学志願者が第一審原告所在地の近府県に集中する傾向がみられてきていることから，近府県に縮小する方向にあること，高校訪問の担当者の委嘱は，もともと第一審原告の責任において行うべき入学志願者の募集活動の一部を教員に協力してもらっているという性格もあって，第一審原告が使用者としての地位に基づく業務命令として行っているものでなく，短大学長と入試事務室が教員の了解のもとに，その協力を得て行っていること，高校訪問の担当者の委嘱は，適材適所という基本的方針によって決められ，より適任者があれば，前任者と替ることになり，あくまで当該年度に関するものであること，高校訪問の担当者と担当地域を決めるにあたっては，高校あるいは小学校において校長をしていた教員や元教育長であった教員等，ある程度高齢の教員，訪問先の高校，地域に縁故のある教員の方が適任と考えられており，その目的に照らして合理的な選択基準であること，高校訪問を担当するかしないかによって，昇給，昇格，給与等の労働条件において何ら有利，不利となるものではなく，又，短大の内部において，高校訪問を担当する教員の方が，担当しない教員よりも評価が高いといった意識が存在しているとまではいえないこと，それどころか，このような高校訪問の目的，実情から，高校訪問を担当することを嫌悪する教員も存在する程であること，が認められる。

ところで，労組法 7 条 1 号の不利益取扱いとは，同様の取扱いを受けるという消極的保障を前提として，減俸，昇給停止等の単に労働関係上の待遇に関して不利な差別待遇を与えるだけでなく，広く精神的待遇等について不利な差別的取扱いをすることまでも含むものと解すべきである。しかし，右に認定した高校訪問の内容，目的，担当者の委嘱方法，担当しないことによる不利益の不存在等から，高校訪問を担当させるかさせないかは，労組法 7 条 1 号の不利益取扱いの対象にあたらないものというほかはない」。

## 2 　不利益取扱いの態様

労委実務において争われる不利益取扱い事件は概ね以下のように区分しうる。不当労働行為意思論については，章を改めて論じることにして，ここでは不利益取扱いの態様とその成否につき留意すべき基本的事項につき簡単にふれておきたい。

## 第3章　不利益取扱い

### (1) 契約締結をめぐる不利益取扱い

労働契約の締結過程における不当労働行為としては、7条1号の前段における不利益取扱い、後段の黄犬契約さらに3号の支配介入に該当するかが争いになる。実際には、組合活動等を理由とする採用拒否がその典型である。新規学卒者については殆ど問題にならないが、タクシー乗務員等転職の多い職種については争われる例がある。労基法上も「労働組合運動に関する通信」を禁止する規定をもち（22条4項）、間接的に採用差別を規制している。近時はJR採用差別事件のように実質は営業譲渡の事案において譲渡先における「採用」拒否の不当労働行為性が問題になる事案も増加する傾向にある。

論点としては、採用拒否が7条1号にいう「不利益取扱い」の類型に該当するか、該当するとしたら個別事案において不当労働行為と認められるかが争われている。後者については、判例上はとりわけ新規採用の場合に採用の自由がほぼ無制限に認められているので、採用拒否が組合活動等を理由にしたものかの立証は困難をきわめる。例えば、【35】三菱樹脂事件・最判（最大判昭48・12・12民集27-11-1536）は、労基法3条との関連についてであるが、「企業者が特定の思想、信条を有する者をそのゆえをもって雇い入れることを拒んでも、それを当然に違法とすることはできない」とまで判示している。

### 1) 7条1号の「不利益取扱い」規定の適用可能性

まず、採用拒否が不利益取扱いに該当する余地があるかについては、主にJRの採用差別事件において正面から問題になった。裁判例の立場は対立している。採用過程の不当労働行為は原則として黄犬契約に限られるが、特別な場合に限り不利益取扱いは成立するという見解と原則として不利益取扱いの規定が適用されるとする見解（青山会事件：東京地判平13・4・12労判805-51）である。前者の見解についても若干ニュアンスの相違がある。不利益取扱いに該当しないという原則を強調する【37】JR北海道事件：東京高判（平12・12・14労判801-37）と特段の事情がある場合があることを指摘する【36】JR北海道事件・最判（最一小判平15・12・22判時1847-8）の立場である。もっとも、具体的になにが特段の事情に該当するかははっきりしない。また、後者の青山会事件の控訴審判決（東京高判平14・2・27労判824-17）は、本件の採用実態は新規採用というより雇用関係の承継なので1号本文の不利益取扱い規定が適用されると判示している。

不当労働行為はあくまで事実行為なので、7条1号本文の不利益取扱いは組合員等を理由とする採用拒否も当然含まれると解される。つまり、組合活動ゆえの採用拒否であることの立証さえなされれば不当労働行為が成立すると思われる。その点では、最判の判断は疑問である。

### 2）不当労働行為の成否

採用拒否の不当労働行為事案として，純粋な新規採用のケースはほとんどない。実際に争われているのは営業譲渡過程における譲渡先の採用拒否，いわゆる偽装解散的な事案における新会社の採用拒否，さらに定年後の再雇用の際の採用拒否の事案である。不当労働行為の成立が認められているのは，形式的には，採用拒否事件であるが，実質は解雇に近いケースといえる。

営業譲渡の例としては，ＪＲ北海道事件・最判があり，いわゆる６月採用につき，「雇入れの拒否は，それが従前の雇用契約関係における不利益な取扱い」にあたる特段の事情がないと判断し不当労働行為の成立を否定した。他方，青山会事件・東京高判は，本件の実態は新規の採用ではなく「雇用関係の承継に等しい」ものとして不採用措置を不当労働行為と認定している。組合員でなければ採用されたと認定しうる事案であった。

いわゆる営業譲渡事案以外に，企業を一旦解散し，新企業を立ち上げ非組合員だけを採用するいわゆる偽装解散事案も，新会社による「採用拒否」という形をとる。労委実務は，新会社と旧会社は実質的に同一である等の理由付けによって採用拒否の不当労働行為性を認める傾向にあった。もっとも，最近は会社解散や破産自体がそれなりの合理的理由があり，必ずしも組合対策とはいえないという判断が示されることが多くなっている（双辰商会事件：大阪地判平15・11・26労判868-49等）。

定年後の再雇用拒否や嘱託としての採用拒否の不当労働行為性は多くの事案で争われている。運営の初期段階から雇用関係が実際に継続的関係にあれば，「再採用の拒否という も実質は解雇の色彩をも含んでいる」（万座硫黄事件：東京地判昭28・12・28労民集4-6-549）として不当労働行為の成立が認められている。たとえば，特段の欠格事由がない限り，事前に本人の希望を徴し希望者を嘱託再雇用していたにもかかわらず，組合委員長の再雇用を拒否した【38】近畿システム管理事件につき，大阪地判（平5・3・1労判643-80，控訴審・大阪高判平6・8・31労判694-23，上告審・最三小判平7・11・21労判694-22も同旨）は，相当な不採用理由がなく，同人の組合活動を嫌悪したためとして不当労働行為の成立を認めている。

もっとも，嘱託採用が必ずしも慣行化していなかったり（【39】日本周遊観光バス事件：大阪高判昭61・4・24労判479-85，上告は棄却されている・最一小判昭61・11・6労判491-104），再雇用を拒否する正当な事由があれば別である（前述・万座硫黄事件東京地判）。

なお，再雇用の拒否は１号違反とされている例が多いが，組合員に対する不利益取扱いを暗示し，組合の内部的混乱や弱体化を招来する３号に違反すると解する例（【40】亮正会高津中央病院事件：東京地判平2・9・27労判569-6）もある。

### 3）黄犬契約

次に，たとえ採用したとしても，「労働者が労働組合に加入せず，若しくは労働組合か

第3章　不利益取扱い

ら脱退することを雇用条件とすること」（7条1号）も禁止されている。このような合意は，黄色の犬は臆病であることから黄犬契約（yellow dog contract）といわれ，1920年代にアメリカにおいて頻繁に利用されていた。わが国においては，それほど一般的ではない。

　裁判上は，ＪＲの採用差別事件において黄犬契約の有無が一応問題になったが（たとえば，【41】ＪＲ北海道事件：東京高判平12・12・14労判801-37），不当労働行為とまでは認められていない。なお，形を変えた黄犬契約的措置は少なくないと思われる。例えば，組合員たる地位を喪失する結果となる一律昇進の業務命令は，組合脱退を強要する機能を果すからである。もっとも，津田電線（民事）事件・大阪高判（昭53・3・10労経速997-15）は当該昇進命令違反を理由とする解雇を有効としている。

### 【35】 三菱樹脂（民事）事件：最大判昭48・12・12民集27-11-1536

**事実**　採用過程において政治的見解につき虚偽の陳述をしたこと等を理由に本採用を拒否（実質は解雇）されたので当該解雇の無効が争われた。原審たる東京高判（昭43・6・12労民集19-3-791）は，採用面接時に政治的な事項につき申告を求めることは出来ない等の理由で解雇を無効と判断している。

**判旨**　「憲法は，思想，信条の自由や法の下の平等を保障すると同時に，他方，22条，29条等において，財産権の行使，営業その他広く経済活動の自由をも基本的人権として保障している。それゆえ，企業者は，かような経済活動の一環としてする契約締結の自由を有し，自己の営業のために労働者を雇傭するにあたり，いかなる者を雇い入れるか，いかなる条件でこれを雇うかについて，法律その他による特別の制限がない限り，原則として自由にこれを決定することができるのであって，企業者が特定の思想，信条を有する者をそのゆえをもつて雇い入れることを拒んでも，それを当然に違法とすることはできないのである。憲法14条の規定が私人のこのような行為を直接禁止するものでないことは前記のとおりであり，また，労働基準法3条は労働者の信条によつて賃金その他の労働条件につき差別することを禁じているが，これは，雇入れ後における労働条件についての制限であつて，雇入れそのものを制約する規定ではない。また，思想，信条を理由とする雇入れの拒否を直ちに民法上の不法行為とすることができないことは明らかであり，その他これを公序良俗違反と解すべき根拠も見出すことはできない。

　右のように，企業者が雇傭の自由を有し，思想，信条を理由として雇入れを拒んでもこれを目して違法とすることができない以上，企業者が，労働者の採否決定にあたり，労働者の思想，信条を調査し，そのためその者からこれに関連する事項についての申告を求めることも，これを法律上禁止された違法行為とすべき理由はない。もとより，企業者は，一般的には個々の労働者に対して社会的に優越した地位にあるから，企業者のこの種の行為が労働者の思想，信条の自由に対して影響を与える可能性がないとはいえないが，法律に別段の定めがない限り，右は企業者の法的に許された行為と解すべきである。また，企業者において，その雇傭する労働者が当該企業の中でその円滑な運営の妨げとなるような行動，態度に出るおそれのある者でないかどうかに大きな関心を抱き，そのために採否決定に先立つてその者の性向，思想等の調査を行なうことは，企業における雇傭関係

第1節　不利益取扱いの態様

が，単なる物理的労働力の提供の関係を超えて，一種の継続的な人間関係として相互信頼を要請するところが少なくなく，わが国におけるようにいわゆる終身雇傭制が行なわれている社会では一層そうであることにかんがみるときは，企業活動としての合理性を欠くものということはできない。のみならず，本件において問題とされている上告人の調査が，前記のように，被上告人の思想，信条そのものについてではなく，直接には被上告人の過去の行動についてされたものであり，ただその行動が被上告人の思想，信条となんらかの関係があることを否定できないような性質のものであることにとどまるとすれば，なおさらこのような調査を目して違法とすることはできないのである」。

【36】　ＪＲ北海道事件：最一小判平15・12・22判時1847-8（前出【20】と同一判例）

事実　使用者概念部分は前掲【20】。

判旨　6月採用について，ＪＲの採用行為の性質と労組法7条1号該当性につき多数意見は次のように論じた。「労働組合法7条1号本文は，『労働者が労働組合の組合員であること，労働組合に加入し，若しくはこれを結成しようとしたこと若しくは労働組合の正当な行為をしたことの故をもって，その労働者を解雇し，その他これに対して不利益な取扱をすること』又は『労働者が労働組合に加入せず，若しくは労働組合から脱退することを雇用条件とすること』を不当労働行為として禁止するが，雇入れにおける差別的取扱いが前者の類型に含まれる旨を明示的に規定しておらず，雇入れの段階と雇入れ後の段階とに区別を設けたものと解される。そうすると，雇入れの拒否は，それが従前の雇用契約関係における不利益な取扱いにほかならないとして不当労働行為の成立を肯定することができる場合に当たるなどの特段の事情がない限り，労働組合法7条1号本文にいう不利益な取扱いに当たらないと解する」。本件において特段の事情はない。

● コメント

　最判のいう「従前の雇用契約関係における不利益な取扱いにほかならない」雇入れ拒否とはなにかは必ずしもはっきりしない。同一企業における退職者のケースであろうか。

【37】　ＪＲ北海道事件：東京高判平12・12・14労判801-37

労組法7条1号本文前段について
「企業は，契約締結の自由を有し，労働者の雇用に当たり，いかなる者を雇い入れるか，いかなる条件でこれを雇うかについて，法律その他による特別の制限がない限り，原則として自由にこれを決定することができると解される（三菱樹脂事件に関する最高裁大法廷昭和48年12月12日判決・民集27巻11号1536頁）ことからすると，雇入れの段階においては，雇い入れた後の段階と異なり，企業者の自由が広く認められるものであり，採用希望者の地位及び利益との権衡の下にその自由が制限されるという場面ではなく，雇入れの拒否については労組法7条1号本文前段の不利益取扱いに係る不当労働行為が成立する余地はないものと解するのが相当である。

　そして，すでに説示したとおり，承継法人の職員の採用は，改革法23条に基づいて設立委員等において行われる新規採用であるうえ，同採用手続は憲法及び労組法に抵触するものとは解されず，また，右採用に関して法律その他による特別の制限も存在しないということができるから，右採用

手続に関して労組法7条1号本文前段の不利益取扱いに係る不当労働行為が成立する余地がないというべきである」。

### 【38】 近畿システム管理事件：大阪地判平5・3・1労判643-80

**事実** 定年退職した組合役員に対する再雇用の拒否を不当労働行為とした大阪地労委命令（平2・4・27命令集89-716）の取消訴訟。

原告における定年退職者の再雇用に関する従前の取扱は、該当者に対し、あらかじめ意向打診を行い、希望者は病気、勤務不良等特段の事由がない限り嘱託再雇用するというものであった。なお、昭和62年以降、再雇用希望者21名中18名が再雇用され、3名が再雇用されていないが、右3名のうち1名は病気、2名は勤務不良であった。原告は、Aに対して、従前の取扱と異なり、再雇用の希望打診を行わず、社長は、組合との団交において、再雇用しない理由について積極的な希望がないためである旨の発言をした。原告は、本件救済手続において初めて、Aの通勤費不正請求等が再雇用をしない理由であると主張するに至った。

**判旨** 「原告は、Aを再雇用しなかった理由は、同人の通勤費の過大請求及びキセル乗車に対する強い疑惑にあると主張する。それが真実であれば、Aの不再雇用が不当労働行為に当たらないことは言うまでもない。しかし、1認定の事実によると、原告は、組合との団交において、右事実をA不再雇用の理由として挙げておらず、本件救済手続において初めて主張したものであること（その点の原告の弁明は直ちには首肯できない）、他方、原告において、Aが主導する組合の活動、特に府本への加入、府本の原告に対する団交要求等を嫌悪していたことは明らかであり、その他、1、2認定の諸事情を総合すると、A不再雇用の理由は一に原告がA、組合及び府本の組合活動を嫌悪したことにあると認めるのが相当である。したがって、原告がAを再雇用しなかったことは労働組合法7条1号、3号に該当する不当労働行為である」。

### 【39】 日本周遊観光バス事件：大阪高判昭61・4・24労判479-85

**事実** Aは、使用者が定年後の嘱託雇用について組合と話し合っている最中に別組合に加入した。その後使用者がAを嘱託雇用しなかったことを不当労働行為とした大阪地労委命令（昭57・9・14命令集72-275）の取消訴訟の控訴審。

**判旨** 「労組法7条1号の『不利益取扱』の存否を判断するに当っては、従来の先例や慣行との比較、他の労働者との比較、その他諸般の事情を総合して実質的に判断すべきであるところ、前記のとおり本件協定に基づく嘱託雇用は先例がなくてAが初めてのケースであり、バス労組と被控訴会社間においてAの嘱託雇用契約は形式的にも実質的にも合意成立に至っていなかったし、参加人組合と被控訴会社間においても同契約は合意成立に至っていたはずであるとはいえないのであるから、Aを嘱託雇用しなかったことが右『不利益取扱』に該当しないことは明らかである」。

### 【40】 亮正会高津中央病院事件：東京地判平2・9・27労判569-6

**事実** 組合員である助産婦に対し定年退職後嘱託採用をしなかったこと等を不当労働行為とした中労委命令（昭62・4・1命令集81-587）の取消訴訟。

第1節　不利益取扱いの態様

**判旨**　原則として嘱託に再採用する取扱いがされているなかで、しかも、一般職の職員で本人が再採用を希望していながら、嘱託に再採用されない初めての場合として、あえてSを再採用しないとするほどの合理的な理由は見い出し難いことは、定年退職する日の僅か8日前に、Sに対して、突然、定年退職後、嘱託に再採用しない旨通告し、定年退職前に、本人に対して、再採用を希望するか否かの事情聴取を全く行っていないこと、S以降、定年に達した職員を嘱託に再採用していると認められることなどを併せ勘案すると、Sを嘱託に再採用しなかった原告の措置は、極めて不自然であって、合理性に乏しいというほかはない。

「定年退職後、嘱託に再採用しない旨のSに対する通告が、前記三の2の㈠のとおり、原告が補助参加人分会との団体交渉を正当な理由なく拒否している最中、しかも、原告が本件指名ストを違法であるとして補助参加人分会及びこれに参加した同分会の組合員に対して12月7日付け『警告並びに通告書』を交付した（この措置が労働組合法7条3号所定の不当労働行為に該当することは、前記四の2の㈡に説示したとおりである。）当日である12月7日にされていることに鑑みると、Sを嘱託に再採用しなかった原告の措置は、Sを先例として示すことにより、同分会の組合員で現に嘱託である者や、定年に近い者に対し、同分会の組合員であるが故の不利益取扱いを暗示することにより、同人らの動揺を誘い、ひいては同分会の内部的混乱や弱体化を招来することを意図するものとの評価を免れ難く、労働組合法7条3号所定の不当労働行為に該当するというべきである」。

### 【41】　JR北海道事件：東京高判平12・12・14 労判801-37（【37】と同一判例）

**事実**　前出【37】参照。

**判旨**　黄犬契約部分。
「労組法7条1号本文後段は、不当労働行為に該当する黄犬契約の類型を掲げ、これを禁止する旨規定するが、そこでの黄犬契約は、組合に加入しないこと又は組合から脱退することを雇用条件とするというものであり、労働契約締結の際に雇用条件を通して行われる団結権の保障に対する積極的侵害の行為類型というべきところ、企業者が採用の自由に名を借りて、団結権保障を事前に抑制することを不当労働行為として禁じるという同規定の趣旨に照らせば、特定組合への不加入又はそれからの脱退を募集条件として掲げることも、企業者が採用の自由を手段として団結権保障を事前かつ積極的に侵害する効果を有するということでは同一の行為類型に属するというべきであるから、他の要件が加わることによって、右規定にいう『雇用条件とする』という文言に該当する場合もあり得ると解される。

しかし、募集条件といっても多義的であって、その内容も抽象的なものから、数字等を含む具体的なものまであり、また、仮に組合差別的な募集条件を一般に提示したとしても、これに対する応募行為がない段階では、救済すべき対象者がいないのであるから、およそ不当労働行為というものを観念する余地はない。したがって、組合差別的な募集条件の提示が黄犬契約における『雇用条件とすること』に該当するのは、募集に応じた、特定の応募者に対し、文字通り、当該募集条件を雇用の条件として定めた場合を指すものと解すべきである。

しかも、本件の場合には、そもそも救済命令の

## 第3章 不利益取扱い

対象とされた者は，国鉄の作成した名簿に登載されず，したがって，設立委員等はこれを採用することができなかったのであるから，国鉄による名簿不登載行為が労働組合法7条1号本文前段の不利益取扱いに該当することがあっても，右不採用者については，組合差別的な募集条件を雇用条件として定めることはあり得ず，したがって，同号本文後段の黄犬契約が成立する余地はないといわざるを得ない」。

### (2) 賃金をめぐる不利益取扱い

労働条件や処遇上の不利益取扱として賃金，労働時間，年休等あらゆる労働条件が問題となる。具体的には，不利益に変更した場合と別（非）組合との間に差別がある場合があり，当該措置の合理性等が争われる。不当労働行為の成否との関連において理論的かつ実務的にデリケートな問題は，いわゆる査定差別と団交を媒介とした差別の事件であり，これらは節を改めて論じたい。以下，労働条件の内容に応じて個別に検討していきたい。

#### 1) 賃金上の不利益取扱い

労働条件に関する端的な不利益取扱いは，賃金上のそれである。具体的には，賃金の不払い・遅滞，賃金カット，減給等が問題になり，そうする相当な理由がなければ原則として不当労働行為になる。

賃金不払いについては，基本給の不払いが争われることはそれほど多くない。よく争いになるのは，一時金の不支給や賃上げの不実施事案であり，労使間の合意が成立していないことを理由とする事案が多い。使用者の不誠実な交渉態度故ということになると不当労働行為とみなされる（医療法人社団亮正会事件：東京地判平2・11・8労判574-14，控訴審・東京高判平3・6・19労判594-99）。

使用者の交渉態度が特に問題になるのは，併存組合下の事案が多い。使用者が同一提案をし，別組合は使用者の提案を受諾し賃上げ等が実施され，申立組合が提案を拒否したことから差別状態が発生した事案が一般的である。この点については，自主交渉原則との関連が争点となるので本章2節で検討したい。

昇給事案においては，昇給規定等の解釈が重視される。理研産業事件は，欠勤日数が多いとしてベースアップ分の半額しか支給しなかったことが争われ，広島地判（昭59・9・18労判446-50）は，賃金規則上の根拠を欠くとして不利益取扱いの成立を認めている。

賃金支払いの遅延についても組合員についてのみそれがなされると不当労働行為と解される。このケースにおいても交渉態度の不誠実さがポイントとなる。同時に，交渉の際の使用者の組合無視の態度，例えば使用者回答への「同意書」を提出した者について一時金を支払ったことも重視されている（【42】亮正会高津中央病院事件：横浜地判昭61・4・24労判480-57，東京高判昭63・3・24労判530-87も同旨，上告は棄却されている・最三小判平2・3・6労判584-38）。

賃金額の減額は，懲戒処分（減給処分）としてもなされる。懲戒事由があり処分の程度も相当ならば減給処分も不当労働行為とされない。ＪＲ東海事件：東京地判（平15・1・30

労経速1845-3）は，新幹線運転士が虚偽報告をなしたとして減給処分の不当労働行為性を否定した。

賃金カットについては，カットの原因とされる不就労の評価，カットの対象賃金，カットの割合等が問題になる。争議や組合活動による不就労をどう評価するかがポイントといえる。なお，賃金カットについては，以下のような最高裁判決によって一定の民事法理が確立しておりこれが不当労働行為の成否にも決定的な影響を与えている。

主要な争点は，争議参加の場合の賃金カットの範囲の問題であり，カット分の賃金請求事件として争われる場合が多い。三菱重工業（民事）事件：最判（最二小判昭56・9・18労判370-18）は，カットの仕方は協約や労使慣行に従ってなすべしという基準を定立し，家族手当のカットも慣行化していることを理由に認めている。その後の主要争点は，争議の態様との関連におけるカットの在り方であった。外勤・主張命令拒否闘争をし内勤業務に従事した者に対するカット（水道機工（民事）事件：最一小判昭60・3・7労判449-49），タクシー運行記録計の記録用紙装着拒否闘争による不就労に対するカット（福岡ラッキー・セブンタクシー（民事）事件：最二小判平1・11・10労経速1392-18）がいずれも正当とされている。この種紛争はロックアウト論にも関連するものである。また，部分スト「不」参加者の賃金請求も争われ，ノース・ウエスト航空（民事）事件：最判（最二小判昭62・7・17労判499-6）は，賃金請求と共に労基法26条の休業手当請求も否定した。

争議行為や組合活動に基づく離職時間に応じて割合的に賃金カットすることは原則的に不利益取扱いとみなされない。しかし，離職時間以上の割合でカットすることは不当労働行為と解せられる。フジテック事件は，ビラ配布のための離職時間につき「無届離職」として「届出離職」の場合の2倍のカットを一時金についてなしたことが争われたものである。大阪地判（昭54・9・27労判328-37）は，ビラ配布の必要性があったこと，会社業務に支障がなかったこと，ビラ配布を会社が妨害していたこと等から，「他の従業員に組合の影響力が及ぶことを嫌悪し」たためとして1，3号違反の不当労働行為と認定している。また，文英堂京都本社事件では，始業時から15分間のミニストに対しスト終了後も就労を拒否し1日分の賃金をカットしたことが争われた。京都地判（平3・11・13労判604-61）は，スト後の就労拒否には相当な理由がなかったとして1，3号違反を認定している。

カットの対象となるのは賃金のどの部分かはいわゆる賃金カット論の主要争点であった。岡山電気軌道事件は，ストカットの対象賃金が問題になった事案であり，岡山地判（平4・1・28労判609-83，控訴審・広島高岡山支部判平5・5・25労判644-42も同旨）は，今まで基本給のみがカットの対象となり，一時金や住宅手当が対象とならなかった労使慣行があるにもかかわらず，一時金等をカットの対象としたことは1，3号違反にあたると判示している。一時金のカットは，【43】西日本重機事件で

も争われている。福岡地判（昭53・5・16労判298-19）は，一時金の算定につきストによる不就労を合理性のある範囲で控除することは許されるが，権利行使であるストを通常の欠勤と同様に扱うことは合理性に欠けるとして不当労働行為の成立を認めている。控訴審（福岡高判昭54・3・13労委裁集16-100）および上告審（最一小判昭58・2・24労判408-50）も同様に判示している。もっとも，賞与協定中の欠勤控除条項に基づくスト日数に応じたカット（東洋オーチスエレベーター（民事）事件：最三小判昭48・12・18例集1-415）は正当とされている。

【42】 亮正会高津中央病院事件：横浜地判昭61・4・24労判480-57

事実　一時金についての団交に誠実に応じず支給を遅延したこと，使用者回答に同意書を提出した者に一時金を支給したことを不当労働行為とした神奈川地労委命令（昭60・3・1命令集77-185）の取消訴訟。

判旨　「原告は昭和59年夏季一時金の支給に関する分会の要求に対し，パートタイマー及び臨時職員を除く一般職員については支給率，算定期間，支給日，支給方法等につき具体的回答をなしながら，パートタイマー等については『原告において別途決定する』として具体的内容を回答せず，数次に及ぶ団体交渉等においても右態度を崩さず，結局パートタイマー等については原告の一方的裁量によって支給額，支給方法等を決めようとして分会との交渉に誠実に応じず交渉の対象とすることを拒否したものであることは明らかであるから，原告の右行為は労組法7条2号に該当するものというべく，しかも原告は，分会が受け入れを表明した一般職員に関する一時金の分離解決を拒否しパートタイマー等に関する一時金問題との一括解決を主張し，さらには本件不当労働行為救済申立の取下げを差違え条件とするなどして分会を困惑させ，支給日の遅延と相まって分会に圧力をかけこれを弱体化しようとしたものであることも明らかであるから，右行為もまた同法7条3号に該当するものである。また『同意書』の配付についても，その時期が原告と分会との交渉が行われていた最中であり，その内容が原告の提案に同意する者のみに早期に支給するというものであることに鑑みると，原告は，パートタイマー等に対する夏季一時金支給を一方的裁量により行うとの方針を貫くために分会員に心理的に圧力をかけて動揺させ，ひいては組合を弱体化しようとしたものであることは明らかであるから，原告の右行為もまた同法7条1号及び3号に該当する不当労働行為というべきである」。

【43】 西日本重機事件：福岡地判昭53・5・16労判298-19

事実　夏季一時金につきストによる不就労を欠勤と同視して出勤率を計算して減額支給したことを不当労働行為とした福岡地労委命令（昭50・7・29命令集56-197）の取消訴訟。

賞与（夏季，冬季各一時金）の配分については，従前から「基本給×出勤率×在社率×職級倍率×支給月数×考課率」の計算式を用いていた。右のうち出勤率の算定は，夏季一時金の場合，前年10月21日から当年4月20日までを計算期間とし，出勤すべき日数から年次有給休暇と特別休暇による休務日を除き，残余について2日迄の欠勤を99％とし，以下欠勤日数が増加するにつれて次第に出勤率（％で表示）を減少せしめ，欠勤日数

181日で出勤率1％に至る方法がとられていた。なお，遅刻・早退は3回をもって欠勤1日とみなし，但し半日以上の遅刻・早退は2回をもって欠勤1日とみなしていた。

以上の算式に基づき各人の支給額が算出されてみると，西重分会の属する従業員は，出勤率計算期間中に前記の8項目要求や組合員の転勤問題に関して4回にわたるストライキを行っていて，このストライキによる不就労を原告が欠勤と同視して出勤率を決定したため，ストライキを行わなかった西日本重機労働組合員にくらべ平均して1人あたり2,888円，額に対する割合で1.8％の減少となった。さらに，職級の点をみても西重分会員に低い職級の者が多く，また考課上の査定も全体として低く査定された者が西重分会員に多かった。

**判旨** 一時金につき欠勤を算定する「算式がかねて用意されたものとはいえ，それは組合が結成され，ストライキの事態が想定されていない場合の算式であって，組合のストライキを欠勤とみなして，その算式をそのまま適用することは合理性に乏しく，このことはかねてから被申立人会社が西重分会の闘争主義を嫌悪していた事実を思い合わせると，被申立人会社が同分会の決行したストライキを欠勤扱いとした措置は，右ストライキに対する制裁として行われた不利益取扱いであって不当労働行為を構成するものといわざるを得ない」。

### (3) 配転・出向・仕事をめぐる差別

配転は，転勤にせよ配置換えにせよ労働者のキャリアや生活に大きな影響があるのでそれが労働者の意に反する場合は，不利益取扱いとみなされる。出向も，実質的に使用者が変更するのでこれも不利益取扱いと解されている。もっとも，配転事件については，判例法上使用者に広い裁量が認められているので配転の業務上の必要性は立証されやすく，不当労働行為の認定は困難となる（森本1982，大野1996，林1997，原田1997等参照）。

裁判上，主に配転命令権およびそれに反した場合の懲戒解雇の効力が争われており，一連の民事の判例法理が形成されている。契約に基づく業務命令権の範囲は広く認められ（日産自動車（民事）事件：最一小判平1・12・7労判554-6，九州朝日放送（民事）事件：最一小判平10・9・10労判757-20，他方，相模原南病院（民事）事件：最二小決平11・6・11労判773-20は，契約内容を限定している），またそれが濫用とみなされることも少ない（東亜ペイント（民事）事件：最二小判昭61・7・14労判477-6，帝国臓器製薬（民事）事件：最二小判平11・9・17労判768-16，ケンウッド（民事）事件：最三小判平12・1・28労判774-7）。民事上の配転法理は不当労働行為事件についても決定的な影響を及ぼしている。

### 1） 配　　　転

配転は，7条1号の不利益取扱いとして争われる例が多い。労働委員会は，使用者の不当労働行為意思の有無，配転の業務上の必要性，配転慣行等から不当労働行為の成否を判断し，裁判所もほぼ同様な判断を示している。

まず，配転や作業変更に伴う「不利益性」については，生活上，経済上のそれだけではなく，キャリアや職務能力（【44】倉田学園事件：最三小判平6・12・20労判669-13）上の不利

益や職場の一般的な評価に由来する側面も重視されている（【45】西神テトラパック事件：東京高判平11・12・22労判779-47，【46】ＪＲ東日本新宿車掌区事件：東京地判平4・7・27労判614-56，控訴審・東京高判平5・5・20労判630-54，上告審・最二小判平6・11・11労判660-31）。同時に他の従業員や組合員から隔離されていることも不利益とみなされている（ゴンチャロフ製菓事件：東京地判平8・2・15労判690-53）。

なお，組合活動上の不利益性ゆえに7条1号違反とみなす例も存する（後掲・ＪＲ東日本水戸機関区（民事）事件：東京高判）。このような判断は，関東醸造（民事）事件：東京高判（昭34・4・28労民集10-2-257）において，栄転であっても組合活動上の不利益が顕著ならば不利益取扱いにあたるとして示されている。また，仁丹テルモ（民事）事件：東京高判（昭49・9・17労判223-71）も，組合教宣部長に対する配転につき，「その職責上，工場内の職場の労働者と日常的にふれあって，その苦しみや悩みを直接肌で感知することが必要」であるとして不利益取扱いの成立を認めている。

不当労働行為の成立を認める裁判例は，配転や作業内容の変更が不利益取扱いであることを前提に，配転に業務上の必要がそれほど無いこと，人選に合理性がないこと，組合嫌悪の意思があること，等から不当労働行為とみなすのが一般的なパターンである。前記東亜ペイント事件・最判は，配転の必要性を広く認めその「程度」ではなく「有無」を問題にしている。しかし，不当労働行為の成否が争われる事案においては，配転の必要性の程度と組合活動抑制の効果・意図とのバランスが検討され，必要性があまりないということになると不当労働行為の成立が認められやすくなる。（大久保製壜所事件：東京地判平1・6・14労判542-22〔東京高判平2・2・21労判571-52，最二小判平2・10・19労判584-22も同旨〕，京都福田事件：東京地判平2・9・28労判570-14〔東京高判平3・5・23労判594-114，最三小判平4・3・3労判615-15も同旨〕，倉田学園事件：最三小判平6・12・20労判669-13〔なお，原審は不当労働行為の成立を否定していた。高松高判平3・3・29労判591-57〕，岩井金属事件：東京地判平8・3・28労判694-65，社会福祉法人陽気会事件：神戸地判平8・5・31労判704-118〔大阪高判平9・2・21労判737-81，最三小判平9・7・15労判737-81も同旨〕，内山工業事件：東京地判平11・4・22労判767-33，朝日火災海上保険事件：東京地判平13・8・30労判816-27〔東京高判平15・9・30労判862-41も同旨〕）。また，申立組合との間で協約が締結されていないことを理由とする近代化船の配乗拒否の不当労働行為が争われた日本汽船事件において，神戸地判（平5・3・9労判633-64）は，協約の不成立は会社サイドの理由によるとして不当労働行為の成立を認めている。

とりわけ，配転命令等が組合脱退工作の直後になされた場合には，脱退勧奨に応じないためと解されるとして不当労働行為が認められやすい（ＪＲ東日本新宿車掌区事件：東京地判平4・7・27労判614-56〔東京高判平5・5・20労判630-54，最二小判平6・11・11労判660-31も

第1節　不利益取扱いの態様

同旨〕，エスエムシー事件：東京地判平8・3・28労判694-54）。また，併存組合下における差別であるとして（長崎生コンクリート事件：長崎地判昭60・12・24労判470-59），組合員でなければ当該不利益な配転措置がなされなかったとして（ネスレ日本事件：東京高判平4・10・26労判619-19〔最一小判平7・2・23労判671-27も同旨〕），処遇が不自然・異常であるとして（日本サーキット工業事件：名古屋地判平1・9・8労判553-52〔第一事件〕，労判553-67〔第二事件〕〔名古屋高判平4・7・16労判620-79〔第一事件〕，労判620-81〔第二事件〕，最三小判平7・12・19労判695-154〔両事件〕も同旨）差別性も重視されている。さらに，対象者が組合活動の中心となっている組合役員であることや配転の結果職場内で少数組合になる側面も強調されている（たとえば，ＪＲ東日本鶴見駅事件：東京地判平16・9・27判時1877-137）。

民事事件（配転命令の効力と不法行為の成否が争われている）においても同様なアプローチがとられている（東豊観光（民事）事件：大阪地判平成8・6・5労判700-30〔大阪高判平9・4・23労判727-89〕，岩井金属工業（民事）事件：大阪地判平8・12・25労判717-64，豊和運輸（民事）事件：奈良地判平10・3・25労判761-108〔大阪高判平10・12・24労判761-105〕）。組合活動上の不利益性を重視する裁判例もある（ＪＲ東日本水戸機関区（民事）事件：東京高判平9・1・31労判718-48。その後不当労働行為の解消措置がなされてたと判断している。最一小判平12・1・27労判777-15）。なお，不当労働行為という用語を使用せず，単に濫用とみなす例も存する（たとえば，平川商事（民事）事件：奈良地判平8・1・31労判717-155）。もっとも，前掲・西神テトラパック事件：東京高判のように，不当労働行為性の判断基準が私法上の権利濫用基準とは異なることを明確に判示している例もある。

他方，不当労働行為の成立を否認する裁判例は，たとえ反組合的意思が一定程度認められたとしても，会社制度に基づく一般的取扱いによるものであり，特別に不利益取扱いしたものでないこと（東芝事件：横浜地判平18・2・28労経速1936-3），配転に経営上の合理性があり（日本シェーリング事件：東京地判平2・3・8労判559-21，偕成社事件：東京地判平4・4・23労判610-21〔東京高判平5・3・23労判637-39，最二小判平6・3・25労判660-33〕），不利益性が少なく人選も適切であったことを重視している（豊中郵便局事件：東京地判平12・6・30労判801-87，【47】ＪＲ東日本東京総合病院事件：東京高判平12・4・18労判798-57）。配転命令が不当労働行為とされなければ命令拒否を理由とする懲戒解雇も許される（ブックローン事件：東京地判平14・8・1労経速1839-6）。民事事件でもほぼ同様なアプローチがとられている（時事通信社（民事）事件：東京地判平9・1・22労判710-21，ＪＲ北海道（民事）事件：札幌地判平17・11・30労判909-14）。

理論的には，差別性の認定につき以下の点が特に問題になっている。当該配転が通常のそれと異なっている場合であっても，通常の配転の仕方が当事者の規範意識によって支えられた労使慣行にまで高められていないこと

第3章 不利益取扱い

や（ＴＶ西日本事件：福岡地判昭61・11・25労判486-65），労使間の法的な権利・義務まで高められていないこと（同事件：【48】福岡高判平3・10・9労判602-57）からそれと異なる配転も許されると解する例もある。また，必ずしも「特異」な配転ではないという指摘もなされている（【49】東京焼結金属事件：東京高判平4・12・22労判622-6，上告審・最三小判平10・4・28労判740-22も同旨，もっとも，反対意見有り）。上告審における多数意見と少数意見との対立は決定的動機の評価の違いによるものと言える。不当労働行為意思の存在が配転との関連においてはっきりしないこと（日本入試センター事件：東京地判平10・11・6労判756-50）も考慮されている。

【44】 倉田学園（大手前高（中）校・53年申立）事件：最三小判平6・12・20労判669-13

事実　組合の執行委員を学級担任に選任しなかったこと等を不当労働行為とした香川地労委命令（昭57・6・25命令集71-502）の取消訴訟の上告審。

判旨　学級担任の不選任関係について
「丸亀校において，中学又は高校の1，2年の学級担任に選任されていた教員は，特別の事情のない限り，次年度には進級後の学年の学級担任に選任されるものとされており，学級担任に選任されないことは，丸亀校の教員間の一般的認識の上で，学級担任としての適格性に消極的評価が示されたという受止め方がされていたことを窺うことができる。

そして，昭和51，2年度を通じて被上告人によってＮの数学の授業進度の遅れが問題にされたことがなく，昭和53年度の校務分掌の決定において中学3年の数学を担当させないこととされた後もＮを他の学年の数学の担当に充てるものとされていること，昭和52，53年度において，前年度に学級担任をしていて次年度に学級担任に選任されなかった者は，中学3年の学級担任であった者一名を除き全員が上告参加人の組合員であり，反対に，前年度に学級担任でなかったのに新たに学級担任に選任された者は，全員が上告参加人の組合員以外の者であったこと，Ｎが上告参加人の執行委員となり団体交渉の交渉委員に就任するなどして積極的に組合活動に従事していたこと等の事情に徴すれば，他に特段の事情の認められない本件においては，被上告人がＮを中学3年の学級担任に選任しなかったのは，不利益取扱いとして，Ｎの組合活動を嫌悪する不当労働行為意思に基づくものといわざるを得ず，被上告人がＮを学級担任に選任しなかった行為は，労働組合法7条1号の不当労働行為を構成するものというに帰する」。

【45】 西神テトラパック事件：東京高判平11・12・22労判779-47

事実　組合副委員長を三交代勤務の単純業務に配転したことを不当労働行為とした中労委命令（平9・5・7命令集108-644）の取消訴訟の控訴審。

会社は，労使協議会において，コスト低減計画の一環として，間接部門における部課制の廃止，スペシャリストグループの統合等の組織変更に加え，直接部門におけるマシン定員（機械ごとに決められているオペレーターの数）を削減する方針を示し，その理由は販売力の減少による競争力の低下にあると説明したのに対し，組合は，すべて

第1節　不利益取扱いの態様

会社の責任である，いつも従業員にツケを回してくるなどと言って不満を表明した。その後の労使協議会においても，マシン定員の削減について話し合いが行われたが，会社は，マシン定員の削減により20名の余剰人員が発生するため配転もあり得るとの見方を示し，これに対し組合は，合理化の必要性は認められず，余剰人員を生むことも一切認めるわけにはいかないとして反発し，労使双方は真っ向から対立した。

会社は，直轄チームの解散を含む会社の組織変更をすることを前提とした平成5年1月1日付けの人事異動を内示した。異動対象者は，31名で，この中には，直轄チームの解散による，同チームのメンバー6名全員が含まれており，Kは，製造管理部ドクターマシン部門への異動（本件配転）を内示された。同月27日，組合は会社に対し，「現従業員の実数に対しての人員配置を行うことを要求する。」との要求書を提出して，同日行われた団交の席上，マシン定員の削減には全面的に反対するとの意向を表明したが，28日，前記31名の人事異動が発令され，Kは，平成5年1月1日付けで直轄チームから製造管理部ドクターマシン部門への配転を命ぜられ，同日以降，同部門における機械のオペレーター（スタッフ）として稼動することになった。

判旨　「労組法7条1号が組合活動等を理由とする不利益取扱いを不当労働行為として禁止している理由が，このような不利益取扱いが労働者らによる組合活動一般を抑制ないしは制約する効果を持つという点にあることからすれば，本件配転が不利益なものといえるか否かは，前記引用に係る原判決の説示にあるとおり，当該職場における職員制度上の建前や経済的側面のみからこれを判断すべきものではなく，当該職場における従業員の一般的認識に照らしてそれが通常不利益なものと受け止められ，それによって当該職場における組合員らの組合活動意思が萎縮し，組合活動一般に対して制約的効果が及ぶようなものであるか否かという観点から判断されるべきものというべきである。そして，このような観点からすると，本件配転が会社の従業員の一般的認識に照らして不利益なものとして受け止められるのが通常であるものと推認できることは，前記引用に係る原判決の説示にあるとおりである。

また，会社は，本件配転に業務上の必要性，合理性が認められ，会社側に配転権の濫用があったものとはいえないから，本件配転が不当労働行為には該当しないものであると主張する。しかし，労組法が不利益取扱いを不当労働行為として禁止している趣旨が前記のようなところにあることからすれば，本件配転が会社側の配転権の濫用により私法上違法，無効とされるものであるか否かの判断がそのまま不当労働行為の成否の判断につながるものでないことはいうまでもないところである。むしろ，仮に会社側に不当労働行為意思がなかったとすれば配転先として別の部門が選ばれたであろうことが認められ，しかも，従業員の一般的認識に照らして，その部門への配転に比して現に選ばれた配転先への配転が不利益なものと受け止められるものである場合には，そのこと自体からして，当該配転行為について不当労働行為の成立が認められるものというべきである。そして，このような観点からすると，Kを工務課電気係ではなくドクターマシン部門に配転した本件配転が不当労働行為を構成するものと認められる」。

【46】　ＪＲ東日本新宿車掌区事件：東京地判平4・7・27労判614-56

事実　組合員を内勤車掌から電車乗務の車掌に担務替えをしたことを不当労働行為とした中労委命令（昭63・12・7命令集84-821）の取消

不当労働行為の成立要件　85

第3章 不利益取扱い

訴訟。

　JR発足にともない会社の就業規則上，内勤と列車または電車への乗務との間に形式的な上下関係がなくなったが，内勤車掌の乗務車掌に対する指導者的位置付けに変りはなかった。とりわけ運転担当の者については，添乗等による乗務車掌の指導が業務のかなりの比重を占め，乗務員の点呼をとり，その報告を受け，列車または電車に添乗して服務上の指導を行う立場にあった。実際にも，原告発足に伴って作られた「点呼マニュアル」にも，運転担当等の車掌が「上長」と明記され，点呼や報告の方式につき，具体的な定めがなされ，「添乗指導の手引」にも，これを前提とした指導方法等の説明がなされていた。さらに，昭和63年4月には原告会社の制服が国鉄当時のものから変わったが，昭和62年度内は，列車または電車に乗務する車掌は，国鉄当時と同じ腕章を着用することになっていた車掌区が多く，新宿車掌区においても，発足後1年間は，「車掌長」，「専務車掌」，「車掌」という腕章を国鉄当時と同様に着用していた。また，内勤と乗務車掌の実際の賃金の手取額を比較するとむしろ乗務車掌の方が多くなる傾向があるといっても，それは，次のような賃金支給規定のもとで相応の労働をする結果にすぎなかった。なお，昭和62年4月1日以降本件指定変更前までの異動状況をみると，内勤の車掌が乗務車掌に異動した事例は東京圏運行本部全体でも1件もなかった。

　判旨　（本件指定変更について）
　「労働組合法7条1号の『不利益な取扱』とは，不当労働行為に関する法制度の目的に照らして，労働者の団結権及び団体行動権を侵害する性質の行為，換言すれば，組合員の組合活動意思を萎縮させ組合活動一般を抑圧ないし制約する効果を有するものと認められる取扱いを指すものと解すべきである。したがって，その取扱いが『不利益』であるかどうかの判断に際しては，賃金の減少等の経済的不利益性や制度の建前の上での不利益性の有無に限らず，当該職場における従業員等の一般的認識内容等をも考慮し，当該組合が基盤としている従業員らの一般的認識の上でも，また当該取扱いを受けた者としても，およそ不利益であると受け止めるような取扱いであれば，その認識が客観的根拠を有するものである限り，『不利益』性が認められるものというべきである。そして，使用者において，右のような意味での不利益性を認識した上で，それによって組合活動に対して不当な制約を加えることを企図した場合には，不当労働行為となるものと解するのが相当である」。

【47】　JR東日本東京総合病院事件：東京高判平12・4・18労判798-57

　事実　分会長を医療職である視能訓練士から事務職である病歴管理業務へ配転したことを不当労働行為とした東京地労委命令（平4・7・7命令集95-36）の取消訴訟の控訴審。
　中央鉄道病院の合理化によって視能訓練士の定員が2名から1名に削減され，分会長は視能訓練士兼務の事務部医事課課員を命じられた。その後，兼務を解かれ病歴管理業務を充実する必要があるとして当該業務へと配転された。

　判旨　「本件配転命令当時の国労と被控訴人との労使関係の状況の下において，組合活動をしていた国労の分会役員に対して配置転換を命ずることは，一般的にいえば，不当労働行為意思を推認させる要素が一応存在するといえないことはないが，本件の場合，前示のとおり，本件配転命令自体について業務上の必要性と人選の合理性を十分に肯認することができること，Aの分会役員としての組合活動の実情に照らし，住居及び勤務地の変更も給与上の不利益も伴わない本件配転

## 第1節　不利益取扱いの態様

命令により分会役員としての当該組合活動に具体的な支障が生じたとはいえず，当時の被控訴人が置かれていた人事配置の適正化という困難な状況の下において，本件配転命令がAに対し著しい不利益を負わせるものと評価することはできないこと，その他視能訓練士の定員削減に関する労使合意の存在，簡易苦情処理会議における労使一致の申告却下決定等の諸般の事情を総合考慮すると，Aの組合活動が本件配転命令の決定的動機であったものと認めることはできず，また，当該組合活動がなければ本件配転命令がされなかったものと認めることはできないというべきであ」る。

【48】　ＴＶ西日本事件：福岡高判平 3・10・9 労判 602-57

**事実**　名古屋支店から福岡本社に戻すという地労委斡旋にもかかわらず北九州支社に配転させたことを不当労働行為とした福岡地労委命令（昭 60・12・23 命令集 78-466）の取消訴訟の控訴審。

**判旨**　「本来，被控訴人会社における配転人事は，被控訴人会社の裁量に属し，同様の配転事例がいくつか積み重なった後においても，それに前例という意味づけを行い，多少とも拘束力をもたせることは，かえって人事異動の硬直化という弊害をもたらすことにもなるから，そのような配転が労使間の法的権利，義務にまで高められていない限り，被控訴人会社はいつでも右の配転の例を変更することができ，変更するについてはなんらの制約も受けるものではないというべきである。」

【49】　東京焼結金属事件：東京高判平 4・12・22 労判 622-6

**事実**　組合内少数派に対する川越工場から浜松出張所への配転，東京営業所への再配転を不当労働行為とした中労委命令（昭 62・9・2 命令集 82-568）の取消訴訟の控訴審。

**判旨**　「本件配転については，これを実施する被控訴人の業務上の必要性と，完全二交替制の導入を前にしてAら旧執行部派の反対活動を嫌う被控訴人の意思とが競合的に存在したものと認めるのが相当である。この場合において，本件配転をAの組合活動の故をもってなされた不利益取扱いの不当労働行為であるとするためには，右後者の反組合活動の意思が，前者の業務上の必要性よりも優越し，本件配転の決定的な動機であったことを必要とすると解される。そこで進んで，右に認定した本件配転の経緯，その業務上の必要性，被控訴人と旧執行部派との対立状況，本件配転が旧執行部派の活動に及ぼす影響等のほかに，本件配転が被控訴人の業務運営の中で異例と目すべきものであったかどうかを検討する」。

「被控訴人における過去の配転事例をみると，工業高校を卒業し製造部門の非役付きの技術者として勤務してきた妻帯者が，遠隔地の営業所に非役付きの営業担当者として配転になり単身赴任をしたという，本件配転と全く同一タイプの先例があったことは，被控訴人の立証によっても認められない。しかし，技術職を営業部門に配置して営業活動を行わせる異職種間配転は被控訴人の従前からの方針であり，また，組合の所属変更を伴う遠隔地への配転例も相当数みられるところである。本件配転前の異職種間配転の多くが役付きとしての配転あるいは通勤可能地間の配転であったとしても，非役付者の遠隔地への配転は行わないことが人事上の方針ないし慣行になっていたとは認め

られない。妻帯者の配転例もあり，単身赴任せざるを得ないような配転は控えるとの運用がなされてきたと認めるべき証拠はない。

　参加人は，本件配転と過去の配転事例とを比較し，その個別の相違点を指摘して，本件配転の特異性を主張するが，企業における人事権の行使は，個々の場合の業務上の必要性の度合い等をも考慮して決められることであり，前記一で認定した本件の業務上の必要性及び人選事情を勘案すれば，本件配転を行うことが従来の人事方針からは考えられない特異のものであったとまでは認めるに足りない」。

● コメント

　上告審において控訴審判断は支持されているが，次のような反対意見も示されている。いわゆる決定的動機説を採用した結果といえようか。

　「私は，多数意見と異なり，本件配転命令及び本件再配転命令がいずれも不当労働行為に当たらないとした原審の認定判断を是認することができない。その理由は，以下のとおりである。

一　原審の認定するところによれば，上告補助参加人（以下「A」という。）は，昭和49年1月から昭和56年の本件配転まで7年余にわたり，被上告人の推進する合理化政策に終始反対の姿勢をとってこれを批判し続け，昭和53年の役員選挙において組合内の労使協調路線を採るグループが組合三役を占めた後も，Aらの属する旧執行部派は，昭和54年，55年の役員選挙において，なお40パーセント前後の得票率を確保し，A自身も，昭和54年の役員選挙には旧執行部派から推されて執行委員に当選し，組合内及び勤務先である川越工場の従業員の中で依然相当な影響力を保持していたというのである。そうすると，被上告人が，営業担当者1名の増員を要する浜松出張所への補充者として，5名の候補者の中からAを最適任者として選抜した経過があるにしても，その提案するプレス部門の完全二交替制勤務制度導入の是非を争点とする組合役員選挙の告示約1箇月前に，毎年の例によれば立候補が確実とみられ，事実既に組合員宅への訪問活動を開始していたAを，組合運動を事実上断念せざるを得ない右出張所へ配転することは，旧執行部派の本拠地からAを隔離し，その活動を封じ込めようとの被上告人の意向を如実に表明したものと認めるのが相当である。

　また，原審の認定事実によっても，被上告人における過去の配転事例をみると，㈠工業高校を卒業した製造部門の非役付きの妻帯技術者が，遠隔地の営業所に非役付きの営業担当者として単身赴任した先例のないこと，㈡工場の技術職から営業所の営業職等への異職種間配転は，主として役付きから又は役付きとしての配転あるいは通勤可能地間の配転が多いことなどが認められるところ，これらの事実は，過去の配転事例と比較しても，本件配転が異例であったことを示すものであって，本件配転がAに対する不利益取扱であったことを更に裏付けるものと評価することができる。

　さらに，配転命令が不当労働行為に当たるか否かを判断するに当たっては，人選の合理

性は，使用者の不当労働行為意思の強弱との比較においてこれを評価判断すべきところ，本件の場合，被上告人の不当労働行為意思の存在が顕著であったと認めるべきことは前述のとおりであるから，本件配転命令が不当労働行為でないというために必要とされる人選の合理性の程度については，非代替性の存在までは要しないとしても，A本人でなければならない理由が相当程度あることが必要と考えるべきである。ところが，本件配転は，期間を2年に限定した上，その後任には，配転時Aと共に候補に挙がっていた者が充てられたというのであるから，配転時にAでなければならなかった必然性は，さして大きなものではなかったということができる。

結局，本件配転は，Aの組合活動を嫌悪し，同人を旧執行部派の活動拠点から隔離して活動を困難ならしめるために行なわれた不利益取扱と認めるのが相当である。」

### 2）出 向

出向は，配転と異なり指揮命令権者自体が変更するのでそれだけ不利益性が大きく，不当労働行為が認められやすい。特に移籍出向についてそういえる。もっとも，出向命令権の根拠等について必ずしも明確な民事判例法理が形成されていない（新日本製鐵・日鐵運輸（第二民事）事件：平15・4・18労判847-14等参照）ので，基準の明確さに欠ける側面は否定できない。

【50】千代田化工建設事件において，子会社への移籍を拒否したことを理由とする解雇の不当労働行為性が争われ，東京高判（平7・6・22労判688-15，上告は棄却されている・最二小判平8・1・26労判688-14）は，十分な解雇回避努力が尽くされていないとして「解雇権の濫用」としつつ不当労働行為の成立を認めている。行政救済法理と司法救済法理の混同の典型例といえる。

### 【50】 千代田化工建設事件：東京高判平7・6・22労判688-15

**事実** 移籍拒否を理由とする解雇を不当労働行為とした中労委命令（平4・5・20命令集94-713）の取消訴訟の控訴審。

会社の川崎工場は，長期にわたって業績不振が続き，人員削減を含む経営改善策を行うべき経営上の必要性があり，会社は，その方策として，第1次および第2次非常時対策を実施し本件解雇の時点において，人員削減の目的についてはほぼ達成したにもかかわらず十分な解雇回避努力が尽くされないまま補助参加人に対する解雇という手段が選択された。

**判旨** 本件解雇の理由について

「本件の場合，控訴人において人員削減の必要性があったこと自体は認められるものの，十分な解雇回避努力が尽くされないまま補助参加人に対する解雇という手段が選択されたものであり，本件解雇は右規定に当たるものということはできないことは，原判決判示のとおりであり，これらの事実を前提とすると，当裁判所も，本件解雇は解雇権の濫用に当たり無効であると判断する」。

本件解雇の不当労働行為該当性

「労組法7条1号の『労働組合の正当な行為』といえるためには，ある組合に属する労働者が行う活動が，労働者の生活利益を守るための労働条件

第3章　不利益取扱い

の維持改善その他の経済的地位の向上を目指して行うものであり，かつ，それが所属組合の自主的，民主的運営を志向する意思表明行為であると評価することができることが必要であり，かつこれをもって足りるというべきで，仮に右活動が組合機関による正式の意思決定や授権に基づくものではなく，又は，組合による積極的な支持がいまだ得られていない活動であり，あるいは，それが他面において政党員の活動としての性格を持っていたとしても，労働組合の正当な行為というを妨げないこと，補助参加人らが中心となって設立されたストップさせる会の諸活動は，組合執行部に対する批判を伴うものであるとはいえ，組合が控訴人との間で合理化政策に関する協定を締結するまでは，組合員として労働組合の自主的，民主的運営を志向するためにされた活動であるといえること，このような観点からみると，控訴人と組合間で合意の成立にまでは至っていなかった職務開発休職制度の実施に反対していた補助参加人の仮処分申請等の諸活動については，労働組合の正当な行為に当たること，組合員が特定政党の党員になるなどして政治的活動に関与していたとしても，当該組合員の活動のすべてが組合活動に当たらないとされる理由はなく，補助参加人の正当な組合活動が，日本共産党千代田化工支部の構成員とともに行われたとしても，それによって右活動の性格が純然たる政治活動に転化するものではないこと，しかして，控訴人は，昭和48年ないし同50年ころには，既に補助参加人グループに属する組合員らを敵視しており，その後本件解雇までの右組合員らの組合における選挙活動や修正案提出活動，あるいはストップさせる会における活動も同様に敵視し，補助参加人が右グループに属することも把握していたものということができ，補助参加人の移籍反対活動を違法不当なものとしてとらえ，補助参加人の仮処分申請とこれに伴う補助参加人グループの活動について嫌悪していたことを認め

ることができることは原判決判示のとおりであり，これらの事実を前提とすると，当裁判所も，本件解雇は，控訴人が補助参加人の前記の正当な組合活動を嫌悪する意思をもってしたもので，本件解雇は労組法7条1号の不当労働行為に当たると判断する」。

### 3) 降　　格

降格は，人事権の行使による場合と懲戒権の行使による場合に大別される。後者については懲戒処分であり，不利益性につき疑問がない。前者については，資格制度上の降格といっても実質は賃下げを意味する降給のケースが多く，いずれも不利益取扱いに他ならない。

労働委員会実務および裁判例ともに，当該降格に相当な理由があるか，組合員に対して差別的かを問題にしている。降格は通常の配転に比べ不利益性が大きいので不当労働行為性は認められやすい。前掲京都福田事件・最判は，主任および主任補佐からの解任を不当労働行為としている。また，【51】ネスレ日本事件：東京高判（平4・10・26労判619-19，上告は棄却されている・最一小判平7・2・23労判671-27）は，出張所長からセールスマンへの降格は「性急かつ唐突」であり，申立組合員でなければなされなかったと説示している。

【51】　ネスレ日本事件：東京高判平4・10・26労判619-19

事実　併存組合の一方の組合員を浦和出張所長から神奈川県営業所セールスマンへ降格

配転をしたことを不当労働行為とした東京地労委命令（昭61・8・26命令集80-242）の取消訴訟の控訴審。

**判旨**　「以上の各事実を総合して考察すると，被控訴人がMに対して行った本件配置転換は，当時Mが被控訴人の嫌悪するSグループないし補助参加人両組合に所属する組合員であったこと，又は同人がこれらの組合に加入し若しくはこれを結成しようとしていたことを重大視し，Mの上司らによる再三の勧告にもかかわらず，同人がSグループないし右両組合から離脱しなかったことに対する報復ないしみせしめとしてなした同人に不利益な降格処分であるとともに，その処分を通じて，Sグループないし右両組合の勢力を減殺し，その活動を阻害しようとしてなした右両組合に対する支配介入行為であるといわざるを得ない。したがってまた，被控訴人には，本件配置転換を行うに当たり，Mが被控訴人の嫌悪するSグループないし右両組合の組合員であったことなどを理由として，同人に対し不利益な取扱いをするとともに，右両組合の結成ないし運営にも支配介入しようとする意思，すなわち労働組合法7条1号及び3号所定の不当労働行為意思があったことは明らかであるといわなければならない」。

なお，Mが浦和出張所のディストリクト・スーパーバイザーとしての適格性がないとの主張に対し，次のように判示している。「Mが浦和出張所長として着任した後，同人のディストリクト・スーパーバイザーとしての職務の遂行上，若干の問題があったことは前記認定のとおりであるが，しかし，それらはいずれも，同人が着任後新しい職務に慣熟するまでの間に生じた軽微な問題にすぎないのみならず，それらの中には同人1人の責任に帰せしめることは相当でないもの，又は，むしろ被控訴人の側ないしMの前任者の側に責任があるといわざるを得ないものも含まれているのである。しかも，Mは，昭和46年2月にディストリクト・スーパーバイザーに昇進し，北関東営業所宇都宮出張所長に就任して以来，昭和48年5月には東京営業所東京第3（東久留米）出張所長に，同年9月には同営業所国分寺出張所長にそれぞれ転任し，その後，昭和53年8月にアシスタント・スーパーバイザー（プロダクト・スーパーバイザー）として第1地域営業部の製品企画担当に転任するまでの間，7年半にもわたって首都圏における右各出張所長を歴任したことは，前記のとおり当事者間に争いがなく，かつ，その間に同人のディストリクト・スーパーバイザーとしての適格性が問題にされたことを認めるに足りる証拠はない」。したがって，本件配置転換の当時，Mが浦和出張所のディストリクト・スーパーバイザーとしては不適格であり，被控訴人には，Mを浦和出張所長から神奈川営業所のトレード・セールスマンに配置転換しなければならない業務上の必要性があったという被控訴人の主張は採用することができない。

### 4）仕事差別

不当労働行為はあくまで事実行為なので，使用者の業務措置や個別の指揮命令が不利益か否かも問題になる。まず，多額の収入を得ることができる仕事や自分の専門とする仕事から排除し，努力の割に成績が上がらない仕事や特に負担の多い仕事に就けることが問題になる。全く仕事を与えないことや隔離した場所での仕事を命じることも仕事差別に他ならない。

【52】ヒノヤタクシー事件：盛岡地判平5・11・5労判645-56（控訴審・仙台高判平7・1・26労判675-59，上告審・最一小判平10・1・22労判757-29も同旨）は，収入の多い観光要員の仕

事や長距離配車につき組合員を差別することに相当な理由がないとして不当労働行為と認定している。【53】三八五交通事件：仙台高判（平6・12・19労判673-15，上告審・最一小判平9・9・4労判737-11も同旨）および石塚運輸事件：横浜地判（昭61・3・27労判473-35）も，配車差別の不当労働行為性を認めている。この配車差別は典型的な不当労働行為であり，民事事案においても不法行為と解されている（たとえば，サンデン交通（民事）事件：最三小判平9・6・10労判718-15）。

オリエンタルモーター事件では，本来の仕事の取り上げ，単純な仕事の押しつけ，意味のない読書感想文の作成，まったく仕事を与えないこと等が争われ，千葉地判（昭62・7・17労判506-98，控訴審・東京高判昭63・6・23労判521-20も同旨）は，不当労働行為の成立を認めている。また，高津中央病院事件：横浜地判（平2・10・25労判629-145，控訴審・東京高判平3・7・18労判629-142も同旨）はナースコンパニオンに対しごく限られた単純な作業だけを命じたことを，小南記念病院事件：大阪地判（平7・10・27労判687-50）はレントゲン業務の禁止を，ゴンチャロフ製菓事件：東京地判（平8・2・15労判690-53）は機械取り扱い業務従事者を容器洗浄作業に専従させたことをそれぞれ不当労働行為とみなしている。日本サーキット工業事件：名古屋地判（平1・9・8労判553-52，控訴審・名古屋高判平4・7・16労判620-79も同旨）は，隔離勤務でさほど必要のない翻訳業務に断続的に従事されることはきわめて不自然かつ異常であるとして不当労働行為の成立を認めている。内山工業事件：東京地判（平11・4・22労判767-33）も，組合支部長に対し草むしり，スクラップ焼却等の雑作業を命じたことを不当労働行為としている。

専門職の場合，その専門性をどう重視すべきかが特に問題になる。倉田学園事件は，学級担任として選任されなかったことの不当労働行為性が争われ，原審・高松高判（平3・3・29労判591-57）はその成立を否定したが，最判（最三小判平6・12・20労判669-13）は，学級担任に選任されなかった者はほとんどが組合員であり，また不選任はその適格性に消極的評価が示されたものと教員間で認識されていたとして1号違反を認定している。他方，前掲【34】奈良学園事件：大阪高判（平3・11・29労判603-26）は，高校訪問を担当しないことは担当者の委嘱方法，不利益の不存在等からそもそも「不利益取扱い」にあたらないという判断も示されている。

なお，不利益性や不当労働行為の成否を判断する際に，当該職場における評価が重視されている点にも留意されたい（前掲【44】倉田学園事件・最判，前掲【45】西神テトラパック事件・東京高判，前掲【46】ＪＲ東日本新宿車掌区事件・東京地判）。

全体として以下のような判例傾向があると思われる。その1として，配転や作業指示の不利益性については，職位や経済的側面だけではなく，職場同僚の評価等の観点をも加味して広く認められている。その2として，配転や作業指示の必要性や合理性がまず問題と

なる。必要性自体が認められると不当労働行為の成立は困難となる（たとえば，前掲【47】ＪＲ東日本総合病院事件：東京高判）。その三として，一定の必要性が認められたとしてもそれが組合役員を狙い撃ちにした差別的な措置の場合には不当労働行為とみなされる余地がある（前掲【51】ネスレ日本事件：東京高判）。しかし，この差別性認定につき厳格な立証を必要とすると判示する裁判例も存する（前掲ＴＶ西日本事件：福岡地判，福岡高判，東京燒結事件・最判）。また，その前提となる組合活動の認識や嫌悪について，個別的に明確な立証が必要であるとする裁判例もあり（東京燒結金属事件：東京地判平3・4・17労判589-35），こうなると不当労働行為の認定は困難となる。

【52】 ヒノヤタクシー事件：盛岡地判平5・11・5労判645-56

事実　車両差別や観光要員の選任差別を不当労働行為とした岩手地労委命令（平3・3・19命令集92-312）の取消訴訟。

判旨　以下のような多様な仕事差別等が不利益取扱いと認定されている。

①観光要員の選任における差別的取扱いについて

「原告において観光要員に選任されて観光ハイヤーの業務に従事すると多額の稼働営業収入を得ることができること，さらに，長距離輸送業務に従事した場合と同様の稼働営業収入を短距離輸送で得るためには，必然的に相当回数にわたって客を乗車させることが必要となり，乗務員としては必死になって客を拾うことを強いられ，これによる肉体的，精神的な負担は無視できないものであることが認められる。そして，争いのない事実によれば，原告において料金が1万円以上となる長距離輸送について大きな比重を占めている血液及び医師の輸送については，観光要員に選任された者のみに配車されているのであるから，観光要員に選任されないと，観光ハイヤー業務による多額の稼働営業収入を得る可能性を閉ざされ，長距離輸送業務に関わる可能性も相当に低くなることにより労働強化と精神的負担を強いられることとなるので，観光要員に選任されない者は観光要員より不利益な取扱いを受けることになるといわなければならない」。

②長距離配車における差別的取扱いについて

「原告において料金が1万円以上となる長距離輸送について大きな比重を占めている血液及び医師の輸送については，観光要員に選任されている別組合所属乗務員にのみ配車されていることから，別表1（略）のとおり，長距離輸送業務において，補助参加人所属乗務員に対する配車に関し，別組合所属乗務員に対する配車と差異を生じさせていることには争いがないところ，既に右2㈠で認定したとおり，長距離輸送業務に従事しない場合は，これに従事する場合と比べ，相当な労働強化と精神的負担を強いられることになるのであるから，右差異を生じさせている原告の措置は，補助参加人所属乗務員に対する不利益な取扱いであるといわなければならない」。

③配車差別

「補助参加人の前年度の書記長であった者が補助参加人を脱退して別組合に加入したところ，同営業所に別組合所属乗務員9名及び嘱託2名が配属されるとともに新車7台が配車され，右前年度書記長を含む別組合所属乗務員が当該新車の車両担当者となり，さらに，同時期，同営業所に配属されていた補助参加人の前年度の副委員長は，従前

第3章　不利益取扱い

担当していた車両が廃車となった後，担当を外されて毎日違う車を割り当てられていること，また，古い車に乗務するのは乗り心地が悪く，車両の担当を外されることにより毎日それぞれ調子の異なる車両に乗務することとなり，これらによる精神的負担には無視できないものがあること，同一車両を担当していれば，2日に一度は車両を洗車せずに済ますこともでき，そうすれば，終業時刻ぎりぎりまで稼働して営業収入を伸ばすことも可能であるが，毎日違う車両を割り当てられると，40分程度の時間を要する洗車を毎日必ずしなければならないことになり，担当車両が決まっている者より過重な労力を費やさざるを得ないとともに稼働営業収入において不利益を受ける可能性もあることが認められる」。

5）残業差別

残業差別は仕事差別の一態様である。しかし，残業には多くの場合労基法36条の締結が前提になることから差し違え条件的な論点が提起されることが多く，併存組合問題の関連箇所も参照されたい。

残業差別は，組合の意に反して残業をさせるもしくはさせないパターンがある。実際には，ほとんどが残業をさせないケースであり，当該措置に相当な理由があるかが主要な争点となる。とくに残業が恒常化しこれによる賃金を経済的利益と感じているケースについてそういえる。トウガク事件：東京地判（昭51・9・30労判261-26）は，時限スト参加者に対する残業就労拒否を不当労働行為とみなしている。タクシー業において特定の組合員についてだけ勤務時間の厳守を指示することも実質は残業差別といえる（五十川タクシー事件：福岡地判昭59・2・29労判428-17）。

より一般的な紛争パターンは，（申立）組合が残業に反対しているケースである。リーディングケースは，【28】日産自動車事件であり，申立組合の計画残業反対を口実として協議をすることもなく，一方的に同組合員の残業への組入れを拒否したという事案であった。最判（最三小判昭60・4・23労判450-23）は，差別が組合の自主選択の結果ならば不当労働行為とはいえないが，特定の組合に対する団結権の否認が決定的動機となり，団交が既成事実を維持するために形式的になされたという特段の事情がある場合には不当労働行為が成立し，その判断のためには一切の事情を総合勘案し不当労働行為意思の有無を判断しなければならないと判示し，本件において計画残業の実施につき申立組合とは何ら協議しなかったこと，計画残業を実施していない間接部門においても残業への組み入れをなしていないこと等から不当労働行為の成立を認めた。

商大自動車教習所事件は，二部制導入に反対していることを理由に時間外および検定業務を命じなかったことの不当労働行為性が争われたものである。東京地判（昭63・3・24労判516-52）は，二部制と時間外勤務とは関連が認められるが，必ずしも一体として扱う必要性がなく，会社の二部制固執に合理性がないこと等から不当労働行為と認定した。団交ルールの確立を前提条件とした事案においても不当労働行為の成立が認められている（商大自動車教習所事件：東京地判昭63・3・24労判

516-61）。【53】三八五交通事件は，三六協定締結拒否（会社は6月間もしくは1年間協定を，組合は1月間協定の締結に固執した）を理由とする残業差別が争われたものである。青森地判（平2・1・23労判561-83）は，交渉の最終段階において社長のいくえがしれない等不誠実な対応をしたこと等から不当労働行為の成立を認めた。仙台高判（平6・12・19労判673-15，上告審・最一小判平9・9・4労判737-11も同旨）も，使用者の中立保持義務を「結局のところ，使用者に形式的にではなく実質的に平等な対応を求めているものと解される」と把握し，本件においては実質的に平等な対応とはいえないと判示した。

【54】高知県観光事件において最判はやや異なった判断を示している。本件は，新勤務シフトおよび新賃金計算方法（タクシー運転手に対する歩合給に時間外および深夜の労働に対する割増し賃金が含まれるという使用者の主張が認められなかったためになされた歩合率の引き下げ。[高知県観光事件：最二小判平6・6・13判時1502-149参照]）の導入を前提とした新三六協定（労基法上の協定ではなく，残業に関する協約）を締結しなかったことを（別組合は締結している）理由とする残業差別等の不当労働行為性が争われたものである。もっとも，申立組合員についても実際は新賃金計算方法による支払がなされていた。最判は不当労働行為の成立を否定している。

【53】 三八五交通事件：仙台高判平6・12・19労判673-15

事実　三六協定の締結拒否による残業差別や配車差別を不当労働行為とした青森地労委命令（昭60・11・5命令集78-379）の取消訴訟の控訴審。

判旨　「右最高裁判所判決は，同一企業内に複数の労働組合が併存する場合，使用者は，すべての場面で各組合に対し，中立的態度を保持し，その団結権を平等に承認，尊重すべきものとしたうえで，使用者が，現実の問題として，各組合の組織力，交渉力に応じた合理的，合目的的な対応をしたとしても，右義務に反するものとはいえないとし，また，団体交渉の場面において，不当労働行為の成否を判断するにあたっては，単に，団体交渉において提示された妥結条件の内容やその条件と交渉事項との関連性，条件に固執することの合理性についてのみ検討するのではなく，当該団体交渉がどのようないきさつで発生したものか，その原因及び背景事情，これが当該労使関係において持つ意味，右交渉事項に係る問題が発生したのちにこれをめぐって双方がとってきた態度等の一切の事情を総合勘案して，当該団体交渉における使用者の態度につき不当労働行為意思の有無を判定しなければならないとしているものであり，結局のところ，使用者に形式的ではなく，実質的に平等な対応を求めているものと解される。

本件において，控訴人は，単に，期間の点でタクシー支部と同一内容になるように，参加人に期間を1年間として要請し続けたというのであり，これをもって右判決にいう控訴人が参加人に実質的な意味において平等な対応をしてきたものといえないことは明らかである」。

# 第3章 不利益取扱い

**【54】** 高知県観光事件：最二小判平6・6・13判時1502-149

**事実** 前出【29】。もっとも原審等については以下の通り。

高知地判（平3・6・18労判594-102，高松高判平5・6・18労判679-29も同旨）は，以下のような特段の事情があるので，本件差別は自主選択の結果といえず不当労働行為に該当すると判示した。①新36協定が締結されるまでは申立組合員の残業を認めていたこと，②別組合との36協定があるので労基法上は申立組合員にも時間外労働を認めることができたこと，③非組合員にも時間外労働を認めていたので組合員の賃金額は非組合員に比較して減少したこと，④申立組合の主張どおりの時間外労働を認めると経営上の不利益を受けるおそれがあるが，使用者は誠実な団交をなさず，新賃金計算方式に固執して時間外労働を認めない態度をとったこと，⑤一連の反組合行為の存在と組合員の減少等。

**判旨** 日産自動車事件最判のフレームにより次のように判示した。

①新三六協定締結の前提として新賃金計算方式によると使用者が主張したことは，歩合率を引き下げなければ従来の賃金に割増し賃金を加算して支払うことになり，それは過大な賃金を意味し経営の負担になり，また別組合員との対比で申立組合員だけが著しく有利な労働条件になるので，一応合理的理由がある。②申立組合が歩合率の引き下げを容易に受け入れないことが推認できたので，会社があらかじめ別組合と合意しようとした態度はあながち不当なものということはできず，さらに時間外労働の禁止の5日後に申立組合との団交を行っているので時期が遅きに失したものとまではいえない。③使用者が多数組合との合意内容によって少数組合とも妥結しようとすることは自然であり，使用者が別組合との間で合意した歩合率の引き下げを強く主張しその点につき申立組合が合意しない限り新勤務シフトを前提とする36協定の締結に応じられないとの態度を採ったことをもって誠実な団交を行わなかったとは評価できない。かえって使用者は団交において，労働基準監督署の指導により賃金体系を改める必要があることや別組合と同様な時間外労働を認めつつ申立組合が要求する賃金を支払うことは経営上困難であることを説明している。したがって，使用者が団交において前記のような主張をした主な意図が申立組合の団結権の否認であり，右団交が既成事実を維持するために形式的に行われたとは断定できず不当労働行為に該当しない。

## （4）雇用終了をめぐる不利益取扱い

解雇をはじめ意に反する雇用終了は典型的な不利益取扱いである（橋詰1967，野田1985）。この不利益取扱いは，あくまで事実上のものなので，退職の強要，合意解約，契約の更新拒否，退職取扱い等をも含む。さらに，解雇するという予告や脅しも不当労働行為とみなされることがある。また，組合員リストを同業者にまわし再就職の機会を妨害することも支配介入とされている（五十川タクシー事件：福岡地判昭59・2・29労判428-17）。このような行為は労基法22条4項によっても禁止されている。

### 1）解雇の予告・希望退職の募集

実際の解雇だけではなく，解雇するもしくは希望退職を募集するという予告も，不当労働行為とみなされることがある。東北測量事件は，指名解雇・希望退職募集の実施の予告，

希望退職の募集が支配介入になるかが争われたものである。青森地判（平1・12・19労判557-60，控訴審・仙台高判平4・12・28労判637-43，上告審・最二小判平6・6・13労判656-15も同旨）は，団交拒否と平行してなされていること，会社の組合敵視発言，指名解雇基準がもっぱら申立組合の組合活動を対象としていること等から支配介入と解している。

２）　退職の強要・合意解約

取消訴訟において退職の強要や合意解約の不当労働行為性が争われた例は案外少ない。【55】飯島産業事件は，合意解約が争われたものであり，東京高判（昭51・5・27判時823-99）は，「使用者から不当な配置転換，出勤妨害，退職強要などを受けて，事実上企業外に排除され，欠勤のやむなきにいたった後不本意ながら退職届けを提出した場合」には，使用者の退職届けに基づく「任意退職の取扱い」は7条1，3号に該当すると判示している。なお，合意解約が不当労働行為とみなされた民事事件として，雅叙園（民事）事件：東京地決（昭27・6・27労民集3-2-133）がある。

やや特殊な事案として，大阪特殊精密工業事件：大阪地判（昭55・12・24労判357-31）は，社長の妻（同族会社であり経営者の1人）が組合員の親に対し息子を退職させるよう発言したことが支配介入とされている。

【55】　飯島産業事件：東京高判昭51・5・27判時823-99

事実　合意解約措置の不当労働行為を認めた千葉地労委命令（昭41・1・11命令集34・35-65）の取消訴訟の控訴審。

判旨　「控訴会社代表者Ｉは，Ａが昭和38年8月17日の臨時大会以来Ｋとともに組合執行委員として活発な組合活動をし，控訴会社代表者のＡに対する組合脱退勧告を同人が拒否したことから同人を嫌悪し，前同様組織変更を名目として販売課主任から業務課配達係に配置転換し，Ｋと同様，他の者よりも厳しい監視をし，第二組合分裂後は控訴会社内で組合活動をしえなくし，出勤を妨害し事実上企業外に排除し欠勤するほかない状況に追い込み欠勤させ，Ｂや控訴人の意を体した従業員などを通じ退職を強く求め，家族に強迫的言辞を用いて畏怖させ，そのため，Ａはやむを得ず退職届書を作成し郵送するにいたったものであり，本来このようなことがなければ引続き控訴会社に止まるべきところで退職はその本意でなかったことは明らかである。従業員が正当な労働組合活動をしたことを理由に，使用者から不当な配置転換，出勤妨害，退職強要などを受けて，事実上企業外に排除され，欠勤のやむなきにいたった後不本意ながら退職届を提出した場合には，使用者が，従業員の提出した退職届に基づき退職の取扱いをしたとしても，それは労組法7条1号の組合の正当な行為をしたことを理由として不利益な取扱いをしたことにあたり不当労働行為として無効であると解するのが相当である」。

３）　解　　雇

解雇の不当労働行為性は，解雇に相当な理由があるか，被解雇者の組合活動の内容，組

合活動への会社の嫌悪，解雇に関する会社の慣行等から判断されている。不当労働行為たる解雇の成否につき，リーディングケースとなる最高裁判断はなく，個別事案についても判断が累積されている状況と評価できる。

主要な判断基準は，解雇事由の相当性である。相当性がなければ不当労働行為と認められやすい。たとえば，西泰野保育園事件：横浜地判（昭62・10・29労判510-63）はもっぱらこの点が問題になり，相当性がないとして不当労働行為の成立を認めている。このような判断視角は，いわゆる整理解雇のケースにおいても採用されている。川崎化成工業事件：東京地判（昭50・3・25判時780-100）は，使用者が団交に適切に対応しなかったこと，組合員の解雇以外に下請作業員の解約をなしえたにもかかわらずそれをしなかったことが就業規則上の「止むを得ない業務上の都合によるとき」に該当しないこと等から整理解雇を不当労働行為とみなしている。また，倉田学園事件：東京地判（平9・1・29労判713-69）も，生徒数減少を理由とする休職処分・退職措置に合理性がないとして不当労働行為と認定している。

他方，山口放送事件：東京高判（昭57・12・21労判405-75，上告審・最三小判昭61・4・8労判474-5も同旨）は，同人の組合活動への関与が必ずしもはっきりしないこと等からアナウンサーを離職せしめた決定的理由はアナウンサーとしての不適格さによるものとして命令を取り消している。ここでは組合活動性の強さに留意していることに注目したい。解雇事由の相当性の重視は，女子浴室立ち入りを理由とする組合委員長たるボイラーマンに対する解雇が争われた総合花巻病院事件：盛岡地判（昭55・6・26労判350-54）においても次のように示されている。「解雇理由がそれ自体で理由があり社会通念上解雇が不合理といえないときには右解雇を直ちには不当労働行為といえない道理」であり浴室立ち入りが解雇の決定的理由といえる。また，三重近鉄タクシー事件：東京地判（平8・8・15労判702-33）は，早退届けを提出せず退社を繰り返したことは解雇事由に当たり解雇は不当労働行為とはいえないとして，棄却命令を維持している。

解雇事由の有無につき労働委員会命令と裁判所の判断が明確に対立した事案として【56】富里商事事件がある。上司等への暴行事件につき労働委員会は解雇理由にあたらないとしたが，東京地判（平3・5・23労判591-24,控訴審・東京高判平6・2・17労判662-78，上告審・最三小判平10・7・14労判757-27も同旨）は，一連の不当労働行為がなされていたとしても解雇はやむを得ず，不当労働行為は成立しないと判示している。

もっとも，解雇事由があったとしても，不当労働行為意思が決定的動機になっている場合は不当労働行為が成立するという判断が第一学習社（民事）事件：広島高判（昭60・1・25労旬1156-73，上告審・最二小判昭61・3・7労旬1156-61も同旨）において示されている。

不当労働行為は，不利益取扱いが組合所属や組合活動を理由にしたものであることが前

提となる。したがって，被解雇者の組合活動が顕著でなければ不当労働行為性は認められにくくなる。トータスエンジニアリング事件：松山地判（平4・9・25労判637-49）は，解雇に相当性があることとともに目立った組合活動歴がなく労使間に深刻な対立がなかったこと等から不当労働行為意思なしと判示している（前掲・山口放送事件・東京高判も参照）。被解雇者が組合員であることを使用者が知らなければ不当労働行為は成立しない（新光タクシー事件：福岡地判昭56・4・28判時1016-120）。

他方，反組合的意思が明確な場合には不当労働行為が認められやすい。小南記念病院事件：大阪地判（平7・12・22労判695-119）は，業務妨害等は解雇の正当事由にあたらないと判示するとともに組合員の排除を目的とした再建計画，正当性のない懲戒解雇・配置転換等の一連の反組合的行為から不当労働行為の成立を認めている。さらに，不当労働行為意思が明確に認定された例として，業務上の指示違反を理由とする懲戒解雇が争われた【57】藤田運輸事件がある。千葉地判（平11・2・8労判769-76）は，懲戒解雇事由該当性に疑問があることとともに懲戒解雇を決定した懲戒委員会の構成員たる会社幹部に不当労働行為意思があるとして不当労働行為の成立を認めている。控訴審たる東京高判（平11・8・19労判773-16，上告審・最二小決平11・12・17労判773-15も同旨）も，幹部職員の不当労働行為意思と実際に懲戒解雇の決定をした取締役職務代行者の行為には相当因果関係にある

と判示している。会社幹部の個別の不当労働行為意思を問題にするアプローチは適切かという問題を提起する事案である。

解雇のタイミングも重視されている。昭和運輸事件は，上司への暴言・暴行を理由とする解雇が争われたものであるが，札幌地判（昭63・1・29労判517-67）は，暴力行為があった時点では会社がそれほど問題にせず，組合結成に主導的な役割を果たしている時点で解雇がなされたとして不当労働行為とみなしている。

【56】 富里商事事件：東京地判平3・5・23労判591-24

事実　暴行，業務妨害等を理由とする解雇を不当労働行為とした中労委命令（昭63・7・20命令集84-792）の取消訴訟。

判旨　「これらの行為は，それぞれがそれ自体として看過することのできない実力行使であるのみならず，5・5事件，5・6事件にあっては，いずれも営業中のホテル構内で，5・21事件にあっては，営業中で付近には相当数の宿泊客がソファーに座っていたり，客室に入るためにチェックインの手続をしているホテルロビーやフロント前及びこれに続く客室に向かう階段前の通路で，10・16事件にあっては，人が多数出入りする空港の路上に駐車され原告の送迎業務に当てられるバス付近で，しかもそのバスにはホテルにこれから宿泊する乗務員ら多数が乗車しているところで，それぞれ敢行されたものであって，これらの行為がホテル営業を中心とする原告の業務を甚だしく阻害し，その職場の規律に著しく反し，秩序を乱すものであることは多言を要しない」。そし

# 第3章 不利益取扱い

て、「補助参加人Kがこれら6件もの暴力行為を短期間に累行した以上、たとい5・6事件についてはKにぶつけられたTの方も初めには何らかの対抗的な有形力行使をしたこと、10・16事件についてはAの方が先に腹を立ててKが中にいるのにバスの後部扉を強く閉めたという経緯があったこと、11・21事件については原告の業務との関連性のない、個人的な問題に起因するものであると推認されることを考慮してみても、原告がホテル営業に対する脅威と企業秩序維持の観点から、原告との雇用関係を継続し難いと判断して、これを解雇することは同種企業の一般的基準に照らし客観的にみてやむを得ないということができる。そうしてみると、補助参加人ら主張の本件前の原告の不当労働行為の全容を考慮しても、本件解雇が主として補助参加人Kが闘争委員ないし組合員であったことを嫌悪し、あるいは、補助参加人組合の弱体化を図る意図に基づいてなされたものと認めることはできない」。

## 【57】 藤田運輸事件：東京高判平11・8・19 労判773-16

事実　顧客に対する不適切な行為により顧客から運送委託契約を解消されたことを理由とする解雇を不当労働行為とした千葉地労委命令（平9・8・7命令集108-495）の取消訴訟の控訴審。

原告の本社営業所で行っている運送業務の仕方が日立化成ポリマーで積んだ荷物をその日のうちに深井梱包に届けたあと、本社営業所に帰庫するようになった。訴外両名（組合員）が日立化成ポリマーから深井梱包に到着する時刻は午後5時前後となることが多かったが、午後7時30分ころ深井梱包に到着し、訴外両名が荷下（ママ）ろしを始めたところ、深井梱包の係長から、到着が遅くなったことや、日本化成ポリマーを出発する際に指示に反して深井梱包に電話連絡をしていないとして、激しく叱責され、これに対する訴外両名の態度も相当でないとして、深井梱包は、原告に対し、訴外両名が指示に従わず業務上支障があること及び顧客の管理職員に対して不相応な言動をとったことを理由として、8月限りで運送委託契約を解除すると通告してきた。原告の本社営業所長等が深井梱包を訪れ、訴外両名の行為について謝罪するとともに、運送委託契約解除の再考を懇願したが、容れられなかった。そこで、原告の懲戒委員会は、格別の理由がないのに深井梱包の業務上の指示に継続して従わず、それを理由に契約を解除され、顧客である深井梱包の管理職員に対し不相応な言動に及び、その結果、原告の信用が毀損されたうえ、年間約870万円の損害を被ることになり、また原告の指示に従わず、全く反省していないとして、就業規則に基づき懲戒解雇が相当である旨の答申書を提出した。

判旨　「原判決が認定するとおりの懲戒委員会の開催決定から本件懲戒解雇に至るまでの経過に照らせば、懲戒委員会を構成する幹部職員らの不当労働行為意思に基づく答申があり、取締役職務代行者らは、その答申内容を重視し、これに沿う形で本件懲戒解雇を決定したものであって、社会通念上前者があったからこそ後者が行われるに至ったものと認めることができるから、右両者の間に相当因果関係を肯定することができる。そして、かかる場合は、取締役職務代行者らにつき不当労働行為意思が認められないとしても、それのみで控訴人としての不当労働行為の成立を否定することはできないと解すべきである」。

イ）退職取扱い

休職期間満了を理由とする退職取扱いは、実質は解雇とみられる。京セラ事件は、病気

休職期間満了を理由とする退職取扱いが争われ、東京高判（昭61・11・13労判467-66、上告審・最一小判昭63・9・8労判530-13も同旨）は、対象労働者が会社の受診に関する指示を拒否したこと等から退職扱いは不当労働行為にあたらないと判示した。

ロ）更新拒否

有期労働者に対する更新拒否は、仕事自体を奪うので実質は解雇と同様な機能を果たす。とりわけ何回かの更新がなされた場合にそのようにいえる。季節業務であるがゆえに退職→再雇用を繰り返すケースであっても「実際はその間継続的な関連があるのであって、再雇用の拒否というも実質は解雇的色彩をも含んでいる」（万座硫黄事件：東京地判昭28・12・28労民集4-6-549、もっとも不当労働行為は認められていない）と評価されている。そこで労働委員会命令は、拒否に相当な理由があるかを主に問題にしている。【58】亮正会高津中央病院事件：東京高判（平4・2・25労判625-67）は、1年任期のナースコンパニオンに対する更新拒否を、組合と協議するという協定に反し団交もせずに直ちに雇止めをしたとして不当労働行為の成立を認めている。また、潮文社事件：東京地判（昭62・3・25労判498-68）およびめぐみ厚生センター事件：佐賀地判（昭62・7・31労判504-75）は、それぞれ期間更新を繰り返していた臨時職員に対する雇止めを相当な理由が無く、組合活動を嫌悪していたためになされた不利益取扱いと解している。

公務員の事案については必ずしも以上のようなアプローチは採用されていない。兵庫県衛生研究所事件：大阪高判（平3・3・15労判589-85、上告は棄却されている最三小判平3・12・3労判609-16）は、日々雇用の地方公務員につき、「任用権者には、再任用する旨の更新の意思表示をすべき義務はなく、右更新の意思表示をするか否かは、任用権者の自由裁量に委ねられている」として棄却命令を維持している。不当労働行為の成否はあくまで事実的な観点からなされるべきものなので、もっぱら権利・義務の有無を問題にする以上のアプローチには疑問を有している。

【58】亮正会高津中央病院（雇止め）事件：
東京高判平4・2・25労判625-67

事実　パートタイマーの看護助手に対する雇止めや団交拒否を不当労働行為とした中労委命令（昭63・3・2命令集83-624）の取消訴訟の控訴審。

判旨　「被控訴人の提案した新契約によれば、従来の契約更新による方法と異なって、前契約と新契約との間に一定の日数を置くこととなるが、そのように改める業務上の必要性は特になく、……また、年次有給休暇に代わる特別有給休暇の制度は、1年に限り有効であり、かつ、雇用期間に応じた日数の増加がないので、使い残した有給休暇について金銭補償がされるとしても、従前の年次有給休暇の制度に比して明らかに労働条件を低下させるものであるといわなければならない。また、新契約における労働条件には従前の労働条件とは異なる点があるのであるから、前示の労使協定によれば、組合員であるHらに対しては、

第3章　不利益取扱い

団体交渉によって，契約条件の変更を協議した後でなければ，これを示し，応諾するように求めることができないものである。ところが，被控訴人の拒否により右の点についての団体交渉が実現しなかったのであるから，Hらが被控訴人の提案に同意せず，従前の労働条件の下で就労しようとしたことは，右協定の趣旨に沿った当然の行動であり，被控訴人は，これを拒否する根拠を有しなかったものというべきである。

被控訴人は，このように，協定に反して契約期間満了の2日前に突然不利な契約条件を示し，これについての労働組合からの交渉を正当の理由なく拒否したうえに，これに同意しないとして，組合員を直ちに雇止めにしたものであり，このことと前認定の経緯とに鑑みれば，被控訴人は，少数となった補助参加人分会の組合員からHらを排除し，ひいては補助参加人ら組合を弱体化しようとしたものであり，また，Hらにつき同人らが補助参加人らの組合員であることの故に，雇止めという不利益な取扱いをしたものであることが明らかであって，これらの行為は，労働組合法7条1号，2号及び3号の不当労働行為に当たるといわなければならない」。

ハ）　いわゆる偽装解散

特定の（旧）会社が組合対策のために会社を解散し組合員を解雇し，その後実質的に同一内容の（新）会社を設立し組合員を排除した形で経営を継続することはいわゆる偽装解散として不当労働行為とみなされている。もっとも，近時はそのような単純な事案は少ない。会社解散自体に相当な経営上の理由があるとして不当労働行為とみなされる例は少なくなっている。

組合壊滅目的の会社解散は許されるか，また解散に伴う解雇は無効かは多くの民事事案において争われていた。たとえば，三協紙器（民事）事件：東京高判（昭37・12・4労民集13-6-1172）は，「不当労働行為の制度は企業内における労働者の組合活動の自由を確保して企業における労使対等の原則を維持しようとするものであるから，企業の存在を前提としてはじめて不当労働行為を問題となし得るもの」と説示している。

行政救済レベルにおいての一応のリーディングケースは，組合結成直後に会社解散・解雇がなされた【59】東京書院事件である。東京地判（昭48・6・28判タ298-314，控訴審・東京高判昭49・10・28労働委員会裁判例集13-313，上告審・最一小判昭50・9・11労働委員会裁判例集14-222も同旨）は，本件解雇は組合結成を阻止するために経営不振に藉口してなされた不当労働行為と認定し，原職復帰，バックペイの支払い命令を適法とした。本件では主に救済命令，救済利益のあり方が争点となった。

他方，民事法理の影響を強くうけて不当労働行為の成立を否定する例もみられる。日産金属工業事件：大阪地判（昭56・12・21労判379-42）は，一般論として「当該企業を取りまく社会的経済的環境，企業の資産，資金，営業内容等の諸状況から，極めて容易に企業経営を継続していくことのできる状況にあり，社会的経済的には，企業を廃止する理由も必要も全くないにも拘らず，専ら，労働組合の結成や，従業員の組合活動を嫌悪し，労働組合を壊滅させ，組合活動を阻止する目的のみをもって，企業廃止（会社解散）をすること

第1節　不利益取扱いの態様

は，企業廃止の名の下に，経済的弱者である労働者団結権等労働基本権を一方的に抑圧するものというべきであるから，右の如き場合の企業廃止すなわち会社の解散は，権利の濫用であり，ひいては公序良俗に反するものとして当然無効」と説示したが本件はそのようなケースに当たらないとして，不当労働行為を認めた大阪地労委命令（昭54・10・5命令集66-237）を取り消している。また，東江商事事件では，焼肉店・サウナ風呂からパチンコ店への転換にともなうマッサージ師の解雇が争われ，偽装解散であるという主張がなされたが，東京地判（平8・3・19労判700-107，控訴審・東京高判平8・11・28労判733-91，上告審・最三小判平9・7・15労判739-153も同旨）は，店舗閉鎖は業務上の必要性に基づき，組合活動も察知されていなかったとして棄却命令を維持した。

　破産事案となるとそれにともなう解雇の不当労働行為性はますます認められにくくなる。たとえば，双辰商会事件では，関連会社への業務移管等により会社が破産を余儀なくされその結果なされた解雇が不当労働行為かが争われた。大阪地判（平15・11・26労判868-49）は，破産申立は経営上やむをえない判断であり，「破産会社が，本件破産申立てに至った状況に乗じて，原告組合（組合も取消訴訟を提起している・道幸）を一挙に消滅させ，組合の影響力の及ばない原告会社（関連会社・道幸）において実質的な会社再建・継続を図ろうとしたと認めることはできない」として，不当労働行為の成立を認め関連会社との協議を命じた労働委員会命令を取り消している。不当労働行為性認定につきより厳格な視角を提示するものとして誠光社事件：大阪地判（平9・10・29労判727-18）がある。同判決は，会社破産のケースでは，「従前からの会社の労働組合に対する不当労働行為の継続，当該破産申立行為の背信性，破産原因の不存在ないし会社による破産原因の意図的な作出，非組合員を雇用した別企業による従前の営業の継続といった特段の事情により，右破産申立が労働組合の壊滅を唯一の目的としてなされたことが明らかである」場合以外には不当労働行為は成立しないとして，命令を取り消している。

【59】　東京書院事件：東京地判昭48・6・28判タ298-314

**事実**　組合結成直後の会社解散・解雇を不当労働行為とした中労委命令（昭46・11・17命令集45-741）の取消訴訟。

　会社の経営方針や従業員の待遇等について疑問をもっていたHら従業員6名は，会長に会い，会社運営の刷新と従業員の待遇改善を内容とする連名の建議書を提出した。建議書を読み終った会長は，その内容について話し合おうとはせず，会社はもうもうからないやって行けない，こんなものを出されたのでは辞めてもらうほかない，としてその場で従業員全員を解雇する旨口頭で申し渡した。なお，会長は，ここ2，3年来，経営が困難であり，もうからないから会社をやめたい，と口癖のように言ってはいたが，当時の会社の営業状況はそれほど悪化してはいなかった。そこでHらは組合を結成し会長に面会し，組合結成の通知書

不当労働行為の成立要件

第3章　不利益取扱い

と解雇撤回等を交渉事項とする団体交渉の要求書を手交した。その後回顧通告書が郵送されてきた。

**判旨**　「原告は本件解雇がたとえ不当解雇であつたとしても，事後において事業廃止，解散の方針を決定（昭和43年7月15日解散決議）し，清算手続に入つたもので，積極財産もない以上，被解雇者の被救済利益は失われたものであると主張するので判断するに，不当労働行為たる解雇に対して与えられる労働委員会の救済命令は，その不当労働行為によって生じた結果を排除し，当該解雇がなかつたのと同一の状態を回復させること（事実状態の原状回復）を本来の使命とするものであるとともに，その限度にとどまるべきものであるから，不当解雇がなされた後に被解雇者の従業員たる地位（その解雇がなかつたとしての）に何等か変動を及ぼすような事実，たとえば適法な解雇或は雇用契約の合意解約等の事実が生じているときは，その救済命令の内容は，被解雇者が後の解雇或は雇用契約の合意解約の日まで従業員たる地位にあつたものとして取扱うべきことを使用者に命ずるをもつて足り，且つその限度にとどまるべきものと解するのが相当である。

しかるに原告は，被告が本件命令を発した時点において前示のごとく原告が清算手続中であり，積極財産は皆無であるということのみを主張するにとどまり，被解雇者たる補助参加人らに対し，その地位の変動を生ぜしめる何等かの措置をとつたということにつき，何等主張立証しないのであるから，本件命令（原職復帰等）の履行は，法律上は勿論事実上も未だ不能であるとは称し得ず，本件命令につき被救済利益が喪失したものとは認められない」。

### 3　報復的不利益取扱い

労組法7条4号は，不当労働行為の申立等をしたことを理由とする不利益取扱いを禁止している（道幸1999②）。この規定は，間接的には組合活動を擁護する目的を持つが，直接的には労働委員会の円滑な運営を目的としている。したがって，不当労働行為が禁止されるのは申立側だけではなく，被申立側の証人に対する不利益取扱いも含まれる。

取消訴訟においてこの点が争われることは少ない。日本貨物鉄道事件では，会社側証人と組合側証人との差別扱いが争われた。大阪高判（平11・4・労判769-72）は，「労働委員会に対する救済申立は労働者の個人的権利，利益のためのみのものではなく，労働組合の団結権，団体行動権ひいては正常な集団的労使関係秩序維持に資する公益的なものである」等の理由から，「職務上の事件について証人として官公署に召還された場合」に有給扱いをするという就業規則に反して，組合側証人につき欠勤扱いとし賃金カットをしたことを4号違反としている。

## 第2節　組合併存下における団交を媒介とする賃金差別

団結権，団交権は基本的人権（憲法28条）とみなされ，あらゆる組合にそれらの権利が認められている。それに対応して，使用者には，非組合員との差別が禁止されているだけ

第2節　組合併存下における団交を媒介とする賃金差別

ではなく，併存組合下において組合（員）間を差別しない中立保持義務が課せられている。同一組合内の潮流間についてさえも中立保持が義務付けられている。

　各組合は，それぞれ独自の方針，立場によって使用者と交渉し，合意が得られたならば協約を締結することになる。自主交渉の結果，組合間に差別状態が発生したとしても原則として不当労働行為とはみなされない。組合の自主選択の結果に他ならないからである。他方，使用者は組合の立場の相違を利用して，特定の交渉戦術を使い意図的に組合間差別状態を現出することも可能である。とくに，一方組合が協定を締結しない（できない）ケースにおいて，デリケートな問題が生じる。不当労働行為法理上の難問の一であり，ここでは，賃金差別の問題を中心にかつ判例法理の形成過程をもふまえてやや詳しく検討したい。不当労働行為法理の基本的視点を提起しているからである。なお，使用者の中立保持義務一般については第2章第4節を参照されたい。

## 1　不当労働行為の判断基準

　労委実務および判例は，団交を媒介とした差別の事案につき主に次の2つの観点から不当労働行為の成否を判断している。

　第1は，団交自体の差別の有無である。まず，少数派であること，別組合との間に唯一交渉約款があること等を理由として申立組合の団交要求を拒否することは許されない。また，団交の仕方（場所，出席者，回数，説明等）につきことさら組合間差別をすることも不当労働行為（2号，3号）とみなされる。回答や申し入れ内容につき差別することも同様に考えられる。もっとも，組合員数の相違により団交差別に相当な理由がある場合もある。職場の労働条件決定に占める重要性の相違から，多数組合をある程度優遇する（例えば，先に交渉する）ことはやむを得ない。また，一連の交渉の経過の中で組合の対応の違いに応じて，異なった回答をすることはありうる。さらに，労基法上の従業員代表制度との関連においては，過半数を代表する組合とのみ「労使協定」につき交渉することもある。

　一般的にいって，交渉結果たる組合（員）間差別状態が，団交拒否，団交差別，回答の相違に由来する場合は不当労働行為と解される。池上通信機事件：東京地判（昭53・9・28労判306-23）は，団交拒否に基づく賃金改訂の未実施を不当労働行為としている。組合の自主選択の結果と評価しえないからである。たとえば，組合分裂過程において申立組合との団交を拒否し，一時金を支給せず，会社支払額に同意するという念書を提出した者に対してのみ支給することは不当労働行為（【60】東洋シート事件：東京地判平7・6・8労判683-52，控訴審・東京高判平8・6・27労判714-13，上告審・最二小判平8・12・6労判714-12も同旨）と解されている。

　第2は，使用者の交渉テクニックが円滑な団交を阻害するか否かである。使用者は，団交応諾だけではなく，誠実交渉をも義務づけられているので協約締結にむけた相当な努力

を要する（詳しくは道幸2006：88頁以下参照）。これは，組合併存状態においても要請され，使用者は各組合の要求内容が異なったとしても，それぞれの組合と独自にかつ誠実に交渉しなければならない。

したがって，円滑な団交を阻害するような交渉態度は許されず，それに由来する差別状態も不当労働行為とみなされる。例えば，妥結した月から賃上げを実施する妥結月実施条項に使用者が固執することは，「早期妥結を強要させる結果となるから，組合の団交権に対する不当な抑圧的機能を営む面」がある（【61】名古屋放送事件：名古屋地判昭53・8・25労判306-32）。また，別組合との間で定めた労使間ルールを一方的に適用することも許されない場合がある。ネスレ日本事件：東京地判（平12・12・20労判810-67）は，別組合との団交により勤怠をめぐる賞与控除基準を厳格に定め，当該基準に基づき組合活動等を無断欠勤等と評価して一方的に適用し申立組合員を不利益に取り扱うこと不当労働行為とみなしている。

デリケートな問題は，いわゆる差し違えもしくは前提条件の諾否に由来する差別のケースである。まず，前提条件自体が組合活動を制約する不当な場合は差別も不当労働行為とみなされる。葦原運輸機工事件は，3年間の平和協定の締結が一時金支給の条件とされた事案であり，大阪地判（昭51・9・20労判263-47）は，当該協定の締結を迫ること自体を支配介入であると判示している。また，一方組合のみが不利になる条項についても同様に解される。オリエンタルチエン工業事件は，スト欠勤控除条項を一時金支給の前提条件とした事案であり，金沢地判（昭54・1・26労旬1030-44，控訴審・名古屋高裁金沢支部判昭56・2・16労旬1030-40も同旨）は，申立組合がこれを拒否することが予想されていたのにあえてこれを提示したとして，不当労働行為の成立を認めている。

一方，それが「賃上げの上積み原資の捻出と直接具体的関連を有」する場合等は不当労働行為とは解されない。新潟日報販売事件は，申立組合員に対する「早朝協力手当」の不支給が争われたもので，新潟地判（昭57・2・8労判381-32）は，当該手当は深夜手当の変形であってその旨合意することが支給の条件であるとして不当労働行為の成立を否定した。また，やや特殊な事案であるが，旭相互銀行事件において和解協定により一方の組合員を昇給させたことにともない別組合員につき賃金調整をしたことが不当労働行為かが争われた。鹿児島地判（昭56・6・5労経速1122-26）は，別組合との真摯な交渉に基づき当該組合の要求の一部を受容したものとして不当労働行為の成立を否定した。

問題は，中間的な条件である。例えば，一時金支給の前提条件として，使用者が「生産性向上に協力する」という条項に固執した事案において，別組合が当該条項を承諾し，申立組合が拒否したため組合（員）間に一時金差別状態が発生した日本メール・オーダー事件が好例である。東京高判（昭50・5・28労民集26-3-451）は，一時金不支給は，「分会の

第 2 節　組合併存下における団交を媒介とする賃金差別

交渉方針に基づく当然の結果であって、これは分会員が甘受すべきところである」と判示した。他方、【30】最高裁（最三小判昭59・5・29労判430-15）は、当該条件が当時の労使関係において労働組合側から消極的評価をうけていたのにもかかわらず、会社がその具体的内容について十分な説明をしなかったために分会はやむなく当該条件を受諾しなかったと判断するとともに一時金不支給についても会社が、「前提条件を、分会が受諾しないであろうことを予測しえたにもかかわらずあえて提案し、これに固執したことに原因がある」として不当労働行為の成立を認めた。ここに、誠実交渉の有無、すなわち受諾しないことをみこしての提案か否かの観点から、不当労働行為の成否を判断する判例法理が成立した。その後最高裁は、少数組合員に対する残業差別が争われた日産自動車事件（【28】最三小判昭60・4・23労判450-23）において、誠実交渉の有無を労使の背景的事情をも加味して判断すべきとした。ここに中立保持義務をめぐる判例法理が確立した。

しかし、最高裁は、ほぼ10年後同種事案につき不当労働行為の成立を認めない判断を示すに至った（広島ときわタクシー事件：最三小判平6・10・25労判665-10、高知県観光事件：【29】最二小判平7・4・14判時1530-132）。とりわけ、高知県観光事件は、残業差別につき不当労働行為の成立を認めた原審の判断を覆したものだけに、先例との関連性等につき議論をよぶものであった。以下では、判例法理の形成と修正について関連裁判例を検討したい。

【60】　東洋シート（一時金）事件：東京地判平7・6・8労判683-52

事案　組合の分裂過程において集団脱退した従業員が結成した組合のみと団交をし支部組合との団交を拒否し年末一時金を支給しなかったことを不当労働行為とした中労委命令（平4・12・16命令集95-954）の取消訴訟。

判旨　支部は、旧支部の正当な継承者であり、東洋シート労組とは全く別個の労働組合である。そして、「東洋シート労組が結成された時点において支部が存在し、二つの労働組合が併存するに至ったことを知っていたものと推認できる。そうすると、原告としては、旧支部の正当な継承者問題に立入る必要はなく、支部に対しても東洋シート労組に対すると同様に対応すべきであったのである。

以上のとおりであるから、原告が支部の存在を否定して昭和54年度年末一時金についての団体交渉を拒否し、Ⅰら11名に対し念書の提出を求め、同人らがこれを拒否したことを理由に右一時金の支給をしなかったことは同人らが支部所属組合員であることを理由とした不当労働行為（不利益取扱）であることは明らかである」。

【61】　名古屋放送事件：名古屋地判昭53・8・25労判306-32

事実　賃上げの際妥結月実施条項に固執してその支給を遅延したことを不当労働行為とした愛知地労委命令（昭51・8・14命令集59-168）の取消訴訟。

判旨　「原告においては、定昇とベアは一体のものとして同時に実施されて来たことは明らかであるから、前記給与規則6条にいう昇給の

不当労働行為の成立要件　**107**

中には賃金改定（ベア）も包含されていると解釈することが労使の合理的意思に適合するというべきである。

してみると，右給与規則6条は，特別事情なき限り，個別的労働契約の内容をなすものであるから，原告の従業員である組合員も，労働契約上は，4月1日から妥結月の前日までの賃金改定及び定昇分の支払請求権を取得していると解するのが相当である。

ところで，妥結月実施とは，妥結が5月以降に持ち込まれたときは，右の労働契約上の賃金債権を支払わないということであり，その旨の労使間の合意があれば格別，右の合意がない限り，使用者が独断でこのような措置をとることは私法上認められないこと多言を要しない。

そして，労使の合意なき限り，私法上認められない妥結月実施方式を使用者があくまで固執する場合は，特別事情なき限り，組合の運営に対する支配介入ないし組合員に対する不利益取扱として労組法7条1，3号に該当するというべきである。

蓋し，妥結月実施方式の右のような性質にかんがみると，それは，使用者がいわゆる春斗をできるだけ早期に解決するため，協定遅延の制裁を故なく組合に科したものとのそしりを免れず，合理性が認められず，一方組合としては，この制裁を免れるためには，不本意であっても，早期に妥結せざるを得ず，早期妥結を強要させる結果となるから，組合の団交権に対する不当な抑圧的機能を営む面のあることは否定できず，これは，ひいて，組合からの脱落を促進する弊害を生む因子ともなりかねず，個々の組合員に対しては，正当な理由なき不利益取り扱いとなるから，労組法7条1，3号の不当労働行為と評価されても致し方あるまい。そして，この理は，二組合併存のときであると一組合のみのときであるとを問わず妥当すると考える」。

● コメント

控訴審たる名古屋高裁判決（昭55・5・28労判343-32，後述）は不当労働行為の成立を否定している。

## 2　判例法理の形成

現行の判例法理を形成したのはメールオーダー事件（前出【30】）および日産自動車事件（前出【31】）の最判である。両事件は，組合の特定の交渉（の際の）態度を理由として併存組合の一方とのみ合意が成立しその結果組合（員）間差別状態が発生したという点では事実関係が類似しているが，労使間の交渉態様や差別状態発生のメカニズム等に違いがあり，理論構成もかなり異なっている。ここでは，両事件により形成された判例法理の基本的特徴を確認したい。

メールオーダー事件最判（【30】）の特徴は，①前提条件の内容および団交における説明の程度から協約未締結状態は，申立組合の自主選択の結果ではなく，会社による条件の固執によるものとされ，②不当労働行為認定の鍵は交渉の在り方とされたことであり，原審の強調した自主交渉論に対する回答になっている。もっとも，多数組合との交渉の位置づけや職場全体における労働条件の決定の在り方についてまでは論議されていない。法理の説得力を弱め判例の射程を短くしたものと評価しうる。

他方，日産自動車事件最判（【31】）は，残業差別事案であるが，より一般的・汎用性の

ある論理を以下のように展開している。①残業取扱いの差異が，組合が団交において自由な意思決定に基づいて選択した結果による場合は不当労働行為の問題は発生しない。②組合の自由な意思決定を実質的に担保するために，併存組合下において使用者はすべての場面で中立的態度を保持し各組合の団結権を平等に尊重しなければならない。③しかし，使用者が同一時期に同一内容の提案を行い，多数組合との間で一定の合意が成立した場合にはその合意内容をもって譲歩の限度という交渉態度を示したとしても非難に値せず，各組合の組織力，交渉力に応じた合理的対応である。④そうであっても，特定の組合に対する団結権の否認が決定的動機となり，団交が既成事実を維持するために形式的になされたという特段の事情がある場合には不当労働行為が成立し，その判断のためには一切の事情を総合勘案し不当労働行為意思の有無を判断しなければならない。

日産自動車事件は，自主交渉原則が正面から問題となるような事案ではなく，申立組合の反対を口実として協議をすることもなく，一方的に同組合員の残業への組入れを拒否したという古典的な不当労働行為事件といえる。しかし，日産自動車事件最判は，「単に団体交渉の場面に限らず，すべての場面で使用者は各組合に対し，中立的態度を保持し，その団結権を平等に承認，尊重すべきものであり，各組合の性格，傾向や従来の運動路線のいかんによって差別的な取扱いをすることは許されない」とより一般的な判断を提示したので，

その後の裁判例に多大な影響を与えた。もっとも，①から④までの関連について必ずしも詰めた議論がなされなかったことが，判例法理の混迷を生んだと思われる。

## 3　判例法理の展開

併存組合下における団交を媒介にする差別事案につき，判例法理は，使用者の中立保持義務を前提に使用者の交渉態度に着目して不当労働行為の成否を判断するというフレームを形成し，次のような展開をみせていた。その後高知県観光事件最判によって若干の修正がなされる。賃金差別事件を中心に考えると以下の3つの紛争パターンがみられた。

### 1)　妥結月実施条項

妥結月実施条項とは，妥結した月から協約条項を実施するというものであり，賃上げ交渉の際に問題になることが多かった。とりわけ，使用者が賃上げと同条項の一括受諾に固執した場合には，妥結が遅れれば遅れるほど賃上げの実施も遅れることになる。したがって，組合としては早期妥結を余儀なくされ，組合併存下では，別組合との妥結時期の相違によって容易に組合（員）間差別状態が発生する。ここに，同条項の団結権，団交権侵害的側面がみられ，裁判例は，賃金の不支給は組合の情勢判断の誤りであり自由意思に基づく選択の結果と見なす例（【62】名古屋放送事件：名古屋高判昭55・5・28労判343-32）も当初はあったが，その後はほぼ一貫して批判的立

第3章　不利益取扱い

場を明らかにしてきた。

【63】済生会中央病院事件：東京高判（昭61・7・17労民集37-4・5-307）は，当該条項は単に無意味な団交の繰返しや争議行為の頻発を抑止するためのものだけではなく，「正当な争議行為等の労働基本権を過度に制約する効果」があり，組合併存下では「参加人の団体交渉の積み重ねやその争議行為の手段を封じておこう」としたものであり，本件においては別組合との妥結の実績を前提に同「条項の性質上妥結の遅滞の不利益をあげて参加人に負わすべく」一括妥結方式に固執したものであると判示している（上告は棄却されている・最二小判平1・4・14労判556-92。日野車体工業事件：最三小判昭61・9・16労判492-101，済生会中央病院事件：最三小判昭60・7・19労判455-4，同差し戻し事件：最二小判平1・3・3労働省編・三訂労働関係最高裁判例集1巻1160頁も不当労働行為の成立を認めた原審の判断を支持している）。

同条項に対する批判的立場は，固執ゆえに協定の締結がなされなかった事案だけではなく，協定の締結がなされたケースにおいても示されている。日本シェーリング事件：東京地判（平2・3・8判時1364-118）は，別組合員には合理的理由もないのに一時金を支給していることから「団体交渉や争議行為を行うことを封じておくための方便であって，申立組合の組合活動を抑圧することを目的」とすると判断している。

以上のように判例法理は，妥結月実施条項が本来有し，かつ賃上げとの一括妥結に固執する場合に特に効果を発揮する団交権・争議権に対する抑制的機能を重視し，同条項の固執に由来する組合間差別を不当労働行為とみなしている。

> 【62】　名古屋放送事件：名古屋高判昭55・5・28労判343-32

**事実**　名古屋地判（昭53・8・25労判306-32）までの事実は前述【61】

**判旨**　「参加組合の組合員が昭和49・50年の各4月分の賃上げ分に相当する賃金の支給を受けられなかったのは，控訴会社が参加組合との団体交渉を拒んだり誠意を以て交渉にあたらなかったことによるものではなく，参加組合が高額要求を掲げて徒に交渉を長びかせ，交渉の長期化防止のために控訴会社が従来から一貫して提案し，参加組合も曾てはこれを承諾したこともある妥結月実施方式を拒み続けたことによるものであるといわざるをえない。そして，控訴会社の最終提案を5月に入ってから結局は応諾するにいたった参加組合の組合員と，同様の提案を4月中に応諾した若竹会所属の従業員との間に4月分の賃金について差異が生じたのは，ひとえに参加組合が情勢判断を誤り自己の力を過信して闘争を継続したことによるものであって，右は参加組合の自由意思に基づく選択の結果であるというほかはない。

したがって，控訴会社が参加組合の組合員に対してのみ，昭和49，50年の各5月から賃金改定を実施し，その余の従業員に対しては右同年の各4月からこれを実施したのは，参加組合の弱体化をはかりその組合員に対して不利益な差別的取扱いをしたものとはいえず，これを不当労働行為であるとする本件命令における被控訴人の判断は失当であるというべきである」。

### 【63】 済生会中央病院事件：東京高判昭61・7・17 労民集 37-4・5-307

**事実** 賃上げにつき妥結月実施条項に固執してそれを受諾していない組合員について賃上げ差額，期末手当を支給しないことを不当労働行為とした東京地労委命令（昭51・11・16命令集60-120）の取消訴訟の控訴審。

**判旨** 「妥結月実施条項は，ことを賃金に限つてみれば，団体交渉の妥結が遅ければ遅れるほど控訴人に有利，参加人に不利となる性質のものであるから，単に無意味な団体交渉の繰返しや争議行為の頻発を抑止する機能を営む有効な取引条件であるとのみ捉えることはできず，場合によつては，正当な争議行為等の労働基本権を過度に制約する効果をも帯有していること，以上の諸点が明らかに認められるところ，これらの諸点と後出4でみられる点及び前記のとおり，それが本件春闘における団体交渉で始めて控訴人によつて提案されたものである点等を勘案すると，控訴人のこの条項提案の意図は，新労との協調的な関係，参加人との不協和的な関係という状況の下で，当初から参加人との団体交渉の積み重ねやその争議行為の手段を封じておこうとしたことにあるとみてあやまりはないというべきである。してみれば，その動機，目的が合理的であり，相当であるとは到底いえない」。

「控訴人は新労との間に妥結のための布石をうち，その妥結の確実なるを見とおして参加人に対し同一内容の提案を行い，新労との間の妥結という実績を背景に，参加人に対しても妥結を迫ろうとしたものと推認してあやまりはない。そしてその後も，控訴人は，参加人が容易に応じられないであろうことを十分に認識しながら，条項の性質上妥結の遅滞の不利益をあげて参加人に負わすべく，原判決認定の経緯の示すように，一括妥結方式の応諾団交というかたくなな姿勢を変えなかつたものとみるのが至当である。とすれば，ここには，併存する組合に対するときの使用者の中立保持義務なるものが，控訴人にとつて叙上の真の意図を覆うかくれ蓑に化していたと断じてはばかりないというべきである」。

### 2) さしちがえ条件の諾否に由来する差別

併存組合の双方に対し使用者が同一提案をし，一方がそれを受諾し，他方が拒否したために発生する組合（員）間差別状態が不当労働行為を構成するか。裁判例は，以下のように差し違え条件と差別的措置との関連性や交渉の誠実性を問題にしている。メールオーダー事件最判（【30】）のフレームを踏襲しているとの評価が可能であろう。不当労働行為の成立が否定された後述の日本チバガイギー事件も，日産自動車事件最判のフレームに必ずしものっているわけではない。ここでは，差し違え条件の関連性をどのように評価しているかを知るために賃金差別事件以外も検討対象とする。

賃金差別事案として黒川乳業事件：東京地判（平1・12・20労判554-30）は，差し違え条項たる会社再建案に固執しての賃上げ不実施・一時金不支給を不当労働行為と解している。他方，日本チバガイギー事件は，一時金要求に対し使用者が組合活動問題についての条項との一括妥結を求め，その結果支給日が別組合員より4日遅れたことが争われたものである。東京地判（昭60・4・25労判452-27，東京高判昭60・12・24労民集36-6-785，最一小判平1・1・19労判533-7も同旨）は，一括受諾

を求めたことの合理性は十分ではないが，その後使用者により組合が同意できない項目の取り下げを示唆する等の努力がなされ，別組合より4日遅れて同意がなされたことから交渉過程に不適切な面があったとしても「一時金交渉の妥結を意図的に遅らせたとまで」は断言できないと判示した。使用者が相当な努力をなしたことおよび結局労使間で同意がなされたことが重視されたと思われる。

残業差別事件も争われている。商大自動車教習所事件は，二部制導入に反対していることを理由に時間外および検定業務を命じなかったことの不当労働行為性が争われたものである。東京地判（昭63・3・24労判516-52）は，①二部制と時間外勤務とは関連が認められるが，必ずしも一体として扱う必要性がなく，会社の固執に合理性がないこと，②時間外だけではなく時間内になされた検定業務についても就労が命じられていないこと，から不当労働行為と認定した。三八五交通事件（【53】）は，三六協定締結拒否（会社は6月間もしくは1年間協定を，組合は1月間協定の締結に固執した）を理由とする残業差別が争われたものである。青森地判（平2・1・23労判561-83）は，①1月単位で協定をしてもその後組合が締結を拒否することが考えられないこと，②交渉の最終段階において社長のいくえがしれない等不誠実な対応をしたこと，③無協定状態後に会社は別組合員を特定の営業所に集めそこで36協定を締結したこと，から不当労働行為の成立を認めた。仙台高判（平6・12・19労判673-15）も，使用者の中立保持義務を「結局のところ，使用者に形式的にではなく実質的に平等な対応を求めているものと解される」と把握し，本件においては実質的に平等な対応とはいえないと判示した。

3) 非組合員との差別

差し違え条件の諾否に由来する差別は，通常，組合併存状態においてなされ，各々の組合の自主交渉の結果としての差別の不当労働行為性が問題になる。では，非組合員との差別についてはどうか。申立組合との交渉未妥結に由来する差別状態は不当労働行為とみなされるか。亮正会高津中央病院事件は，夏季一時金を非組合員に対しては支給し，申立組合員に対して支給を遅延させたことの不当労働行為性が争われたものである。横浜地判（昭61・4・24労判480-57，控訴審・東京高判昭63・3・24労判630-87，最三小判平2・3・6判時1357-144も同旨）は，パートに関する支給問題との一括解決に固執するとともに不当労働行為事件の取り下げを差し違え条件として提示する等使用者が不誠実に対応したとして不当労働行為の成立を認めている。誠実交渉の在り方に留意する判例法理がここでも貫かれているわけである。

もっとも，非組合員への支給時期を使用者は自由に決定することができ，申立組合との団交を待つ必要はないという判断を傍論ながら示す例もある（日本チバガイギー事件：東京地判昭60・4・25労判452-27）。とりわけ，団交の最中に就業規則等で規定した支給日を迎えた場合に問題となる。オリエンタルモーター

事件（後出【64】）は，賃上げについて非組合員と組合員とを区別するために受領書を配布し，それを提出した者にのみ賃上げを実施したことを不当労働行為とした中労委命令（昭62・5・30命令集81-647）の取消訴訟である。差別自体が争われた事案でないが，東京地判（平2・2・21労判559-54，東京高判平2・11・21労判583-27，最二小判平7・9・8労判679-11も同旨）は，「組合との間で妥結していない段階で支給日を迎えたため，原告が組合員に対する右回答額による賃金の支給を留保し，非組合員にのみこれを支給しようと考えたのは当然であり，その必要があった」と判示した。

団交権保障を非組合員との関連でどう考えるかまではあまり議論されていない。しかし，職場における労働条件決定過程の観点から団交権保障をどう実質化するかは無視しえない論点である。

## 4　判例法理の修正

最判は広島ときわタクシー事件および高知県観光事件において，組合併存下における差し違え条件の諾否に由来する差別につき，不当労働行為の成立を認めない立場を明らかにした。前述日産自動車事件最判の2つの側面のうちの多数組合との交渉を尊重する側面を重視したものであり，実質的に判例法理の修正と評価しうるかもしれない。

広島ときわタクシー事件は，上積み一時金の支給にあたり「スライド制（運賃値上げの際，歩合給の算定対象としない「足切額」を一定額引き上げる制度）を導入すべく協議する」ことを差し違え条件として提案し，別組合がそれを受諾し，申立組合が拒否したことから支給額（年間3.8万円）につき差異が生じたものである。広島地労委（昭59・6・28命令集75-430）は，当該支給は暫定支給をするという申立組合との合意に基づくものなので不当労働行為に当らないと判断した。組合からの取消請求につき広島地判（昭62・6・23労判665-24）は，①スライド制導入により月収全体が減収することとなるので組合としては同制度の導入を容易に受け入れることは期待できないこと，②同制度導入について別組合とは既に実質的に合意に達していたにもかかわらず，申立組合に対しては十分説明がなされていないこと，等から同前提条件を原告組合が受諾しないであろうこと，およびそのために上積み支給を受けられないときは同組合員らに動揺が生じることを予想しえたとして不当労働行為の成立を認めた。メールオーダー事件最判の視点に基づくものと評価しうる。

他方，広島高判（平3・7・17労判665-11）は，日産自動車事件最判のフレームに従って，当該差異は特段の事情が認められない限り両組合の自由意思に基づく選択の結果であるとの前提から次のように論じている。①スライド制導入は会社の原資を確保するという長期的展望に立って企画されたものであり，一時金上積み支給の取引材料としたことをもって不当とはいえないこと，②圧倒的多数派である別組合との間で重要な労働条件につき事前の協議を進めることは非難されるべきではなく，

他方，申立組合は同制度導入に絶対反対ではなく，また，前提条件の提示は一時金の暫定支給に応じた後も協議を継続することを要求するものなので，申立組合との団交が既成事実を維持するために形式的に行われたとはいえないこと，③スライド制の内容について申立組合は十分に理解していたこと，等から不当労働行為の成立を認めるに足る特段の事情はなく，前提条件の提示や一時金の上積み支給をもって団結権の否認ないし嫌悪の意図が決定的動機となっていたと認めることはできない。最判（最三小判平6・10・25労判665-10）は，特段の判断を示すことなく上告を棄却した。

また，高知県観光事件（【54】最二小判平6・6・13判時1502-149参照）は，新勤務シフトおよび新賃金計算方法（タクシー運転手に対する歩合給に時間外および深夜の労働に対する割増し賃金が含まれるという使用者の主張が認められなかったためになされた歩合率の引き下げ）の導入を前提とした新三六協定（労基法上の協定ではなく，残業に関する協約）を締結しなかったことを（別組合は締結している）理由とする残業差別等の不当労働行為性が争われたものである。もっとも，申立組合員についても実際は新賃金計算方法による支払がなされていた。

高知地労委（平2・1・1命令集89-51）の救済命令に対する取消訴訟につき高知地判（平3・6・18労判594-102，高松高判平5・6・18労判679-29も同旨）は，以下のような特段の事情があるので，本件差別は自主選択の結果といえず不当労働行為に該当すると判示した。①新三六協定が締結されるまでは申立組合員の残業を認めていたこと，②別組合との三六協定があるので労基法上は申立組合員にも時間外労働を認めることができたこと，③非組合員にも時間外労働を認めていたので組合員の賃金額は非組合員に比較しても減少したこと，④申立組合の主張どおりの時間外労働を認めると経営上の不利益を受けるおそれがあるが，使用者は誠実な団交をなさず，新賃金計算方式に固執して時間外労働を認めない態度をとったこと，⑤一連の反組合行為の存在と組合員の減少等。

他方，最判（【29】最二小判平7・4・14判時1530-132）は日産自動車事件最判のフレームにより次のように判示した。①新三六協定締結の前提として新賃金計算方式によると使用者が主張したことは，歩合率を引き下げなければ従来の賃金に割増し賃金を加算して支払うことになり，それは過大な賃金を意味し経営の負担になり，また別組合員との対比で申立組合員だけが著しく有利な労働条件になるので，一応合理的理由がある。②申立組合が歩合率の引き下げを容易に受け入れないことが推認できたので，会社があらかじめ別組合と合意しようとした態度はあながち不当なものということはできず，さらに時間外労働の禁止の5日後に申立組合との団交を行っているので時期が遅きに失したものとまではいえない。③使用者が多数組合との合意内容によって少数組合とも妥結しようとすることは自然であり，使用者が別組合との間で合意し

た歩合率の引き下げを強く主張しその点につき申立組合が合意しない限り新勤務シフトを前提とする三六協定の締結に応じられないとの態度を採ったことをもって誠実な団交を行わなかったとは評価できない。かえって使用者は団交において，労働基準監督署の指導により賃金体系を改める必要があることや別組合と同様な時間外労働を認めつつ申立組合が要求する賃金を支払うことは経営上困難であることを説明している。したがって，使用者が団交において前記のような主張をした主な意図が申立組合の団結権の否認であり，右団交が既成事実を維持するために形式的に行われたとは断定できず不当労働行為に該当しない。

以上の2つの最判は，全体として次のような特徴を有している。まず，広島ときわタクシー事件：広島高判の②において，多数組合重視の側面が指摘されているが，全体としては不当労働行為の成否の認定につきその側面はそれほど重視されてはいない。むしろ，実質的には前提条件の相当性およびそれなりに誠実な交渉がなされたことが評価されたものと思われる。また，高知県観光事件：最判は，差し違え条件の相当性①および日産自動車事件最判のフレームのうち，多数組合との団交を重視する側面③から不当労働行為の成立を否定した点に特徴がある。

## 第3節　査定差別

年功制度から職能資格制度への変化に伴い，人事考課上の格差を理由とする多様な査定差別事件が発生した。具体的には，賃金額に関する昇給，職位に関する昇進・昇級，資格に関する昇格の各差別が，独立してもしくは関連して問題になっている。労委実務は，基本的に同職種，同期，同学歴の非（別）組合員との全体としての比較から不当労働行為（7条1号・3号）を認定するいわゆる「大量観察方法」を採用し，判例法理もおおむねそれを承認していた（【4】紅屋商事事件：最二小判昭61・1・24労判467-6，3号のみ違反の事件として【97】千代田化工建設事件：東京地判平9・7・23労判721-16がある）。ところが，査定のシステムが複雑になり，また転職が一般化するにともない，不当労働行為の認定に困難を伴う事案が増加するする傾向にある。現在，成果主義賃金制度の導入に伴いまったく新たな論点が提起されている。以下では，昇級や一時金の賃金査定事件を中心に検討し，それをふまえて昇進・昇格事案についてもふれていきたい（小川1972，倉地1976，香川1979，本多1980，高田1982，照井1985，和田1991，直井・成川2000，三柴2004等参照）。

第3章　不利益取扱い

## 1　判例法理の形成

現行の判例法理を形成したのは，紅屋商事事件・最判（最二小判昭61・1・24労判467-6【4】）である。本件は，組合分裂後の一時金をめぐる査定差別が争われたものである。最判は，明確な組合員間格差の存在，会社の申立組合へに対する嫌悪，分裂前には両組合員について査定点の相違が無かったこと，申立組合員の勤務成績が悪くなかったこと等から7条1，3号違反を認めた。

査定差別については，その成否および救済のあり方と関連して除斥期間規定（労組法27条2項）にいう「継続する行為」も問題になる。つまり，査定差別を一連の行為としてどう評価するかの論点である。この点については，判例法理は，「賃金上の差別的取扱いの意図は，賃金の支払によって具体的に実現されるのであって，右査定とこれに基づく毎月の賃金支払とは一体として一個の不当労働行為をなすものとみるべきである」と判示している（紅屋商事事件：最三小判平3・6・4労判595-6，朝日火災海上保険事件：東高判平15・9・30労判862-41）。つまり，査定の決定とそれに基づく月々の賃金支払が継続する行為とみなされている。申立の日よりほぼ2年前の査定行為を問題にしうるわけである。もっとも，各昇格・昇給の決定行為は年度毎に異なっており差別意思はそれ以上は継続しないと解されている（国民生活金融公庫事件：東京地判平12・2・2労判783-116，控訴審・東京高判平16・11・17労判902-127も同旨）。

併存組合員間に客観的・集団的な査定格差があれば（有意な格差が存在しないとされた例として，明治乳業事件：東京地判平16・5・31判時1869-111がある），当該格差に相当な理由がない限り不当労働行為と認める見解は以下の諸ケースにおいても示されている。

不当労働行為性が認定されるポイントとして，申立組合結成後に組合員の査定が悪化したこと，査定基準が主観的であること，査定者が別組合員であること，等が示されている（たとえば，吉田鉄工所事件：東京地判昭50・7・30判時800-96）。同時に，組合員間において勤務成績がおおむね均衡していることも前提となる。ニプロ医工事件：前橋地判（昭63・3・28労判520-47）は，組合活動の方針の差のみから別組合が結成されている場合にはそのように推定しうると明言している。

格差の存在が相当な理由によるか否かを判断する際にもいくつかの留意点が指摘されている。

その一は，単に特定組合員にミスがあったりその能力が低いことだけではなく，あくまで他の従業員との具体的比較が必要なことである（【64】オリエンタルモーター事件：東京高判平15・12・17労判868-20）。査定の適否は相対的な判断によるからである。査定が適正になされる前提として，業務命令の適正さが前提となる。日本サーキット工業事件は，翻訳文の下書き等意味のない作業を命じその勤務態様が悪いことを理由に最低の査定をしたことが争われ，名古屋地判（平元・9・8労判

553-52，控訴審・名古屋高判平4・7・16労判620-79，上告審・最三小判平7・12・19労判695-15頁も同旨）は，査定に実質的根拠がない等の理由で不当労働行為の成立を認めている。

懲戒処分を理由とする差別については，当該減額基準が事実上申立組合員についてだけ適用されていること，問題とされた組合活動のすべてにつき懲戒処分をもって対処することが相当でなかったことから不当労働行為の成立が認められている（第一学習社事件：広島地判昭60・10・8労判467-80，控訴審・広島高判平3・10・24労判607-146もほぼ同旨）。

他方，低査定に相当な理由があれば不当労働行為とは見なされない。組合活動等に問題があれば格差に相当な理由があるとされる。医療法人一草会事件：名古屋高判（昭52・1・31労経速942-3）は，当直拒否は正当な組合活動ではないので病院業務に対する非協力態度と評価しうると判示している。組合活動が不当と評価されると組合員間の査定差別は不当労働行為と解されにくくなることは，民事事案においても示されている（たとえば，全税関横浜支部（民事）事件：東京高判平11・2・24労判761-145，上告審・最一小判平13・10・25労判814-34も同旨）。

昇給差別は，組合員集団の事件だけではなく，個々の組合員の事案としても争われており，主に勤務成績不良の有無が問題になる。たとえば，朝日火災海上保険事件：東京高判（平15・9・30労判862-41）は，欠勤の実態から業務能力の劣化ないし伸張不足を認定し低査定を不当労働行為としていない。また，忠恕福祉会事件：大阪地判（平10・8・26労判752-45）も，副施設長に反発して非協力の態度を示しまた勤務態度も不良であったとして基本給の引き上げ額を低額としたことを不当労働行為とはみなしていない。

なお，査定差別の立証（反証）の困難さから，対象組合員全員ではなく特定人をピックアップし，同種の別（非）組合員と対比することで全体の傾向を判定するいわゆるチャンピオン方式も考案されている（たとえば，日本航空事件：東京地労委昭55・1・22命令集67-96　本多1980年）。

【64】　オリエンタルモーター事件：東京高判平15・12・17労判868-20

**事実**　職位資格等級制度に基づく新賃金制度上の人事考課において低査定を受けたことを不当労働行為とした中労委命令（平10・8・5命令集111-321）の取消訴訟の控訴審。

**判旨**　「『当該組合員が組合員以外の者と能力，勤務実績において同等であること』の判断に当たっては，組合員に対して仕事上の差別的取扱い等の不当労働行為が継続的に行われ，あるいは，不当労働行為が繰り返し行われており，当該不当労働行為によって通常生ずるであろう影響により当該組合員の能力が正当に評価されず勤務実績を積む機会を与えられなかった結果，勤務実績が悪化したと認められる場合には，その影響を除外しなければならない。

1審原告は，『当該組合員が組合員以外の者と能力，勤務実績において同等であること』の立証を『当該組合員が自己の把握しうる限りにおいて具体的事実を挙げて組合員以外の者と能力，勤務成績

において劣らないことを立証すれば足る』とする見解は、立証責任を完全に使用者側に転換したというべきであり、その根拠は不明である旨主張する。

しかし、上記説示（原判決）のとおり、使用者と労働者との間における証拠の偏在を考慮する必要があるし、本件では、1審原告が組合及び組合活動を終始一貫して長期間にわたり嫌悪、敵視し、組合公然化後、本件組合員各個人に対し、仕事上の差別的取扱い等の極めて違法な不当労働行為を継続ないし繰り返し行い、組合の弱体化等の政策を遂行してきたのであるから、常識的に考えれば、特段の事情がない限り、それと緊密な関係のある組合員の人事評価、査定においても、当然差別的取扱いをする意図が存在したものと認めるのが相当である。このような場合、当該組合員が自己の把握し得る限りにおいて具体的事実を挙げて組合員以外の者と能力、勤務成績において劣らないことを立証した場合、1審原告から、当該組合員の能力、勤務成績が組合員以外の者より劣ることの具体的な反証がされない限り、低評価は、組合員であることを理由とする差別的動機に基づくものであり、当該組合員が組合員以外の者と能力、勤務実績において同等であると事実上推定することができるというべきである。そうすると、本件の事実関係の下においては、審理過程における事実上の証明の必要性を1審原告に負担させることは、何ら不当ではない」。

## 2　判例法理の修正

判例法理の修正は、大量観察方法自体への疑問からなされている。具体的には、対象者の選定につき、特定の組合員だけを選んだ場合には、全体としての差別の有無がはっきりとせず大量観察方法の前提に欠くことが指摘されている（【12】北辰電機製作所事件：東京地判昭56・10・22労判374-55）。また、比較する組合員の人数比が極端に違う場合（16名対1000名）にも「各集団間の均一性」に欠けると（旭相互銀行事件：鹿児島地判昭58・3・14労経速1157-3）、また、【65】芝信用金庫事件：東京高判（平12・4・19労判783-36）も、組合員の業務能力に格差があり組合員数に圧倒的差異（726名対32名）がある場合には大量観察方法によりえないと判示されている。同時に、査定者の構成につき組合員比から別組合員であることはやむをえないとされている。

大量観察方法は、出発点として対象労働者の勤務能力（成績）の同一性が前提となっている。しかし、勤務成績の同一性を組合側が立証すべきであるという見解も示されている。比較的初期段階での例としては北辰電機製作所事件・東京地判があり、査定差別が7条1号（3号違反は別）に当たるためには、①特定集団に対する嫌悪、②査定差別の存在、③「右昇給・昇格等の基礎となるべき個々の組合員の勤務の実績ないし成績が右集団に属しない者のそれとの間に隔たりがないこと、を個別的に立証する必要があると判示している。このような視点は、特に昇格・昇給格差が必ずしも明確でないケースで強調されている（【66】国民生活金融公庫事件：東京地判平12・2・2労判783-116、控訴審・東京高判平16・11・16労判902-127）。また、集団間の等質性は、転職者が多い職種について特に問題となっている。放送映画製作所事件：東京地判（平6・

第3節　査定差別

10・27労判662-14）は、「非組合員と組合員との人数比は入社年次ごとにまちまちであること、比較の対象となる社員の学歴も様々で、新卒者だけでなく中途採用者も多く、入社前歴や入社年齢もそれぞれ異なるうえ、配属される部署により、カメラマン、ディレクター、録音、編集等職種も様々であった」ことから等質性に欠けるとして個別の検討を行っている。

もっとも、不当労働行為が継続的になされたため能力評価が適正になされない可能性も指摘され、このような場合には、「当該組合員が自己の把握しうる限りにおいて具体的事実を挙げて組合員以外の者と能力、勤務成績において劣らないことを立証し」すれば足りるという判断も示されている（【64】オリエンタルモーター事件：東京高判平15・12・17労判868-20、住友重機械工業事件：東京地判平18・7・27労経速1953-3も同旨）。

【65】　芝信用金庫事件：東京高判平12・4・19労判783-36

事実　副参事への昇格差別を東京地労委命令（平1・5・23命令集86-488）は不当労働行為とした。そのうち3名について不当労働行為を否定した中労委命令（平4・8・5命令集95-893）に対し申立組合からの取消訴訟が提起され一審東京地判（平10・10・7労判748-37）は不当労働行為の成立を認めていた。

判旨　「補助参加人が被控訴人組合を嫌悪していること、原審原告S外3名を含む被控訴人組合の組合員が人事考課において芝労組の組合員よりも低い査定を受けていることが認められるところ、被控訴人組合の組合員と芝労組の組合員との間に存する右のような人事考課の査定における格差の原因については、右のとおり補助参加人が被控訴人組合を嫌悪している事実からすれば、補助参加人の被控訴人組合に対する不当労働行為意思によるものとみる余地がないわけではない。しかし、もともと、被控訴人組合と補助参加人との間には前記長期にわたる労使紛争とこれに起因する原審原告S外3名を含む被控訴人組合の組合員17名に対する懲戒解雇があり、これらの者は本件和解協定により職場復帰したものであるが、その間、被控訴人組合の組合員は、能力開発の意欲が薄れ、また、新たな技術知識の習得に遅れたため、業務に関する能力及び知識が芝労組の組合員のそれと比較して相当程度の格差を生ずるに至っていたものであるから、右労使紛争の責任の所在がいずれにあるにせよ、この事実を反映して、被控訴人組合の組合員が人事考課において低い査定を受けることがあることはやむを得ないところといわなければならない。そして、本件和解協定の成立により被控訴人組合の組合員が職場復帰を果たした後、被控訴人組合の組合員の業務能力及び技術知識の習得がある程度進み、これにより、被控訴人組合の組合員に対する人事考課と芝労組の組合員に対する人事考課との格差が年を追って縮小傾向を示していることは前記のとおりであるが、少なくとも原審原告S外3名が副参事への昇格を求める時期までに、これらについて、同人らを含めて被控訴人組合の組合員が芝労組の組合員と比較して、同等、同量又は大差がない程度に達していたものと認めるに足りる証拠は存しない。また、前記のとおり、平成元年12月時点における組合員数は被控訴人組合の組合員数がわずか32名であるのに対し、芝労組の組合員数は726名と圧倒的に多数なのである。したがって、このように、組合員の業務能力等に格差があり、かつ、組合員数に

第3章 不利益取扱い

ついても圧倒的な差異の存する被控訴人組合の組合員と芝労組の組合員とを集団として比較するいわゆる大量観察方法により，その間に存する格差の原因が補助参加人の被控訴人組合に対する不当労働行為意思に基づく差別的取扱いによるものであるかどうかを論ずることは，比較の前提条件を欠くものとして，適当ではないものといわなければならない。

なお，前記のとおり，原審原告S外3名に対する人事考課の評定者は，被控訴人組合を嫌悪しこれと敵対関係にある芝労組の組合員又はかつてそうであった者が大半であり，殊に第一次評定者は，係長の地位にある原審原告S外3名の直属の上司であったから，これらの者が対立する労働組合の組合員である原審原告S外3名に対する人事考課の査定において，芝労組ないしその路線を支持する補助参加人の影響を完全に排除して公正な評定をなし得るものかについては，被控訴人組合が主張するように懸念がないわけではない。しかしながら，補助参加人の職場においては，被控訴人組合の組合員に比して芝労組の組合員が圧倒的多数を占めているのであり，このようにある企業内に対立する複数の労働組合が併存し，一方の組合員数が圧倒的多数を占めている場合には，勢い少数組合所属の組合員に対する人事考課の評定を多数組合所属の組合員である役職者が行わざるを得ないことになるのであり，これは組織上やむを得ないものであるから，このような場合，当該評定者が対立する労働組合の組合員であることのみをもってその者の人事考課の評定が不公正・不公平であるとすることは，人事考課の評定制度自体を否定することになるから，このような立論は，採用することができない。問題は，当該人事考課の評定が公正・公平に行われたかにかかることになる」。

【66】 国民生活金融公庫事件：東京地判平12・2・2労判783-116

事実　組合内反主流派に対する昇給・昇格差別を不当労働行為とした東京地労委命令（平7・4・4命令集101-438）に対する取消訴訟。

判旨　以下のフレームに基づき16名につき不当労働行為の成立を否定し，3名について肯定した。

「本件では原告の職員の副調査役，調査役への昇格，昇給が原告の人事考課，査定に基づいて決定されているのか，それとも職能給制度の外形にかかわらず年功管理的な運用がされているのかが争われている。そこで，年功管理的な運用という事実の意味を明確にし，これが不当労働行為意思の認定にどのようにかかわるのかを見ておこう。

（一）三等級への昇格についていうならば，まず，補助参加人ら以外の職員については，その間で時期に相違があるにせよ，病気その他の特段の事情のない限り，全員三等級へ昇格しているという実態が仮にあるとすれば，遅くとも入庫何年までには特段の事情のない限り職員全員を三等級へ昇格させるという運用が行われていることになる。年功管理的な運用が行われているという場合の本来の意味はこの点にあるものと考えられる。このような運用が行われている場合には，昇格の時期についてはなお検討を要するものの，補助参加人らがいつまでたっても昇格しないとすれば，特段の事情が認められない限り，補助参加人らが昇格しないことは，原告の補助参加人らの活動に対する嫌悪とあいまって，原告の不当労働行為意思に基づくものであると推認することができることになろう。

次に，特段の事情のない限り職員全員を昇格させるという運用とは別に，三等級へ昇格する者については，その入庫からの年次がおおむね一致し

ているという意味で年功管理的な運用が行われていると表現する場合もあろう。しかし、三等級へ昇格する年次がおおむね一致しているということは、その年次に到達すれば三等級へ昇格できることと同義ではない。職員が、三等級へ昇格する年次に到達したにもかかわらず、昇格しなかったことが不当労働行為となるというためには、前提としてその職員が三等級へ昇格してしかるべきであるという事実が認められなければならない。このような事実が存するときにはじめて、三等級へ昇格する年次に到達したにもかかわらず、昇格しなかったことが不当労働行為となる。すなわち、この場合には、三等級へ昇格する年次に到達したことは、昇格の必要条件であるに過ぎず、昇格の十分条件であるとはいえない。補助参加人らが三等級へ昇格してしかるべきであるというためには、次のような事実の証明（労働委員会の手続においては疎明。以下同じ。）が必要である。

まず、前記のように、補助参加人ら以外の職員については、特段の事情のない限り、時期の差はあるにしても、最終的には職員全員を昇格させるという運用が行われていることである。

次に、そのような運用が認められないとしても、補助参加人らが、三等級へ昇格した者と比較して能力、勤務成績等において劣らないことが証明されれば、補助参加人らを昇格させないことについて他に合理的な理由が証明されない限り、補助参加人らの組合活動に対する嫌悪とあいまって、不当労働行為意思に基づく不利益取扱いであることを推認することができる。

さらに、証拠上補助参加人らと比較の対象となる昇格者を見出すことができない等の理由で、補助参加人らが、三等級へ昇格した者と比較して能力、勤務成績において劣らないことが直接証明されないとしても、原告が人事考課において補助参加人らの勤務実績等を無視し、あるいは虚偽の事実を根拠として補助参加人らを殊更に低く評価している事実が証明された場合において、勤務実績等の無視又は事実の虚構の態様及び程度と他の具体的事実とを併せて考えると、原告が補助参加人らを三等級へ昇格させないために意図的にそのように低く評価していると推認できるときには、補助参加人らの組合活動に対する嫌悪とあいまって、不当労働行為意思に基づく不利益取扱いであることを推認することができる。もっとも、昇格、昇給において組合員を不利益に取り扱うために殊更に低く評価しているという事実は、使用者がその組合員の組合所属又は組合活動を嫌悪しているという事実と同じではないから、原告が人事考課において補助参加人らを殊更に低く評価している事実を立証するには、使用者が人事考課の資料、内容を原文書を提出する等して開示することが前提となるし、実際上社内の極秘文書の存在が判明した等の特別の事情が必要であり、そのような特別の事情がない限り、その証明は困難である。しかしながら、長い年数をかけて能力等を見極めて昇格させるか否かが決定されており、運用上、同期、同学歴の職員の大多数の者が昇格するという実態が存する場合において、既に同期、同学歴の職員の大多数の者が昇格しているという事実が存するときには、それにもかかわらず昇格していない職員は、病気その他の特段の事情のある場合を除けば、能力、勤務成績が相当劣悪であり、次の等級の職務を十分遂行できないとして、昇格させることが適当ではないと判断されたこととなるから、本人が自覚しているか否かは別として、職場の同僚等からも、実情に照らし、昇格しない理由がうかがい知ることができるほど、昇格させないことについて具体的に明確な根拠が存するはずである。このような場合には、当該労働者は、端的に、自分の把握し得る限りにおいてその能力、勤務成績が劣悪とはいえないことを具体的根拠を挙げて立証すれば足りるものと考えられる。すなわち、右のような場合において、昇格しないことが不当労

働行為であると主張する職員が，自らの勤務状況，勤務実績，能力が劣悪とはいえないことを示す具体的事実を立証したときには，反証のない限り，その能力，勤務成績は劣悪ではないと認定することとなるから，使用者は，その職員の能力，勤務成績が相当劣悪であることを裏付ける具体的事実を立証する実際上の必要が生ずるものというべきである（したがって，まず，使用者がその職員の能力，勤務成績が相当劣悪であることを裏付ける具体的事実を主張立証し，職員がこれを否定する根拠を主張立証するという運用が効率的，実際的である場合が少なくないであろう。このような運用が採られたとしても，それが証明責任を無視したり，転換するものではないことはいうまでもない。）。本件に即していうならば，三等級へ昇格する年次が入庫後相当長い年数であり，それだけの期間をかけて能力等を見定め，昇格の可否を決定しているという実態があるか否か，運用上，同期，同学歴の職員の大多数の者が三等級へ昇格するという実態があるか否か，補助参加人らの能力，勤務成績が相当劣悪であるとはいえないか否かを検討すべきこととなる」。

● コメント

控訴審は上司の指示に従わなかった，事務処理上のミス等の低査定に相当な理由があるとして3名についても不当労働行為の成立を否定している。

## 3　昇進差別

昇給に関する査定差別の法理は，原則として昇進差別事案にもあてはまる。とはいえ，昇進事案については，具体的な職務遂行能力が問題になるので，それだけ使用者の裁量が重視されるので不当労働行為の成立が認められにくくなる。とくに，職位が上がればあがるほどそういえよう。

同時に不当労働行為の成否とともに，救済のあり方も争点となる。とりわけ職位が上がると特定の職位につけることを命じる命令は人事権を不当に制約するからである（【87】朝日火災海上保険事件：東京高判平15・9・30労判862-41，道幸1980参照）。

## 4　昇格差別

昇格差別についても，昇格ルールが年功的か否かが問題になっている。必ずしも年功的ではなく使用者の裁量が大きい場合には不当労働行為は認められにくい。不当労働行為の成立が否定された例として以下がある。

ノースウエスト航空事件では，航空会社予約課におけるジュニアからシニアへの昇格につき，組合員を先任順位ではなく後位にある者（N）を昇格させたことが争われ，東京地判（昭60・6・13労判455-31，控訴審・東京高判昭61・9・24労判507-83も同旨）は，先任順位の昇格という慣行がなく，またNのほうが勤務能力について適格性があるとして不当労働行為の成立を否定した。

副参事職への昇格につき，人事考課による評価と昇格試験に合格することが要件にされている芝信用金庫事件において，東京高判（平12・4・19労判783-36）は，学科試験および論文試験の成績が悪いので，たとえ人事考課自体に差別があったとしても不昇格は不当労

第3節　査定差別

働行為とみなされないと説示している（原審・東京地判平 10・10・7 労判 748-37 は不当労働行為の成立を認めていた）。

　個別の昇格も争われており，不昇格に相当な理由があるかが本人の勤務能力との関連において個別的に判断されるのが一般的である（たとえば，新日鐵堺製鐵所事件：大阪地判平 10・12・14 労判 757-34，なお，控訴審・大阪高判平 12・9・29 労判 798-20 は継続的な不当労働行為意思がなかった等として全員について不当労働行為の成立を否定している）。全体として組合員間に格差がないことや対象労働者の勤務成績が悪いことから不利益取扱いにあたらないという判断が示されている（エッソ石油事件：東京地判平 5・4・15 労判 631-28，控訴審・東京高判平 6・9・28 労判 663-21 も同旨）。また昇格に関する規定に違反するかも問題になり，銭高組名古屋支店事件：東京地判（平 2・5・31 労判 564-47）は，給与等級格付けに関する会社の理解が必ずしも不当とは言えず，不当労働行為意思に欠けると判示している。

　一般的に言えば，上位資格や専門性が高い資格であるほど，使用者の裁量が大きいので不昇格につき不当労働行為性が認められにくい。日本航空事件：東京地判（昭 60・11・7 労判 463-42）は，客室訓練所教官の選任につき，「能力・技両はもちろんのこと，教育，指導に対する意欲や個別的指導，集団的指導についての能力及びその人格が重視される」として不当労働行為の成立を認めた命令を取り消した。

　放送映画製作所事件：東京地判（平 6・10・27 労判 662-14【81】）は，対象となる地位が使用者の利益代表者（労組法 2 条但書き 1 号）に該当する場合（副部長）には，昇格命令自体が違法になり，また必ずしも利益代表者の地位でない管理職の場合（課長）にも，昇格につき使用者に広汎な人事権があるとして不昇格を不当労働行為と認めた命令を取り消した。「その者の執務能力，協調性，指導力等諸般の事情を考慮して当該役職の適格者」を決定しうることが強調されている。このような視点は，課長職についても組合にとどまることを表明した者を課長に配置しなかったことが争われた【67】男鹿市農協事件：仙台高秋田支判（平 3・11・20 労判 603-34）でも指摘されている。

　以上のように昇格命令が人事権を侵害するかは，班長昇格につき組合員数に比例するまで申立組合員を優先して就任させることを命じた救済措置についても論じられている。

【68】第一小型ハイヤー事件：札幌高判（昭 52・10・27 労民集 28-5・6-476）は不当労働行為の成立は認めつつも，当該命令を会社の人事権を不当に制約するとして違法と判示している。

【67】　男鹿市農協事件：仙台高秋田支判平 3・11・20 労判 603-34

事実　活動家を課長職に配置しないことを不当労働行為とし課長職への配置を命じた秋田地労委命令（平 1・2・15 命令集 85-237）の取消訴訟の控訴審。

第3章　不利益取扱い

**判旨**　「本件における問題は，Mを全く新たに課長職に昇格させるということではなく，かつて加工課長に起用されていたのに機構改革で加工課が廃止されたのに伴い購買課課長補佐に任命換となったMをその後の機構改革で復活した加工課の課長に昇格させるかどうかである。しかしながら，Mが加工課長であった当時は部制がとられていたが，その後の機構改革で部制が廃止されて，指揮命令系統が参事から課長に直結する体制になり，課長の権限も拡大し，Mが加工課長をしていた当時とは事情が変り，しかも同人との間に訴訟が係属していたのは前述のとおりである。そして，人の能力，適性についての評価は変りうるものであるほか，過去に加工課長の経験を有する者が存在するとはいえ，その時点で加工課長に誰が最適任かということは，まさに使用者がその責任において決定すべき人事権の行使であって，経営責任を負う使用者の専権事項であり，選考対象者のうちの一人が加工課長の経験を有しているということは右人事決定の際考慮されるかもしれない一つの事情にすぎないものであり，本件のような事情があったとしても，労働委員会においてMについて加工課長への昇格命令を発することがその裁量権の範囲に属すると解することはできない。」

**【68】　第一小型ハイヤー救済命令取消事件：札幌高判昭52・10・27労民集28-5・6-476**

**事実**　併存組合下における班長への昇格差別を不当労働行為とし所属組合員数に比例する限度まで班長等相当職への昇格措置を命じた北海道地労委命令（昭48・5・25命令集50-298）の取消訴訟の控訴審。

**判旨**　「控訴人が従来被控訴人補助参加人組合を嫌悪し，同組合からの公平人事の要求をも無視して班長職または班長相当職とみるべき指導運転手への昇格人事につき，被控訴人補助参加人組合所属組合員であることを理由として同組合員を昇格させないという不当労働行為を行つてきたものであることは前記認定のとおりであり，この事実と，すでに認定した控訴人と被控訴人補助参加人間の従来の労使紛争の経緯とを併せ考えると，控訴人は今後とも班長または班長相当職への昇格人事において従来同様の不当労働行為を反覆する具体的なおそれが現存すると認めるのが相当である。したがつて，被控訴人が救済命令を発して，将来の同種の不当労働行為をあらかじめ禁止するための措置を命ずることは当然である。しかし，本件救済命令第一項において被控訴人が命じた具体的救済措置の内容は，従業員総数に対する被控訴人補助参加人組合所属組合員数に比例する限度で同組合員を優先的に班長または班長相当職に登用すべきことを命じているものである。一般に昇格人事における昇格適格性の判断に当つては，該当者の人格，識見，能力等を総合的に判断し，その職に最も適切妥当と評価し得る者を選定するのが当然の事理であつて，控訴人会社においても，班長または班長相当職への昇格人事に際しては，勤続年数，欠勤率，事故の有無態様，勤務成績，協調性，指導力等を総合的に勘案してその適格性を判断する建前をとつているものであることは前記認定のとおりであるから，本件救済命令主文第一項がこれらの適格性判断の基準を度外視して，従業員総数に占める組合員数の比率を唯一の基準として被控訴人補助参加人組合所属の組合員を優先的に昇格させなければならない旨を命じたことは，昇格人事の本質にかんがみ，著しく不当に控訴人会社の人事権を制約し，これに介入するものといわなければならない。控訴人会社内での班長職または班長相当職への昇格人事における被控訴

人補助参加人組合所属組合員の処遇の公平を確保するためには，控訴人に対し，班長職または班長相当職への従業員の登用に当り，被控訴人補助参加人組合所属組合員であることを理由としてその組合員を他組合員より不利益に取り扱つてはならない旨命ずれば足りたことである。したがつて，本件救済命令主文第一項は，被控訴人に与えられた裁量の限界を逸脱し，不当に控訴人会社の人事権に制約を加えた違法あるものとして，取消を免れないといわざるをえない」。

# 第 4 章　いわゆる不当労働行為意思

　使用者の特定の行為が組合員に対する不利益な取扱いであったり，組合活動を抑制するものであっても，使用者側にそうする相当な理由あれば不当労働行為とみなされないことがある。解雇や処分事例がこの種事案の典型であるが，3号の支配介入事件でも問題となる。この場合，不当労働行為の成否の具体的判断の基準として「不当労働行為意思」の有無があげられることが多い。とはいえ，不当労働行為意思の認定やその存在が不当労働行為の成否とどう関連するかは必ずしも明らかでない。学説・判例ともに不当労働行為「意思」の内容自体にも共通の了解がないので論議が必ずしもかみあってはいない（道幸2002：29頁，籾井1958，田辺1965，熊倉1967，片岡1968，本間1971，籾山1978，山田1983，小西1993）。さらに，2節で検討するように近時不当労働行為意思を実体化して把握する裁判例もみられ，不当労働行為意思論はますます混迷していると思われる。

　不当労働行為意思論は，条文の体裁（7条1号「故をもって」，同4号「を理由として」）から，特に1，4号につき論じられている。しかし，3号においても行為の目的等が問題になるのでこの不当労働行為意思論の対象となる。たとえば，バッジ着用を理由とする訓告処分等の不当労働行為性が争われた【106】ＪＲ東日本事件：東京高判（平11・2・24労判763-34, 上告不受理・最一小決平11・11・11労判770-32）は，バッジ着用は就業規則に違反するが，本件措置は国労を嫌悪しその弱体化を図ることを「決定的動機」としてなされたとして支配介入の成立を認めている。したがって問題は，その意思の内容とそれが不当労働行為の成否とどう関連するかである。

　ところで，不当労働行為意思論をめぐるリーディングケースは，不当労働行為の成否を判断する際に，行為者の「主観的認識乃至目的」よりも行為の性質を重視すべきことを説示した【69】山岡内燃機事件：最判（最二小判昭29・5・28民集8-5-990）といわれる。本件は支配介入事案であるが，不当労働行為意思につき基本的視点を提起しているものと評価しうる。

　不当労働行為意思論は，第三者の圧力によりやむなくなされた行為についても不当労働行為は成立するかという形でも争われている。判例は使用者に不当労働行為意思があると判

第4章 いわゆる不当労働行為意思

断している（【27】山恵木材（民事）事件：最三小判昭46・6・15民集25-4-516)。ストに参加した馬丁から，馬主の意向に従いやむなく担当馬を取り上げた調教師の行為も不当労働行為とみなされている（小川調教師事件：大阪高判昭41・1・27労民集17-1-36，上告棄却・最三小判昭42・6・20例集1-254）。

【69】山岡内燃機事件：最二小判昭29・5・28民集8-5-990

事実 組合の上部団体加入を非難した社長発言を支配介入とした滋賀地労委命令（昭25・7・12命令集3-18）の取消訴訟の上告審。

判旨 「原審の認定するところによれば，問題の演説中に上告人会社の長浜工場労働組合が連合会に加入したことを非難する趣旨及び右加入により同組合員が従前享有していた利益を失うべきことを暗示する趣旨を含む発言があり，これが原因となつて，同組合は連合会から脱退するに至つたというのであつて，原判示のような状況の下で客観的に組合活動に対する非難と組合活動を理由とする不利益取扱の暗示とを含むものと認められる発言により，組合の運営に対し影響を及ぼした事実がある以上，たとえ，発言者にこの点につき主観的認識乃至目的がなかつたとしても，なお労働組合法7条3号という組合の運営に対する介入があつたものと解するのが相当である」。

## 第1節 判例法理の全般的な傾向

不利益取扱いの成否は，通常，不利益取扱いが正当な事由に基づくものか，不当労働行為意思によるものかという形で争われている。これは，いわゆる「処分理由の競合」の問題とされ，労委実務は概ねどちらが決定的動機であったかという観点から判断しているといわれる。もっとも，決定的動機説の具体的内容，つまりどのような観点から動機の解明をし，決定的かを判断をするかは必ずしも明確に説示されていない。明確にしえないところにこそ決定的動機説の「妙味」が存し，実務上の利便があるのかもしれない。

裁判例の多くも，決定的動機「説」自体に必ずしも批判的ではない。たとえば，【70】日産自動車事件：最判（最三小判昭60・4・23判時1155-233）は，「決定的動機」という表現をとっている（最近の例として，東芝事件：横浜地判平18・2・28労経速1936-3がある）。しかし，実質的にみると決定的動機説によっているとは思われないケースが多い。とくに，労委命令を取消した裁判例につきそういえる。また，不当労働行為の成立を認めた裁判例においても必ずしも決定的動機説が採用されているわけではなく，使用者の措置に相当な理由がないことが主要な理由づけであると思われる。

> **【70】** 日産自動車事件：最三小判昭 60・4・23 判時 1155-233（【3】と同一判例）

**事実** 前出【3】参照。

**判旨**「右団体交渉における支部に対する上告人会社の要求が一見合理的かつ正当性を承認しうるような面を備えているとしても、その真の決定的動機が少数派組合である支部に対する団結権否認ないしその弱体化にあり、本件の残業問題に関する団体交渉が右の意図に基づく既成事実を維持するために形式的に行われているものと認められるときは、これに対する会社の行為はこれを全体的にみて支配介入にあたるものといわなければならない」。本件において、「残業問題に関し、上告人会社が支部所属組合員に対し残業を一切命じないとする既成事実のうえで支部との団体交渉において誠意をもって交渉せず、支部との間に残業に関する協定が成立しないことを理由として支部所属組合員に依然残業を命じないとしていることの主たる動機・原因は、同組合員を長期間経済的に不利益を伴う状態に置くことにより組織の動揺や弱体化を生ぜしめんとの意図に基づくものであったと推断されてもやむをえないものである」。

## 1 不利益取扱いの相当性を重視する視点

まず決定的動機といいながら、不利益取扱いに相当な理由がありさえすれば、たとえ不当労働行為意思が推定されたとしても、不当労働行為は成立しないと判断されている例が多い。処分が相当であったかといういわば一元的基準しかないわけである。反組合的意思の「強度」は測定しにくいからであろうか。

すでに、品川白煉瓦事件・最判（最二小判和 35・6・24 労旬 395-325）は、「使用者側に反組合的意思がありその徴憑と認むべき事実がある場合でも、被解雇者側に別に懲戒解雇に値する事由とくに顕著な懲戒事由がある場合には、使用者側の反組合的意思の実現ということとは無関連に懲戒解雇を断行することはあり得ないことではない」として、会社の解雇は越軌行為を理由とするものであると認定している（沢の町モータープール事件：最一小判昭 37・5・24 労経速 433=434-2 も同旨）。さらに、【71】東京科学（民事）事件：東京地決（昭 44・7・15 判時 581-75）が、「不当労働行為意思の存在も解雇権濫用の有無を判定する上での一資料たるに止まり、独立の解雇無効原因の一つとして採り上げるべき性質のもの」ならずとして、このようなアプローチを理論的に補強している。ただ、本決定においてはあくまで「濫用性」を問題にしているので、行政救済法理には直接適用できない見解といえる。

もっとも、第一小型ハイヤー事件：最判（最一小判昭 49・10・24 例集 1-477）は、「形式上懲戒解雇理由に該当する事由があれば常に懲戒解雇がゆるされるべきであるとする見解」は採用できないと、また八幡製鐵（民事）事件：最判（最一小判昭 36・4・27 例集 1-152）は、「不当労働行為の成否に対する裁判所の判断としては、解雇が正当な組合活動を理由とするものでない旨を証拠によって認定判示するば足り、必ずしも解雇が正当な組合

第4章 いわゆる不当労働行為意思

活動以外のいかなる事由によってなされたものであるかを，逐一具体的に確定判示しなければならないものではない」と判示している。

以上のような，相当な（処分）理由があると認定されたならば不当労働行為は成立しないというアプローチは，近時解雇や配転等多様な事案につき多く示されている（東京印刷紙器事件：東京地判昭50・11・25判時801-89，総合花巻病院事件：盛岡地判昭55・6・26労判350-54，銭高組名古屋支店事件：東京地平2・5・31労判564-47，倉田学園事件：高松高判平3・3・29労判591-57，ノース・ウエスト事件：東京地判平3・5・23労判591-24，控訴審・東京高判平6・2・17労判662-78，上告審・最三小判平10・7・14労判757-27，ＴＶ西日本事件：福岡地判昭61・11・25労判486-65，控訴審・【48】福岡高判平3・10・9労判602-5頁，トータスエンジニアリング事件：松山地判平4・9・25労判637-49，【49】東京焼結金属事件：東京高判平4・12・22労判622-6，上告審・最三小判平10・4・28労判740-22，エッソ石油事件：東京地判平5・4・15判時1460-143，ＪＲ東日本（中央鉄道病院）事件：東京地判平10・5・21判時1647-148，控訴審・東京高判平12・4・18労判798-57【47】）。

さらに，一定の反組合的意思が認められたとしても，処分事由に相当性があれば同様な判断が示される傾向さえある（昭和鋼機事件：東京地判昭49・5・29労経速852-14，ノース・ウエスト事件：東京地判昭60・6・13労判455-31，控訴審・東京高判昭61・9・24労判507-83，京セラ事件：東京高判昭61・11・13労判487-66，上告審・最一小判昭63・9・8労判530-13

［この点につき特段の判示なし］，日本シェーリング事件：東京地判平2・3・8労判559-21，ネスレ事件：東京地判平2・4・11労判563-75［控訴審・【72】東京高判平4・10・26労判619-19は不当労働行為の成立を認めている］）。いずれが決定的動機かを比較しようとする態度や組合員に対する差別的側面を問題にする発想はほとんどみられない。民事的な事件処理視角の影響が決定的といえようか。

**【71】 東京科学（民事）事件：東京地決昭44・7・15判時581-75**

**事実** 経歴詐称等を理由とする解雇につき不当労働行為で無効等の理由で提起された地位保全仮処分事件。

申請人は，試用社員として採用された際及び準社員に登用された際，いずれも姓名・経歴本籍等を詐称したとして懲戒解雇された。また，被申請人の工場女子手洗所内の壁その他にマジックインキで会社幹部等を誹謗する落書を行って，工場施設に対する著しい毀損行為をし，さらに始業時直前，無断で多数のビラを持ち込んで全職場のコンベアーの上その他広範囲に配布したため，作業開始と共にビラがコンベアーの上を流れ，従業員達がこれを手に取って見たりしたことによって，約40分間職場内に著しい混乱を招き，作業を遅延して業務上重大な支障を来したので，被申請人は，これらの行為が被申請人会社の規律を紊乱する行為であるとして，予備的に懲戒解雇に処された。

**判旨** 「解雇について合理的に納得のできる相当の理由がある場合には，たとえ，使用者に不当労働行為意思が存在する場合でも，その解雇は有効なものであるとするのを相当とする。何

となれば，例えば，60パーセントの事由をもって解雇有効と見るべき場合に，或る者について65パーセントの解雇に相当する事由が存在するが，使用者側に，それ以上に70パーセントの不当労働行為に該当する事由が存在するときに，これを不当労働行為として解雇無効とするのは問題である。やはり，65パーセントの解雇事由が存在する以上，不当労働行為に該当する事由が50パーセント存在していても70パーセント存在していても，同様に解雇有効としてとらえるべきであって，決定的な理由がどちらであるかということによって解雇の有効無効を決定すべきものではないと云うべきであるからである。又，同じ解雇を相当とする合理的な事由が存在するときに，或る使用者は組合を嫌悪する情が強く，他の使用者は，それ程組合を嫌悪しないものとすると，組合を嫌悪する情の強い使用者のした解雇は無効となるが，組合嫌悪の情の弱い使用者のした解雇は有効となるとするならば，その結論は，人々を納得させるに足りるものではないといえるからである。さらに又，右とは逆に，使用者が解雇に踏み切った事由が，40パーセント程度のものに過ぎず到底60パーセントに達しない場合には，使用者に不当労働行為意思がなくても，その解雇は無効であり，70パーセントの不当労働行為に該当する理由があっても同様に無効であるけれども，それは，70パーセントの不当労働行為の意思の存在により不当労働行為として無効になるものではなく，単に解雇するについての相当な合理的理由が存在しないことのために無効となるというべきであるからである。云いかえれば，不当労働行為として解雇無効とされる事案においては，解雇するについての合理的相当の事由が存在しない故に解雇が無効となるのであって，不当労働行為なるが故に解雇無効となると解するのは相当でない。結局は，不当労働行為意思の存在も解雇権濫用の有無を判定する上での一資料たるに止まり，独立の解雇無効原因の一つとして採り上げるべき性質のものではないというべきこととなろう」。

## 2 不当労働行為の成否判断要素

他方，不当労働行為の成立を認める裁判例はどのような事実を重視しているのか。ここでは，人事裁量の幅が大きいためにその成否の判断がデリケートであり，かつ最近事案が増加している配転事案を中心に近時の裁判例の傾向を紹介したい。

配転や作業内容の変更が不利益取扱いであることを前提に，配転に業務上の必要が無いこと，人選に合理性がないこと，組合嫌悪の意思があること，等から不当労働行為とみなしている（大久保製壜所事件：東京地判平1・6・14労判542-22，控訴審・東京高判平2・2・21労判571-52，上告審・最二小判平2・10・19労判584-22，京都福田事件：東京地判平2・9・28労判570-14，控訴審・東京高判平3・5・23労判594-114，上告審・最三小判平4・3・3労判615-15，倉田学園事件：最三小判平6・12・20労判669-13前出【44】〔なお，原審は不当労働行為の成立を否定していた。高松高判平3・3・29労判591-57〕，岩井金属事件：東京地判平8・3・28労判694-65，社会福祉法人陽気会事件：神戸地判平8・5・31労判704-118，控訴審・大阪高判平9・2・21労判737-81，上告審・最三小判平9・7・15労判737-81，内山工業事件：東京地判平11・4・22労判767-33）。

民事事件（配転命令の効力と不法行為の成否が争われている）においても同様なアプロー

## 第4章　いわゆる不当労働行為意思

チがとられている（東豊観光（民事）事件：大阪地判平8・6・5労判700-30, 控訴審・大阪高判平9・4・23労判727-89, 岩井金属工業（民事）事件：大阪地判平8・12・25労判717-64, 豊和運輸（民事）事件：奈良地判平10・3・25労判761-108, 控訴審・大阪高判平10・12・24労判761-105）。もっとも，不当労働行為という用語を使用せず，単に濫用とみなす例も存する（たとえば，平川商事（民事）事件：奈良地判平8・1・31労判717-155）。

また，不当労働行為意思の有無は，組合員に対することさら差別的な取扱いか否かという基準（たとえば，【72】ネスレ日本事件：東京高判平4・10・26労判619-19, 上告審・最一小判平7・2・23労判671-27, 【79】倉田学園事件：東京地判平9・1・29労判713-69, ＪＲ東日本事件：仙台高判平11・4・27労判773-73）や処遇が不自然・異常であるという視点（日本サーキット工業事件：名古屋地判平1・9・8労判553-52〔第一事件〕, 労判553-67〔第二事件〕, 控訴審・名古屋高判平4・7・16労判620-79〔同第一事件〕, 労判620-81〔同第二事件〕, 上告審・最三小判平7・12・19労判695-154〔両事件〕）以外に，次の諸ファクターが考慮されている。ここでは，配転事案以外をも含めてやや一般的に検討しておく。

その1は，被処分者の組合活動の内容，程度である。活発な組合活動の場合は不当労働行為意思は認定されやすく（前出【44】倉田学園事件：最三小判平6・12・20労判669-13），目立たない（前掲・ＴＶ西日本事件：福岡地判），又は活発でない場合（時事通信社（民事）事件：東京地判平9・1・22労判710-21）には認定されにくい。

その2は，配転による組合活動への影響である。職場単位で組合活動がなされている場合が多いので職場からの排除は当該職場の組合活動を弱体化する。その点では，転勤は解雇と同様な機能を果たす。

その3は，当該問題に関する組合との折衝態度である。団交等で誠実に対応した場合には反組合的意思は認定されにくい（NTT（民事）事件：千葉地決平8・2・29労経速1595-22）。

その4は，配転理由等につき説明が不明確もしくはその一貫性のなさである。当該措置の相当性のなさを示すものでもある。

その5は，配転や処分のタイミングや手続の異常さである。【73】ＪＲ東日本鶴見駅事件では，上司への暴行を理由とする懲戒解雇の不当労働行為性が争われている。東京地判（平16・9・27判時1877-137）は，被害者への事情聴取をしなかったことや事件直後に処分をしていること等から不当労働行為の成立を認めている。

その6は，処分の程度である。使用者の配転命令自体が不当労働行為でなくとも，拒否を理由とする処分の程度が重すぎる場合に問題となる。たとえば，倉田学園事件では，早朝生徒指導命令違反を理由とする処分の不当労働行為性が争われ，東京地判（平9・1・29労判713-69）は，出勤停止処分は不当労働行為とはいえないが非常勤講師への降格処分や雇い止めは不当労働行為に当たると説示している。

第1節　判例法理の全般的な傾向

その7は，他の不当労働行為の存在である。とりわけ，脱退工作の直後になされた行為については意思が認定されやすい（【74】ＪＲ東日本新宿車掌区事件：東京地判平4・7・27労判614-56，控訴審・東京高判平5・5・20労判630-54，上告審・最二小判平6・3・25労判660-31，エスエムシー事件：東京地判平8・3・28労判694-54，ＪＲ東日本〔バッジ〕事件：東京高判平11・2・24労判763-34，上告審・最一小判平11・11・11労判770-32）。また，脱退者に対する優遇措置も同様に評価される（ミリオン運輸（民事）事件：大阪地判平8・7・31労判702-38）。

【72】　ネスレ（配転）事件：東京高判平4・10・26労判619-19（【51】と同一判例，一部前出）

事実　前出【51】参照。

判旨　「被控訴人が補助参加人Ｍに対して行った本件配置転換は，当時同人が被控訴人の嫌悪するＳグループないし補助参加人両組合に所属する組合員であったこと，又は同人がこれらの組合に加入し若しくはこれを結成しようとしていたことを重大視し，同人の上司らによる再三の勧告にもかかわらず，同人がＳグループないし右両組合から離脱しなかったことに対する報復ないしみせしめとしてなした同人に不利益な降格処分であるとともに，その不利益処分を通じて，Ｓグループないし右両組合の勢力を減殺し，その活動を阻害しようとしてなした右組合に対する支配介入行為であり，労働組合法7条1号及び3号所定の不当労働行為に該当するというべきであって，被控訴人の主張するごとく，被控訴人の業務上の必要性に基づいてやむを得ず行ったものであるとは解し得ない。したがってまた，浦和出張所長在任中の補助参加人Ｍに，同人のディストリクト・スーパーバイザーとしての職務の遂行上，前記認定のとおりの若干の問題があったとしても，もし同人が同出張所長在任中ないし本件配置転換当時Ｓグループないし補助参加人両組合に所属する組合員でなかったとすれば，又は，同人が上司らによる勧告に従い右両組合から離脱して訴外両組合に移転していたとすれば，本件配置転換のごとき不利益な降格処分が行われることはなかったであろうと推認される。特に本件のごとく同人の浦和出張所長としての在任期間が僅か数か月での極めて性急かつ唐突な降格処分が行われることはまずあり得なかったものと考えられる」。

【73】　ＪＲ東日本鶴見駅事件：東京地判平16・9・27判時1877-137

事実　上司に対する暴行を理由とする懲戒解雇を不当労働行為とした中労委命令（平15・6・4命令集126-855）の取消訴訟。

判旨　「原告は，本件懲戒解雇までの間に，丙川が本件傷害事件の発生原因は丁原首席助役から侮辱的発言をされたことによると主張していることを認識していたとは認められないものの，現場長であり直接事情聴取を行った甲田駅長自ら丙川が暴行に及んだ原因が判然としないと認識していたにもかかわらず，本件傷害事件発生当日以降，丙川，丁原首席助役らの事情聴取を全くしないまま，事件発生後わずか9日後に懲戒解雇という雇用関係において最も重い処分をしたことは，懲戒手続として適切さを欠くばかりか，本件懲戒解雇が原告の懲戒権の発動以外の理由によるものであることをうかがわせるものといわざるを得ない（ち

不当労働行為の成立要件　**133**

なみに，上記(1)キによれば，原告においては，国労組合員以外の非違行為に対しては，相対的に軽い処分で済ませたり，処分相当と見られる事案において処分を行わないなどの対応がされている。）」。

【74】 ＪＲ東日本新宿車掌区事件：東京地判平4・7・27労判614-56（【46】と同一事件）

事実　前出【46】。

判旨　不利益性につき前出。
不当労働行為の成否。

「原告は，Ｔが小集団活動に対して否定的な態度を取り続けたために本件指定変更をしたと主張する。なるほど，Ｔが本件指定変更前に既存の小集団に加入しておらず，また，自ら小集団を組織してもいなかったことは前示のとおりである。そして，小集団活動についてのＴの発言によると，既存の小集団への参加についての同人の態度は消極的であるということができる。しかしながら，前記認定の経緯に照らせば，本件指定変更の動機が補助参加人ら組合からの脱退勧奨に応じなかったところにあることは明白であり，小集団活動に対する同人の右の態度がその動機になったものとは到底解することができない」。

## 第2節　不当労働行為の成立を阻害する裁判例の判定視角

不利益取扱いの成否に関する他の論点についても，裁判上不当労働行為の認定を困難にする次のような判断視角が用意されている。とりわけ，最近，不当労働行為意思を実体化する傾向があり，不当労働行為意思論は相変わらず混迷していると評価しうる。

第1に，前述のように，不利益性につき，事実上のそれではなくむしろ法的に不利益か否かを重視している裁判例がある（前述・兵庫県衛生研究所事件・大阪高判）。定年者に対する嘱託雇用拒否の不当労働行為性が争われた【75】日本周遊観光バス事件において，大阪地判（昭59・8・10労判436-31，控訴審・大阪高判昭61・4・24労判479-85，最一小判・昭61・11・6労判カード491-104も同旨）は，不利益取扱いとは「使用者が，本来ならば労働者に与えられるべき正当な待遇を与えない」ことをいうとして，嘱託契約自体が成立していないので不当労働行為意思を問うまでもなく不当労働行為に当らないと判断している。

第2に，反組合的意思の有無，程度に関するものである。まず，不利益取扱いと認定されるためには，組合員たること等を使用者が認識していたことが前提となる。組合を結成もしくはそれに加入する具体的状況がなかった場合には不当労働行為が成立しないのは当然である（山口放送事件：東京高判昭57・12・21労判405-75，上告棄却・最三小判昭61・4・8労判474-5［特段の判示なし］）。また，処分時においてその事実を知らなかったとして不当労働行為の成立が否定された例として品川燃料事件東京地判（昭53・6・16労経速985-22）および新光タクシー（民事）事件福岡地判（昭

## 第2節 不当労働行為の成立を阻害する裁判例の判定視角

56・4・28判時1016-120）がある。労使関係が悪化していたり，被処分者が活動家の場合には，組合員たることや組合活動に関する使用者の認識を立証することは容易である。しかし，匿名組合員であったり，組合結成過程のケースでは，組合活動を秘匿している分だけ，使用者の認識を立証することが困難になる。

多少目立った活動をしていても，反組合的意思を認定しない裁判例も無いわけではない。たとえば，ノース・ウエスト事件：東京地判（昭60・6・13労判455-31）は，A組合員の組合活動を嫌悪したのではないかと推測できるが，それは一般的推測にすぎず，役員経験者も昇格されている点から組合活動嫌悪とまで評価するのは相当困難であると判示している（控訴審・東京高判昭61・9・24労判507-83はそのような判断を示していない）。

反組合的意思の認定については，使用者の措置が一定の制度・ルールに基づいている場合にも判断が困難となる。たとえば，【76】津田電線（民事）事件では，幹部候補生たる大卒者に対する課長代理昇進制度の一律運営により組合活動家を昇進させ，同人の組合員資格を自動的に喪失させることが不当労働行為にあたるかが争われた。京都地判（昭50・10・7判時804-96）は，本件の場合昇進に具体的な業務上の必要がなくとも不当労働行為意思は推認できないと判示し，控訴審・大阪高判（昭53・3・10労経速997-15）も，キャリアシステムの機械的適用の結果として，協約の規定から組合員資格も認められなくなっているとして不当労働行為の成立を認めてはいない。しかし，当該制度のもつ機能からは，一定のキャリアの者を一律課長代理，つまり非組合員にするという意味で，本件昇進「制度」は，かたちを変えた黄犬契約（道幸1977）と評価しうる。個別の意思だけを問題にしているかぎりこの種事案を的確に処理することは困難と思われる。

支配介入事案については，特定の行為が使用者の指示・関与のもとでなされたかが問題になる。日本鋼管事件では，会社職制の組織が組合役員選挙における人選等に関与したことが争われ，横浜地判（平10・4・28労判742-33，控訴審・東京高判平11・11・16労判782-76）は，職制グループの組織化や活動が会社の意を受けたといえないので会社による介入とまでは評価できないとした。【77】住友金属工業事件でも，工長会主催の勉強会において役員選挙対策としてワイヤー点検作業等の実施等を取り決めたことが争われ，和歌山地判（平12・3・28労判789-30）は，当該取り決めにつき会社の具体的指示や関与は認められないとして支配介入の成立を否定した。以上の事案では，職制の会議が会社業務の一環としてなされたにもかかわらず，役員選挙対策につき会社の具体的な指示・関与がなされていないとして支配介入を認めていない。会社が当該動きを間接的に支援した事実が残るので，以上のようなアプローチには疑問が残る。

さらに，最近次のような新たな傾向が見られ不当労働行為意思論はますます混乱している。

その1は，使用者の措置が「専ら不当労働

## 第4章　いわゆる不当労働行為意思

行為目的か」（日本シェーリング事件：東京地判平2・3・8労判559-21）、もしくは「組合の壊滅を唯一の目的としているか」（【78】誠光社事件：大阪地判平9・10・29労判727-18、誠光社〔民事〕事件：大阪地判平10・4・20労判741-44）を問題にする見解である。たとえば、企業の減量化にともなう解雇事件において、当該解雇が「もっぱら」組合対策的になされたかを問題にし、減量化自体がそれなりに合理的ならば、不当労働行為の成立する余地はほとんどなくなるわけである。このようなアプローチでは、解雇という事態は経営上の必要に基づくが、その具体的人選レベルで差別的な取扱いがなされた事例を必ずしも適切の処理しえなくなる。最近、剰員整理的な事案が増加しているので、このようなアプローチのもつ影響力は無視し得ないと思われる。

その2は、不当労働行為意思の存在を実体化する傾向である。今までも不当労働行為意思の存否や内容は問題になったが、それでもかなり抽象的レベル（「会社」の「組合・組合員」に対する「反組合的」意思）で把握されていたと思われる（もっとも、【84】新宿郵便局事件：東京高判昭55・4・30労判340-14、上告審・最三小判昭58・12・20労判421-20は、内心の事実を証明すべきと判示していた）。ところが、最近次のような判断も示されるに至った。

まず、組合自体ではなく特定の組合員に対する嫌悪を立証すべきであるという見解である。【49】東京燒結金属事件：東京地判（平3・4・17労判589-35）は、配転事例につき、旧執行部派に対する嫌悪が推認されても個々の役員、まして主導権喪失後の役員経験者たるAに対する嫌悪の情までをも推認することはできないと判示している（控訴審、上告審はそのような判断を示していない）。個別役員に対する嫌悪までを立証することは極めて困難といえる（個別的な嫌悪を認定した例もある。豊和運輸〔民事〕事件：奈良地判平10・3・25労判761-108、控訴審・大阪高判平10・12・24労判761-105。また、京都コンピューター学院洛北校〔民事〕事件：京都地決平5・6・18労判636-44も参照）。

次に、不当労働行為意思の担い手としての管理職個人に着目し、当該人物と使用者の意思（連絡）を独自に判断するものである。【57】藤田運輸事件：東京高判（平11・8・19労判773-6、上告審・最二小判平11・12・17労判773-15）は、「懲戒委員会を構成する幹部職員らの不当労働行為意思に基づく答申」により取締役職務代行者らが本件懲戒解雇を決定した場合は、代行者らに不当労働行為意思が認められないとしても、それのみで不当労働行為が成立しないとはいえないと判示している。不当労働行為が事実行為とはいえ、具体的行為者の不当労働行為意思の有無を個別に問題にする必要はないと思われる。また、日本入試センター（民事）事件（東京地判平10・11・6労判756-50）でも、不当労働行為意思が認定されたとしても経営側幹部の意思と配転命令との架橋となるべき事実が立証されていないという説示がなされている。ここでも同様な視点がみられる。

第2節　不当労働行為の成立を阻害する裁判例の判定視角

さらに、誤認の問題もある。【79】倉田学園事件では、違法な宣伝活動をしたとしてなされたY組合員に対する出勤停止処分の不当労働行為性が争われた。東京地判（平9・1・29労判713-69）は、Y組合員は当該活動に参加していなかったと認定したが、「学園が右処分をした動機は、学園においてYを行為者と誤認していたためであって、このことによって懲戒処分の効力が問題となることはあっても、それが不当労働行為意思によるとは断定できない」として不当労働行為の成立を否認した。ここにおいても不当労働行為意思を実体化し、その有無を直接問題とする傾向がみられる。

やや特殊な事案として、不当労働行為の成否と法的な解釈が関連するケースがある。【80】日本アイビーエム事件は、特定の専門職につき組合員資格を否定した協約の締結後、組合がその協約の当該部分を解約しそれらの者の組合加入を認めたことに対し、使用者がそれらの者に対するチェックオフの禁止、組合役員就任撤回等を求めたことが不当労働行為といえるかが争われた。東京地労委命令（平13・3・27命令集119-887）が支配介入の成立を否定したので組合が取消訴訟を提起し、東京地判（平15・10・1労判864-13）は不当労働行為の成立を認めた。他方、東京高判（平17・2・24労判892-29）は、当該専門職は使用者の利益代表者に該当しないこと、協約の一部解約が許されることを認めつつも、使用者が一部解約が許されないと考えたのも無理からぬ事情があったとして不当労働行為意思が

なかったと判示した。なお、理研産業事件：広島地判（昭59・9・18労経速1221-10）も、座り込み闘争を理由とする不利益査定事案につき、賃金規則に反しその違法性がある旨評価したが（査定対象期間外の行為を評価した）、会社の誤解であり不当労働行為意思がないと判示している。ここでも、不当労働行為意思を「故意」的にとらえる発想が見られる。

その3は、査定差別事件につき、人事権行使の適否を判断する視角に関する。まず、人事考課上の差別について、労委実務は一般的に、同職種・同期・同学歴者間の比較を全体として観察し、その間に有意な差があり、その差異を説明する相当な理由がなければ不当労働行為と見なすというアプローチを採用している。このようないわゆる大量観察方法に対しては、比較対象者間における勤務実績の同一性の立証が必要であるとか（【12】北辰電機製作所事件：東京地判昭56・10・22労判374-55、日本シーリング（緊急命令）事件：東京地決平2・2・13判時1363-149、全税関神戸支部（民事）事件：神戸地判平4・2・4労判607-25、【81】放送映画製作所事件：東京地判平6・10・27労判662-14）、比較の前提としてそれぞれの集団構成員が一定の数いなければならないという批判がなされている（前掲北辰電機製作所事件：東京地判、旭相互銀行事件：鹿児島地判昭58・3・14労経速1157-3［本件は棄却命令の取消訴訟事件である］）。後者はもっともな指摘であるが、前者は実質的に申立人に対し不可能を強いるものと思われる。さらに、最近は、査定において同時になされた試験成績を

第4章　いわゆる不当労働行為意思

どうウエイトづけ，評価するかという難問も提起されている（【65】芝信用金庫事件：東京高判平12・4・19労判783-36）。

　昇進差別に関しては，当該地位や職種との関連において使用者の広い裁量が認められている。例えば，「主任」以上の地位は処遇上の地位ではなく「企業の指揮監督系統のもとにおける役職」であるのでその選任は使用者の裁量に委ねられる（紅屋商事事件：青森地判昭61・2・25労判475-119，控訴審・仙台高判昭63・8・29労判532-99，上告審・最三小判平3・6・4労判595-6［控訴審，上告審はこの点につき特段の判示をしていない］）とか，「課長」等の上級職制の選任は使用者の専権に属する（男鹿市農協事件：秋田地判平2・12・7労判581-54，控訴審・仙台高秋田支部判平3・11・20労民集42-6-887）という判断が示されている。また，客室訓練教官の選任について，日本航空事件：東京地判（昭60・11・7労判463-42）は，能力，技量，教育に対する意欲，指導についての能力，人格が重視されるので，相対的，人格的評価についてまで客観的基準を設けるのは困難であり，その必要もないと判断している。一般論としてはともかく，昇格拒否の経緯・態様によっては差別とみなされる余地はあろう。

　その4は，労使慣行の評価に関する。不利益取扱いの成否は，非組合員や別組合員との間に事実上の差別がなされたか否かによるので，差別の有無が決定的である。つまり企業における通常の取扱いとの比較が重要なポイントとなる。名古屋支局長からの異動の不当労働行為性が争われた前掲・テレビ西日本事件・福岡地判は，「単にその事実が蓄積されているだけでは足らず，当事者がこれによる意思を有していること，言い換えると，その事実が当事者の規範的な意識に支えられた企業内の事実上の制度として確立していることが必要」と説示し，福岡高判（平3・10・9労働判例602-57）も，いくつか積み重なった同様の配転事例に拘束力をもたせることは人事異動の硬直化という弊害をもたらすので，「配転が労使間の法的権利，義務にまで高められていない限り」会社は自由に配転の前例を変更できると判示している。まさに民事的発想といえよう。また，前掲東京焼結金属事件：東京高判は，本件配転タイプと全く同一の先例はないが，類似の事例はあるので，「従来の人事方針からは考えられない特異なものであったとまでは認めるに足りない」と判示している。「特異なものであったか」ではなく，通常の取扱いとの関連を問題にすべきものと思われる。

【75】　日本周遊観光バス事件：大阪地判昭59・8・10労判436-31

事実　別組合に加入した定年労働者に対する嘱託雇用拒否を不当労働行為とした大阪地労委命令（昭57・9・14命令集72-275）の取消訴訟。

判旨　「労組法7条1号の『不利益な取扱い』とは，使用者が，本来ならば労働者に与えられるべき正当な待遇を与えないことをいい，同法3号（ママ）の『支配，介入』とは，使用者が

組合の結成，運営に介入し，または影響を与えるべきことをいうところ，本件において，SのバスS労組脱退以前に，原告，バス労組間に，Sを嘱託雇用することの何らかの予約，本契約が未だ合意成立するに至っておらず，その後もそのままの状態で推移したことは，前示のとおりであるから，同月25日のSの定年到来以後，原告は，嘱託雇用契約が成立していないのに拘らず，この契約に基く嘱託雇用者としてSを扱うことは，法律上不可能であって，右原告が取扱わないことに何らの不当性もなく不当労働行為意思を問うまでもなく，客観的に不当労働行為に当らない。また，そもそも何らの契約も成立していないのであるから，右取扱わないことが，被告主張の基本的合意や補助参加人主張の実質的合意を破棄するものといえないことも明らかであって，右取扱わない意味で原告の不当労働行為を主張する被告，補助参加人の主張は前提を欠き，いずれも理由がない」。

はないことが一応認められる。そして，本件辞令の発令は，従前から実施されてきた右キャリヤ・システムをそのまま適用した結果によるものであって，そこに被控訴会社の不当労働行為意思を推認することができないことは原判決説示のとおりである。なお，控訴人は，右キャリヤ・システムを硬直的，強行的に適用するときは，組合員の範囲を定めた労働協約とのかかわりでいわゆる黄犬契約とならざるをえない旨主張するけれども，労組法7条1号本文後段により黄犬契約が禁止される理由はそれが労働者の自主的団結を甚だしく阻害することにあるものと解されるところ，本件辞令による昇進に伴う控訴人の組合員資格の喪失は，被控訴会社と同会社従業員の自主的団結体である労働組合間の労働協約の定めに由来するものであるから，これと前示キャリヤ・システムとのかかわりを問題とする余地はな」い。

---

**【76】 津田電線（民事）事件：大阪高判昭53・3・10 労経速997-15**

[事実] 会社のキャリアシステムを適用し課長昇格を命じたにもかかわらずそれを拒否したことを理由とする解雇事案の地位保全仮処分事件の控訴審。

[判旨] 「被控訴会社は，昭和42年4月，『資格規定』を制定し，各従業員に対して能力，経験等に応じた一定の資格を付与するいわゆる資格制度を導入したが，この制度の趣旨は，主として，被控訴会社における役職数との関係やその他の事情から，役職につきえない者に対しても少くとも右資格に応じた処遇（手当）を与えることにあり，昇進人事についてのいわゆるキャリヤ・システムを変更し，あるいはこれと抵触するもので

---

**【77】 住友金属工業事件：和歌山地判平12・3・28 労判789-30**

[事実] 工長会の勉強会における組合役員選挙の取り決め等が不当労働行為であるとの申立を棄却した和歌山地労委命令（平6・8・25命令集100-700）の取消訴訟。

[判旨] 「本件分科会においては，選挙対策として，ワイヤー点検作業や安全会議等の会社業務の利用が目論まれ，労務管理に係る事務等を職掌とする労務担当者をしてオルグの進捗状況等の集約を担当させる旨が取り決められており，五月会会員が自派の候補を支援するために行う一般的な選挙活動の範疇を超えた一面が窺われるところである。また本件職場勉強会は，単なる親睦行事等でなく，工長らの担当業務に関する知識習得を目的とするもので，会社業務と一定の関連を有す

第4章 いわゆる不当労働行為意思

る上，参加人は，同(2)に認定のとおり，自己の保有する研修施設を会場として提供し，労務担当者をして右利用申込み等の事務を補助させた上，工場長による講話を実施し，講話時間相当の超過勤務手当てを支給した外，出席者の昼食代を負担するなど，その実施に種々の便宜を与えているのである。

しかしながら，前記1㈢に認定のとおり，ワイヤー点検作業等を利用した選挙対策は実行中止となり，Nへの結果集約についても，事前に同人宛連絡されたものでなく，事後的にも，その了承は得られていない。また，本件職場勉強会は，参加人の業務遂行に資する面があり，右便宜供与は，このような性質の集会に対するものとして，さして過大といい難く，参加人が，本件職場勉強会を特に優遇し，その便宜を図ったとの事情も窺えない。本件取決めは，五月会会員であるBらが，事前の予定なく，本件分科会のフリートーキングの場を偶々利用して行ったものというべきであって，参加人の具体的な指示ないし関与を窺わせるべき事情は存せず，本件職場勉強会をもって，勤労室の指示のもとに実施された選挙対策会議であると推認することは到底できないというべきであって，原告らの前記主張は，採用の限りでない」。

### 【78】 誠光社事件：大阪地判平 9・10・29 労判 727-18

**事実** 破産を理由とする解雇を不当労働行為とした大阪地労委命令（平 7・2・23 命令集 101-169）の取消訴訟。

**判旨** 「会社が自ら破産申立をするに際して，従前からの会社の労働組合に対する不当労働行為の継続，当該破産申立行為の背信性，破産原因の不存在ないし会社による破産原因の意図的な作出，非組合員を雇用した別企業による従前の営業の継続といった特段の事情により，右破産申立が労働組合の潰滅を唯一の目的としてなされたことが明らかである場合には，会社による右破産申立は，労組法7条1号所定の不当労働行為に該当するものと解するのが相当である。

なんとなれば，右のような場合，当該破産申立は，裁判手続に藉口してなされた労働組合の団結権侵害行為であるというほかなく，会社の営業廃止の自由を濫用するものである（民法1条1項，3項）から，このような場合にまで，労働委員会がその裁量に基づいて，右破産申立に対して何らかの救済命令を発令することを妨げる理由は存しないからである」。

しかし，「本件破産申立当時，原告には債務超過の破産原因が存しており，社会保険料も滞納していたこと，Aとの取引の停止に至る事情や原告の従前からの使途不明金等を考慮しても，原告の債務超過額（1億0,210万9,256円）に照らすと，原告が意図的に破産原因を作出したとまでは認め難いこと，原告の営業活動は現在完全に停止して」いること等から「本件破産申立は，原告の補助参加人組合に対する敵対的な意図をも包含してなされたとはいうものの，いまだ補助参加人組合の潰滅を唯一の目的としてなされたものとまではいうことができず，したがって，労組法7条所定の不当労働行為には該当しないものといわざるを得ない」。

### 【79】 倉田学園事件：東京地判平 9・1・29 労判 713-69

**事実** 宣伝活動を理由とする出勤停止処分等を不当労働行為とした中労委命令（平 6・4・20 命令集 99-1143）の取消訴訟。

第 2 節　不当労働行為の成立を阻害する裁判例の判定視角

**判旨**　「Y については，証拠（〈証拠略〉）によれば，同人に対する出勤停止処分は，昭和55年6月6日に Y が宣伝車に乗車しているところを目撃した旨の高松校教頭補佐 H の報告を基になされたことが認められるが，右 H は，地労委の審問において，宣伝車に乗って前を向いている男の横顔を左後方 5，6 メートル離れた地点から 2，3 秒間見て，その男が Y であると認めた旨供述していること，これに対して，Y は，同年 4 月 7 日には宣伝車に乗車していたことを自認したが，処分理由とされた 6 月 6 日には乗車しなかった旨供述していることが認められる。右の Y の供述態度に加え，H の目撃状況も勘案すると，Y が 6 月 6 日に乗車していたとの H の供述に信用性があるということはできないから，Y が処分理由となった昭和 55 年 6 月 6 日に宣伝車に乗車した事実を認めることはできない。しかしながら，学園が右処分をした動機は，学園において Y を行為者と誤認していたためであって，このことによって懲戒処分の効力が問題となることはあっても，それが不当労働行為意思によると認定できないことは，他の被処分者と同様であるから，Y に対する処分についても不当労働行為に当たらないといわざるを得ない」。

**【80】　日本アイビーエム（組合員資格）事件：東京高判平 17・2・24 労判 892-29**

**事実**　【16】参照。

**判旨**　「当裁判所は本件一部解約は有効であると判断するもので，客観的には本件条項は，本件一部解約から 90 日を経過した平成 4 年 8 月 25 日には効力を失ったのであるが，中労委和解に基づき覚書と本件条項を含む本件確認書が締結されるに至った経緯，中労委和解及び覚書の内容と本件確認書は実質的に関連しており，本件条項を含む本件確認書が合意に至ることを前提として，参加人が一定数の組合員の専門職への昇進や解決金支払いの合意に応ずる関係にあったこと，参加人は，中労委和解や覚書で自らが行うべきものとされた事項は全て履行しているのに，被控訴人支部は本件確認書 3 項に定められた一般職の組合員が中央執行委員として就業時間中組合活動する場合の取り扱いについての協議に誠実に応じていないと感じている上に，被控訴人支部が本件条項のみの一部解約を主張するのは不公正であると考えていたこと，労働協約の一部である組合員の範囲を限定する条項のみの解約が認められるか否か，認められるとするとその要件は何かについては最高裁判所の判例もなく，通説というまでの地位を占める学説もなかった状況の下では，法律専門家にとっても，本件条項のみの一部解約が有効とされるかどうかの判断は微妙であることを考えると，本件行為〔2〕，〔3〕の当時，参加人が本件条項の一部解約は認められないと考えるのも無理からぬ事情があったというべきであるから，本件行為〔2〕，〔3〕の当時，参加人が本件条項が有効で，専任以上のスタッフ専門職には組合員資格がないと考えその自己の考えを意見を表明したり敷衍して説明したりすることを支配介入による不当労働行為意思の表れと見るのは相当でない」。

**【81】　放送映画製作所事件：東京地判平 6・10・27 労判 662-14**

**事実**　副部長等への昇格差別を不当労働行為とした中労委命令（昭 59・4・4 命令集 75-530）の取消訴訟。

不当労働行為の成立要件　**141**

第4章　いわゆる不当労働行為意思

**判旨**　「右のような全体的比較をもとに，組合員グループと非組合員グループとの間にチーフ昇格に関する格差があるとして，不当労働行為による差別的取扱いの事実を認定するためには，比較の対象となる両集団の成員の間に，その勤務実績ないしは勤務成績に関する等質性のあることが前提となるというべきである。

　(二)ところで，原告会社においては，比較の対象数が比較的少人数であるほか，前記のとおり，原告会社においては昭和41年の創立以後，徐々にチーフ昇格者の昇格年齢が高くなり，勤続年数が長くなっていたところ，別表2及び3のとおり，昭和43年までの入社者は復帰者5名とNを除けばすべて非組合員であったのに対し，昭和44年入社者は組合員と非組合員とが同数となり，昭和45年から昭和48年にかけては組合員が多数を占めたというように，非組合員と組合員との人数比は入社年次ごとにまちまちであること，比較の対象となる社員の学歴も様々で，新卒者だけでなく中途採用者も多く，入社前歴や入社年齢もそれぞれ異なるうえ，配属される部署により，カメラマン，ディレクター，録音，編集等職種も様々であったことが認められる。

　そうすると，本件においては，本件命令中の表6に掲げられた両集団間における等質性は認められないといわざるを得ないのであって，結局，右の全体的比較によって組合員と非組合員の集団間の平均値になんらかの格差が認められたとしても，右の格差の生じた理由には様々なものが考えられるのであり，また，仮に両集団間に全体として格差が存在し，その一部は原告会社の差別的取扱いに起因する可能性があったとしても，右格差が存在する事実をもって，当然に個々の組合員がチーフ昇格に関する差別を受けていると認定するには不十分であるというべきである」。

# 第5章　組合結成・加入・運営への妨害

組合の結成や活動に対する妨害として多様な行為がなされている。本章では，組合結成や活動に対する直接的な妨害行為をとりあげる。これらは7条1号に違反する場合もあるが，通常は3号違反とされる（大和1967，岸井1967，浦1982，竹下1982，奥山1982，深山1985）。

## 第1節　組合結成・加入妨害，脱退工作

組合結成を妨害する端的な手段としては，それを阻止する働きかけや活動家の配転・解雇等が挙げられる。たとえば，エスエムシー事件では，組合結成直後に，管理職による組合結成非難・脱退勧奨，組合員に対する仕事はずし・配転，組合員からの電話受信の妨害，アンケート用紙の回収等がなされ，東京地判（平8・3・28労判694-54）は，支配介入とみなしている。

また，一旦組合が結成されると当該組合へ加入することを規制したり，加入した場合には脱退を勧奨することがなされる。これらは典型的な支配介入である（新幹線ビル事件：横浜地判昭58・9・28労判423-64，清和電器産業事件：福島地判平1・10・9労判553-45，朝日放送事件：東京地判平2・7・19労判566-17，ＪＲ東日本宇都宮自動車営業所事件：東京地判平10・11・12労判750-13，【45】西神テトラパック事件：東京高判平11・12・22労判779-47）。組合分裂を非難する発言も許されない（ＪＲ九州事件：福岡地判平10・1・21労判732-42）。団結権侵害を理由とする組合に対する損害賠償も認められている（ＪＲ西日本広島運転所（民事）事件：広島地判平10・7・23労判750-53）。これらの結成・加入妨害や脱退工作は，事実関係の有無が主要論点であり，法的な解釈が争われることはあまりない。

組合加入への制限としては，上司が加入しないよう発言したり，アドバイスをすることがあげられる。岩手女子高校事件：盛岡地判（昭58・3・31労判412-31，控訴審・仙台高判昭60・6・28労判459-66，上告審・最二小判昭61・7・14労判464-25）は，新任教師に対する校長

の「組合に入るよう勧誘されても，1年間勉強して自信がついてから考えるということで断っておいた方がいいんではないか」という発言を個人的忠告ではなく校長としての発言として支配介入としている。また，大久保製壜所事件では，管理職による「ストライキをする仲間と仲よくするより，会社と友好的にやった方がいい」等の発言や「新組合に入っていれば配転を考える」等述べたことが争いになり，東京地判（平6・9・8労判659-19，控訴審・東京高判平7・2・14労判682-154，上告審・最二小判平7・9・22労判694-28）は，組合弱体化もしくは壊滅を意図した発言として支配介入の成立を認めている。さらに，五十川タクシー事件：福岡地判（昭59・2・29労判428-17）は，組合併存下において非組合員に対しユニオンショップ締結組合（別組合）に加入しない理由書の提出を求めたことを申立組合に対する支配介入とみなしている。

組合脱退の勧奨は上述したように典型的な支配介入である。【82】JR東日本東京自動車営業所事件：東京地判（平8・10・24労判705-57，控訴審・東京高判平9・9・9労判734-72）は，総務課長が支部分会長宅においてなした「国労に残っていては駄目だ」等の発言を支配介入としている。本件においては，会社側証人の証言の信用性も直接争点となり，東京高判は，労働委員会の審問において証人としての呼び出しに応ぜず，取消訴訟段階になって出頭した証人について証言としての信用性に疑問があると判示している。

脱退工作の特徴として，組合結成直後に（柳井商店事件：神戸地判平7・4・18労判684-79），多くの職制が同時期に行うことがあげられ（ニプロ医工事件：東京地判昭60・9・26労判464-42），脱退届の作成まで関与する例もある（【83】大鵬薬品工業事件：徳島地判昭61・10・31労判485-36）。岩井金属工業事件：東京地判（平8・3・28労判694-65）は，会社による組合脱退署名及び組合費等の返還署名のとりまとめを支配介入としている。他方，【84】新宿郵便局事件では，局長宅における課長代理（別組合員）による脱退慫慂行為の不当労働行為性が争われたが，東京高判（昭55・4・30労判340-14，上告審・最三小判昭58・12・20労判421-20）は，当該行為を局長が了解していたことにつき証拠は不十分であるとして棄却命令の見解を追認している。

勧奨の際の上司の発言内容としては，「組合加入の有無，動機，脱退する意思の有無，あるいは組合に加入していることによる不利益取扱いの暗示」（富里商事事件：東京地判昭60・9・26労判464-47），不利益を被ることの示唆（JRバス関東事件：東京地判平14・6・19判時1803-122）が一般的である。また，取引先の発言（「今後仕事をだんだん減らしてくるだろう」）を利用しての脱退慫慂（明輝製作所事件：東京地判昭60・5・9労経速1241-3）も許されない。

脱退勧奨を行う者は通常上司である。部長や課長等の行為が使用者の利益代表者の行為とみなされる。より下級の職制（たとえば，係長）の行為であっても「職制機構の一員としての地位における又はその地位を利用して

第1節　組合結成・加入妨害，脱退工作

の行為」である場合は使用者の支配圏内の行為とされると判示されている（姫路赤十字病院事件：神戸地判昭58・6・17労判419-46）。

【85】ＪＲ東海事件は，運転士昇進試験の面接試験練習の際になされた主席助役の脱退勧奨の不当労働行為性が争われ，東京地判（平16・11・29判時1881-125）は，会社との意思連絡があるか，または少なくともその意思を体したとして支配介入とみなしている。また，ＪＲ東海事件：最判（最二小判平18・12・8労判929-5）は，ＪＲの指導科長の行為を使用者に帰責しうると判示している。さらに，会社が第三者を通じて行うケースもある。神戸弘陵学園事件：東京地判（平2・7・23労判566-12）は，就職時の紹介者や両親を通じてなした脱退勧奨を支配介入としている。

【82】ＪＲ東日本東京自動車営業所事件：東京地判平8・10・24労判705-57

事実　総務課長が組合脱退をすすめたことを不当労働行為とした中労委命令（平6・11・30命令集100-1171）の取消訴訟。

判旨　「Ｈの脱退表明後の発言の内容となった，Ａ課長がＨ宅を訪問し，『国労に残っていては駄目だ。』，『あんたに来てくれなければ困る。』『あんたを飛ばすわけにはいかない。』などと申し向けて，分会委員長であったＨに国労からの脱退を勧奨した事実が認められ，Ａ課長の右行為は，労働組合法7条3号所定の不当労働行為にあたるというべきである」。

【83】大鵬薬品工業事件：徳島地判昭61・10・31労判485-36

事実　管理職らによる組合中傷，脱退工作を不当労働行為とした徳島地労委命令（昭59・9・20命令集76-309）の取消訴訟。

判旨　「『ダニロン』についての大鵬薬品労組執行部による，いわゆる内部告発は，原告にとって極めて衝撃的な出来事であったばかりでなく，『ダニロン』の製造，販売に携わる原告の従業員の間にも大きな波紋を投げかけたであろうことは推認するに難くないところであり，ＦやＭの例にみられるように，大鵬薬品労組の組合員のなかには『ダニロン問題』に対する組合執行部の対処の仕方に疑問を抱き脱退を決意した者もあることは否定できないが，組合員の脱退については，原告の研究部門の部次長，課長，係長等の職制による組合員に対する『組合はアカだ。』，『総評や全国一般は過激な集団で，手段を選ばない。』，『組合は会社をつぶす。』などと言っての説得工作があったばかりか，これらの職制が脱退届まで作成させたことは右認定のとおりである。そして，これらの説得工作等が時を同じくして何人もの組合員に及び，しかも，主として当該組合員の直属の上司によって行われていること，（証拠略）によれば，組合員の脱退届けの多くは何通かずつまとめられて，内容証明郵便として特定の郵便局を介して組合に送達されていることが認められ，これらの事実を併せ考えると，右説得工作等は，個々の職制の個別の判断によったというよりは，原告が，『ダニロン』の内部告発という，あえて原告を窮地に陥れるような挙に出でた組合を嫌悪し，その勢力の弱体化を図るため，会社職制を通じて組織的統一的に行ったものと認めざるを得ないのであ」る。

不当労働行為の成立要件　**145**

第5章 組合結成・加入・運営への妨害

## 【84】 新宿郵便局事件：東京高判昭55・4・30 労判340-14

**事実** 局長宅における組合非難や別組合員たる課長代理の組合脱退の勧奨を不当労働行為とした公共企業体等労働委員会命令（昭42・2・13 公労委事務局編不当労働行為事件命令集291）の取消訴訟の控訴審。

**判旨** 「K局長は，S課長代理らが席に加わるや，まず『今日は局長と思わないで飲んでくれ。広島から届いた特級酒もある。』と言って気分をほぐした上，世間話や各人の郷里の話をしたり，じっくり腰を据えて仕事をするようになどと先輩としての忠告や激励も交えながらもてなしたが，このような仕事に関する心構えの話の中で，『郵便事業は三代云々』という発言があり，続いて『全逓の闘争主義者たちは三代かからなければできないことを破壊する。』と発言したこと。
2 そうしているうちに，S課長代理は，郵政労への加入届用紙をポケットから出してT・A両名に配り，『君たち3名で臨時補充員を郵政労へ入れてくれ。』と要請したところ，Tはその場でサインしたが，Aは『これはどういうことですか。』と尋ね，K局長は『これは郵政省の正規の組合だ。』と発言し，Aが『しばらく研究させて下さい。』と言ったのに対し，同局長は『ええ』とうなずいたこと。
3 なお，S課長代理は，帰りの車中『新生会のバックが分かったろう。』と述べたこと。等の事実を認めることができる。

被控訴人は，右認定2のS課長代理の加入届用紙配布につき，K局長は，B課長とともにこれに共謀していたものであり，少なくとも事前に了解を与えていた旨主張するけれども，これを認めるべき直接の証拠はない。もっとも，同局長宅で郵政労への加入届用紙を配布するという一歩誤れば局長に累を及ぼしかねない同課長代理の行動それ自体から，同局長がこれを了解していたことを逆に推認すべきであるとの見解も考えられる。しかしながら，個人の内心の問題という非定型的な事実については，このような逆の推認をすることは一般に困難である。そうすると，右争いのない事実及び右認定の事実，更には前記二の背景的事情等をも総合して，同局長の了解という内心の事実を認定するほかはないが，そのためにはいまだ証拠不十分といわざるを得ない。けだし，これらの事実関係の下においても，S課長代理の右行動は同局長にとって思いもかけないとっさの出来事であったと認められる可能性も十分にあり，本件の全証拠によっても，かかる可能性が排斥されていないからである。

このように，S課長代理の加入届用紙配布という行動につきK局長が共謀し又は了解していたことは証拠上認められないのであるから，同課長代理が，いずれの組合にも属していないAら（この点は，右認定に供した各証拠により認められる。）に対するオルグ活動を行うにつき局長宅の酒食の席を利用したことは，局長に迷惑のかかってくる軽率な行為であったというほかなく，その際局長がこれを制止しなかったこと，あるいは郵政労は正規の組合である旨発言したことをもって，同組合への加入をしょうようし，又は被控訴人組合の運営に支配介入したものとすることは，いまだ早計である。なお，郵便事業は三代かかる・全逓の闘争主義者たちはこれを破壊しようとする旨の局長の発言，殊に『全逓の闘争主義者』という言葉は，できれば避けるのが最善であったには違いないが，右認定1の事実関係に右に掲げた各証拠を総合すると，局長の発言の趣旨は，訪ねてきた若い新入職員たちと膝を交えて歓談しながら，先輩の一人として，じっくり腰を据えて仕事をするようにと忠告し激励しようとしたものと認められるから，右の語句のみをとらえて被控訴人組合の運

営に対する支配介入とするのは当を得ない」。

【85】　ＪＲ東海事件：東京地判平16・11・29判時1881-125

事実　主席助役の面接試験練習時になした組合脱退慫慂発言を会社の不当労働行為とした中労委命令（平15・9・17命令集127-978）の取消訴訟。

判旨　「〔1〕原告会社は，本件面接試験練習が実施されたころ，補助参加人組合を嫌悪していたと推認できること，〔2〕丙川区長は毎朝甲野首席助役らと助役会を開き，そこで指示事項，連絡事項の周知徹底を図っていたこと，〔3〕甲野首席助役の乙山に対する組合脱退慫慂と評価することができる第一回面接試験練習での発言は，丙川区長同席のもと，丙川区長の補助参加人組合の方針に対する乙山の考えを聴く質問に続いてなされたものであること，〔4〕本件面接試験練習は，単に社員の個人的利益のためになされた個人的行為にすぎないということは困難であり，社員の指導育成としての側面をも有していたと解されるところ，2回とも区長室で行われたこと，〔5〕甲野首席助役は中津川運輸区のナンバー2として区長を補佐して現場の業務運営を区長とともに行っており，同区の社員からも社員の人事考課の査定に強い影響力を有する人物であると考えられていたこと等に照らすと，甲野首席助役と原告会社ないしその利益代表者との間には，乙山に対する組合脱退慫慂行為について，意思の連絡があるか，少なくとも，甲野首席助役は原告会社又はその利益代表者の意を体して，乙山に対し，補助参加人組合からの脱退を慫慂したものと推認するのが相当である」る。

## 第2節　反組合的発言

組合加入に対する批判や脱退勧奨は，上司の発言によってなされることが多い。それらの発言は，憲法（21条）上の言論の自由の行使という側面もあるが，実際には「発言」というより「言動」的な色彩が濃い。

### 1　組合活動・ストに関する発言

ストは企業経営に対するインパクトが大きいので，それだけ使用者もそれに対抗する発言をする必要もあり実際の紛争も多い。【86】プリマハム事件は，賃上げ要求及びストに対する社長声明文を掲示したことの不当労働行為性が争われたものであり，東京地判（昭51・5・21判時832-103，控訴審・東京高判昭56・9・28労経速1134-5，上告審・最二小判昭57・9・10労経速1134-5）は，不当労働行為の成否は「言論の内容，発表の手段，方法，発表の時期，発表者の地位，身分，言論発表の与える影響などを総合して判断し，当該言論が組合員に対し威嚇的効果を与え，組合の組織，運営に影響を及ぼすような場合は支配介入」に当たるとし，「ストのためのスト」や「重大な決意をせざるを得ません」という表現を支配介入とみなした。

北日本倉庫港運事件では，営業部次長がス

第5章　組合結成・加入・運営への妨害

トの実施により顧客を失う旨の演説をしたことが争われた。札幌地判（昭56・5・8労判372-58）は、「会社の実情を訴えストライキの不当性を説き、協力を要請すること自体は、使用者に法律上許された表現の自由の範囲内に属するものいわなければならないけれども、それがなされる日時、場所、対象等の前示の諸状況に照らし、表現の内容、程度が団結に影響を与えるおそれのある組合員に対する強制的、威嚇的効果を有したり組合員を非常に萎縮させる如きものと認められる場合には団結権等に対する不当な干渉として排除されるべきである」として、春闘中でストが予定されている時期に、慣行がないにもかかわらず直接組合員に上記発言をしたことは、スト中止に与えた影響をも考えると支配介入に当たるとした。

スト以外にビラ配布等の組合活動に対する発言も不当労働行為とされている。ＪＲ九州事件：福岡地判（平10・1・21労判732-42）は、署名活動やビラ配布は必ずしも正当な組合活動ではないが、個人名をあげて非難する掲示をすることは均衡を失するもので支配介入といえると判示した。使用者の非難行為の態様が問題とされているわけである。また、ニプロ医工事件：東京地判（昭60・9・26労判464-42）は、組合配布ビラに対抗して、組合の闘争方針を批判しその体制が変わらない限り団交に出席しない等の社報を掲示したことが、その内容、掲示の方法、時期等から支配介入と判示している。さらに、壽自動車事件：東京地判（昭60・8・21労判458-39）は、反組合的発言のケースではないが、対立抗争下にある組合の一方の組合員に対し組合活動の自粛を求める誓約書への署名を働きかけたことを支配加入としている。

### 【86】　プリマハム事件：東京地判昭51・5・21判時832-103

**事実**　以下の社長発言を支配介入とした中労委命令（昭49・7・3命令集54-680）の取消訴訟。

「昭和47年4月17日　プリマハム株式会社　取締役社長　T

従業員の皆さん

本年の賃上げ交渉も大変不幸な結果になってしまいました。

会社は常に従業員とその家族の皆さんが、幸福な生活が出来るよう努力すると共に、お得意先、消費者並びに株主の方々への義務を配慮しながら経営を進めて来ております。

しかし経済界の変動が激しく、年間計画通りの成績をあげ得ることが出来ないのが状態であります。

しかし我が社は昨年、一昨年のストライキ後遺症が、未だ癒えきらないで残っております。

こうした状態ではありますが、本年度の皆さんの要求に対しては、支払能力を度外視して労働問題として解決すべく会社は、素っ裸になって金額においては、妥結した同業他社と同額を、その他の条件については相当上廻る条件を、4月15日提示しました。

これは速やかに妥結して、今後は会社と従業員の皆さんが一体となって生産に、販売に協力して支払源資を生み出す以外に、プリマの存続はあり得ないと判断したからであります。

ところが組合幹部の皆さんは会社の誠意をどう

第 2 節　反組合的発言

評価されたのか判りませんが，団交決裂を宣言してきました。
　これはとりもなおさず，ストライキを決行することだと思います。
　私にはどうもストのためのストを行なわんとする姿にしか写って来ないのは，甚だ遺憾であります。
　会社も現在以上の回答を出すことは絶対不可能でありますので，重大な決意をせざるを得ません。
　お互いに節度ある行動をとられんことを念願いたしております。
　以上」。

**判旨**　「およそ使用者だからといって憲法 21 条に掲げる言論の自由が否定されるいわれがないことはもちろんであるが，憲法 28 条の団結権を侵害してはならないという制約をうけることを免れず，使用者の言論が組合の結成，運営に対する支配介入にわたる場合は不当労働行為として禁止の対象となると解すべきである。これを具体的にいえば，組合に対する使用者の言論が不当労働行為に該当するかどうかは，言論の内容，発表の手段，方法，発表の時期，発表者の地位，身分，言論発表の与える影響などを総合して判断し，当該言論が組合員に対し威嚇的効果を与え，組合の組織，運営に影響を及ぼすような場合は支配介入となるというべきである。
　以上の見地に立って，本件について検討する。第 1 に，本件社長声明文は，その対象者を「従業員の皆さん」としているが，《証拠略》によれば，会社は当時組合といわゆるユニオン・ショップ制を協定していたことが認められるから，「従業員の皆さん」はとりもなおさず組合員全員を対象にしているとみるのほかない。第 2 に，声明文の内容によれば，(1)『組合幹部の皆さんは』という文言については，組合執行部の態度を批判することにより，執行部と一般組合員との間の離反をはかる恐れがあるとみられなくはない(《証拠略》によれば，昭和 45 年春の賃上げ闘争時における社長声明文では『組合は』と記載されている。)。(2)『ストのためのスト』という文言については，《証拠略》によれば，組合の団交決裂宣言は争議開始の要件として労働協約上定められており，また，《証拠略》によれば，昭和 45 年度は団交決裂宣言後ストライキ突入までに 9 日間あり，その間に 2 回団体交渉が行われ，昭和 46 年度も団交決裂宣言後ストライキ突入までに 5 日間あり，その間に 1 回団体交渉が行われており，《証拠略》によれば，昭和 46 年における団交の際，組合がストライキ開始の要件として決裂宣言をしたことをめぐって労使間で議論が交わされたことが認められ，以上のような経緯からすれば，組合の団交決裂宣言が直ちにストライキを決行するという趣旨でないことは，会社において十分に，認識していたものと思われる。(《証拠略》によれば，本件声明文発表当時，4 月 27 日以降のストライキ計画は公表されておらず，会社はこれを知らなかったことが認められる。) 他方，前記認定事実によれば，会社は，昭和 47 年 4 月 15 日第二次回答をもって最終回答である旨の態度を明確にしたから，以上のような状況の下において，組合側が団交決裂宣言をしたことはやむをえないものと評すべき余地が少なくなく，いたずらに闘争一点張りに走る態度とは断ぜられない。(3)『重大な決意』との文言は，一般的にいって組合員に対する威嚇的な効果をもつことは否定できず，なるほど《証拠略》によれば，会社が主張するように，社長は組合との団交時に『重大な決意』とか『重大な決断』という発言をした事例が二，三あるがこれらはいずれも金額回答をする場合とか，会社の経営計画の検討についてのものであるから，本件の場合と同列に論ずることはできない。(4)『節度ある行動をとるように』との文言は，《証拠略》によれば，会社は，従来組合の争議方法について問題にしたことはなかったこ

不当労働行為の成立要件　**149**

第5章　組合結成・加入・運営への妨害

とが認められるからこれはひっきょう，組合員に対するストライキ不参加の呼びかけというのほかない。第3に，本件声明文は，前記認定のとおり，同時頃全事業所に一斉に掲示して発表された。第4に，本件声明文の発表の時期についてみると，4月15日の団交決裂宣言が直ちにストライキに突入することを意味しておらず，なお団体交渉によって話し合いを継続する余地のある段階であったことは前記『ストのためのスト』の項で認定した諸事実から明らかである。第5に，本件声明文は，会社の最高責任者としての社長名義で発表されている。第6に，本件声明文の影響として，これが発表後，ストライキに反対する組合内部での動きが各支部において急に現われてきたところからみて，組合内部における執行部の方針に批判的な勢力に力を与えて勇気づけて，初めて193名に及ぶ脱落者が出たといえよう。以上を総合して考えると，本件社長声明文は，ストライキをいつどのような方法で行うか等という，組合が自主的に判断して行動すべきいわゆる組合の内部運営に対する支配介入行為にあたると認めるのが相当である」。

## 2　組合・組合役員批判

組合の結成や組合加入を批判することは，組合員に対する個別の折衝，働きかけの形でなされることが多くこれは1節において検討した。以下では，組合員に対して意見の表明として一定の見解が示されたケースを検討する。組合や執行部に対する批判はそれ自体で原則支配介入とみなされている。

西神テトラポット事件では，組合及び組合執行部を批判する文書の配布が言論の自由の範囲か否かが正面から争われた。東京高判（平11・12・22労判779-47前出【45】）は，「特に，労働組合の自主性が尊重されるべき組合内部の運営に関する方針決定のあり方等について具体的な働きかけを行うような言論活動については，それが使用者側の単なる意見表明や組合側への協力要請の域を超え，組合員を威嚇し，あるいは動揺させたりする態様のものである場合には，不当労働行為の成立が認められることとな」り，これを本件についてみると，「組合員の不信感をあおることことにより執行部と組合員間の離間を図ろうとしたもの，あるいは，組合員を威嚇することによって組合活動を萎縮させようとしたものと見ざるを得」ないと判示した。【87】朝日火災海上保険事件では，営業本部長が「憂う（その3）」という文書で組合と上部団体を批判したことが争われ，東京高判（平15・9・30労判862-41）は，使用者側の言動により「労働組合の組織や運営等の労働組合が自主的に決定すべき事項について意見を表明することは，労働者の団結や団体行動に対して妨害ないし干渉し影響力を与えることに」なり支配介入に当たり，本件もそれに該当すると判示した。

日本チバガイギー事件：東京地判（昭60・4・25労判452-27）は，部長が朝礼の場において「総評系の組合はよくない」等の発言したことは，組合を誹謗しそこからの脱退を勧奨するものと判示している。また，清和電器産業事件：福島地判（平1・10・9労判553-45）は，組合活動について脱退は自由である等記載した「質問，申し入れ並びに回答書」という文書を朝礼において配布したことを支配介入と認定している。ＪＲ東日本宇都宮自動車営業

第2節　反組合的発言

所事件：東京地判（平 10・11・12 労判 850-13）は，総務課課長代理が職員を集めてなした「一企業一組合が望ましい」旨の訓示が支配介入とされている。また，忠恕福祉会事件：大阪地判（平 10・8・26 労判 752-45）は，組合役員を誹謗中傷する「騒動記」等の文書を従業員に配りその感想を求めたことを支配介入と判断している。

【87】　朝日火災海上保険事件：東京高判平 15・9・30 労判 862-41

事実　会社方針に対立する組合方針を批判する文書配布等の行為を不当労働行為とした中労委命令（平 10・1・21 命令集 110-654）の取消訴訟の控訴審。

判旨　「控訴人会社は，使用者側にも言論の自由があり，営業本部長らの言動等は『報復又は力の威嚇あるいは利益の約束』を含むものではないから，朝日火災支部に対する支配介入とはならないと主張する。使用者側にも言論の自由があるから，使用者側が労働組合の活動に対して一定の意見表明やそれに関する言動をしたからといって，そのことからそれが直ちに労働組合に対する支配介入となるとはいえないが，使用者側の言動が，労働組合の組織や運営等の労働組合が自主的に決定すべき事項について意見を表明することは，労働者の団結や団体行動に対して妨害ないし干渉し影響力を与えることになるから，その目的や内容に照らし使用者側に許された言論の自由の範囲を超え，支配介入に当たる行為と認めるのが相当である。

引用に係る原判決認定事実によれば，A2の『憂う（その3）』と題する文書は，営業本部長という高い地位にある職制が，労働時間変更の問題等について控訴人会社と朝日火災支部が対立する時期に，朝日火災支部を支援する全損保と朝日火災支部を批判する内容のもので，控訴人会社の意向として朝日火災支部の運営に関し労働者の団結や団体行動を干渉し影響力を与えるために配布されたものと推認するのが相当であるから，朝日火災支部に対する支配介入となるものである。また，前記事実によれば，B2・名古屋支店長，C2・四日市営業所長，D2・金沢営業所長のE2に対する各言動，F2・大宮支店長のG2に対する言動，H2・姫路支店長，同営業所のI2・営業課長のJ2に対する各言動は，いずれも控訴人会社の現場の最高位にある職制が，ほぼ時期を同じくして朝日火災支部の分会の代議員選挙につき，労働時間変更の問題等において控訴人会社の提案や方針に賛成していたB派に属する立候補者への投票を求めるとともに，これに応じない場合には報復として人事上不利益を課すことを示唆して威嚇したものであって，控訴人会社の意向として朝日火災支部の運営に関し労働者の団結や団体行動に干渉し影響力を与えるために行われたことが明らかであるから，朝日火災支部に対する支配介入となるものである。さらに，前記事実によれば，K2・南近畿営業本部長の控訴人I（一審敗訴部分につき控訴している。道幸）に対する労働時間変更問題に絡む言動も，営業本部長という高い地位にある職制が，控訴人会社と朝日火災支部が対立する時期に，労働時間変更の問題等について控訴人会社の提案を受け入れない朝日火災支部を批判するとともに，控訴人会社の提案を受け入れない者は労働意欲がないものとみなして人事評価において不利益に扱うこともあり得ることを暗に示唆するものと認め得るもので，控訴人会社の意向として朝日火災支部の運営に関し労働者の団結や団体行動に干渉し影響力を与えるためにされたと認められるから，朝日火災支部に対する支配介入となるものである。」

不当労働行為の成立要件

第5章　組合結成・加入・運営への妨害

## 第3節　組合対策

使用者の組合対策として多様な手段が採用されている。それが組合運営に対する不当な干渉や制約になると支配介入とみなされる。

### 1　組合員調査

組合結成時や労使関係が緊迫する場合には組合員であることが大きなリスクとなり，組合員であることを秘匿する必要が高くなる。他方，労働協約や労基法上の労使間協定の締結のためには使用者側に誰が組合員であるかを知るニーズがある。

【88】オリエンタルモーター事件は，36協定の締結に関して申立組合の過半数代表の地位に疑義が生じたとして，使用者が全従業員に対し組合加入の有無を調査する照会票を配布し，記名の上即刻回答するよう求めたことが問題になった。原審（東京高判平2・11・21労判583-27）は，無記名秘密投票の形式をとらなかったとして，不当労働行為の成立を認めた労働委員会命令を適法とした。これに対し最判（最二小判平7・9・8労判679-11）は，組合加入調査は加入が判明することによって，「具体的な不利益が生ずることをうかがわせるような状況の下で，組合員に動揺を与えることを目的として組合加入について調査」を

した場合に支配介入になり，本件はそのような場合に当たらないと判示した。他方，五十川タクシー事件：福岡地判（昭59・2・29労判428-17）は，点呼時において（匿名）組合員に挙手するよう発言したことが支配介入に当たるとしている。

【88】オリエンタルモーター事件：最二小判平7・9・8労判679-11

事実　36協定締結主体としての資格の有無を確定するためになされた組合加入調査を不当労働行為とした中労委命令（昭62・5・20命令集81-647）の取消訴訟の上告審。

判旨　「労働組合には，その組合員の範囲を使用者に知らせる義務あるいは組合員名簿を使用者に提出する義務が一般的にあるわけではない。他方，使用者がその雇用する労働者のうち誰が組合員であるかを知ろうとすることは，それ自体として禁止されているものではなく，協約の締結，賃金交渉等の前提として個々の労働者の組合加入の有無を把握する必要を生ずることも少なくない。もとより，本来使用者の自由に属する行為であっても，労働者の団結権等との関係で一定の制約を被ることは免れないが，右に述べたところからすれば，使用者が，組合加入が判明することによって具体的な不利益が生ずることをうかがわせるような状況の下で，組合員に動揺を与えることを目的として組合加入についての調査をしたと認められるような場合であれば格別，一般的に，使用者において個々の労働者が組合員であるかどうかを知ろうとしたというだけで直ちに支配介入に当たるものではないというべきである。

前記事実関係によれば，本件紛争当時，労働基準監督署が，組合からの異議に基づき，現行の36

協定の適法性について疑義があるとして，上告人に対し時間外労働の中止を指示したため，上告人は，残業を中止せざるを得ない事態に立ち至っており，早急に新たな36協定を適法に締結する必要に迫られていた。他方，組合は，事業場の労働者の過半数で組織する労働組合であるとして，上告人に対し組合との間での36協定の締結を要求していながら，その要件を確認するため再三にわたり組合員名簿の提出を求められたのに対しては，これを拒否し続けていたのである。上告人は，このように組合が協力しない状況の下で，組合の組織率を把握する必要があったのであり，上告人が，無記名での回答によっては正確性を必ずしも担保できないとして，正確を期するために記名式の用紙による照会をしたとしても，無理からぬところであり，これを不当視することは相当でない。使用者が組合員の氏名を知ろうとしたというだけで直ちに支配介入に当たるものでないことは前記のとおりであり，右のような状況の下においては，本件照会票の配付及び回答の指示が，秘密投票の方法によるものでなかったことのみをもって，組合員に動揺を与え，組合の弱体化を図るために組合員の氏名を知ろうとした行為であるということはできない。したがって，本件照会票の配付及び回答の指示は，不当労働行為には当たらないというべきである」。

## 2 社員教育

社員教育の一環として組合や組合役員を誹謗することは不当労働行為にあたる。この点は異論はないが，外部講師による発言の場合には会社に帰責しうるかが争点となる。オリエンタルモーター事件は，新入社員教育における非常勤顧問たる外部講師による組合誹謗発言が争われ，東京高判（平2·11·21労判583-27，上告審・最二小判平7·9·8労経速1580-11）は，受講生の質問に答える形であり，会社は予測できなかったとして支配介入とした命令を取り消している。

## 3 対策会議

使用者が組合対策として会議等をなすこと自体は問題はない。しかし，組合員対象に組合批判の会議や集会を開催することは支配介入になる。シェル石油事件では，組合分会長らを集めた会議後の夕食において，執行部との対決と脱退の方針の確認をしたことが支配介入かが争われた。東京地判（昭54·2·28労判316-33，控訴審・東京高判昭56·5·27労経速1101-22，上告審・最二小判昭59·11·26労判442-16）は，執行部批判は「自然発生的に表面化したに過ぎない」として中労委命令を取り消した。他方，エスウントエー事件：東京地判（平9·10·29労判725-15）は，組合に反発する管理職からなる「職場を守る会」に対し経費援助し福利厚生の諸行事をまかせ組合員をそこから排除したことを支配介入とみなしている。

## 4 署名活動

使用者が組合の方針に批判的な内容の署名を集めることは支配介入とされる。ニチバン事件では，「企業再建に係る会社諸施策の具体的実施に当たり，誠意をもって対処」する

第5章　組合結成・加入・運営への妨害

ことを誓う署名活動を使用者が行ったことが争われた。東京地判（昭62・3・5労判493-20）は，実質的な内容は時間延長に協力することを意味し，組合決定と反対の立場をとるよう働きかけるものであるとして支配加入と判断した。

## 第4節　組合の日常活動に対する妨害

組合は日常的に組合員の意見を集約したり，相互のコミュニケーションをとっている。日常的組合の諸活動を規制・制約することは支配介入とみなされる。なお，これらの活動をなす際に，企業施設を利用することが多く，この点をめぐる不当労働行為事件は6章でも検討する。

毎日新聞社事件：東京地判（昭49・2・28判時747-103）は，会社施設内でベトナム戦争映画を上映したことを理由とする組合役員に対する譴責処分及び学習会等に会社施設を利用を認めなかったことは従来の慣行に反するとして不当労働行為とみなしている。

組合がなす組合員アンケートは，組合員の意向を確認する端的な方法である。エスエムシー事件は，組合が配布した工場移転に関するアンケート調査紙を会社が回収することが争われたものである。東京地判（平8・3・28労判694-54）は，いたずらに従業員の不安をあおるという会社の主張につき，本件調査は正当な組合活動であるとして支配介入の成立を認めている。函館交通（民事）事件においてもアンケート調査を理由とする降格処分及び当該処分に従わなかったことを理由とする解雇の効力が争われ，最判（最三小判昭61・11・18労判486-24）は，就業規則にいう「故なく会社の業務の指示命令に従わず又は事業上の秩序を乱した時」という懲戒事由に当たらないとして当該解雇を無効とした。

コミュニケーションの手段としては組合機関誌の役割も重要である。不当労働行為事案としては，機関誌に掲載された記事が管理者の名誉を傷つけたり，企業秩序を害したりするという理由でなされる処分が争われる。裁判例はその内容を理由とする減給処分（旭硝子（民事）事件：横浜地判昭47・6・20判タ283-214）や懲戒解雇（三菱製紙（民事）事件：東京高判昭47・4・27判時674-102）を無効としている。

## 第5節　役員選挙妨害

使用者が組合の役員選挙を妨害することは支配介入となる。この点は，組合内の路線対立に使用者が関与するかたちでなされることが多い。朝日火災海上保険事件：東京地判

（平13·8·30労判816-27，控訴審・東京高判平15·9·30労判862-41前出【87】）は，管理者が特定候補者に対し投票するよう働きかけ，これに応じない場合には人事上の不利益を課すことを示唆したことを支配介入としている。

日本鋼管事件では，会社職制の組織が組合役員選挙における人選等に関与したことが争われた。横浜地判（平10·4·28労判742-33，控訴審・東京高判平11·11·16労判782-76）は，職制グループの組織化や活動が会社の意を受けたといえないので会社による介入とまでは評価できないとして棄却命令を支持した。住友金属工業事件でも，工長会主催の勉強会において役員選挙対策としてワイヤー点検作業や安全会議を実施しオルグの進捗状態の集約をすることを取り決めたことが争われた。和歌山地判（平12·3·28労判789-30）は，当該取り決めは実施されず，またフリートーキングの場を利用してなされたもので会社の具体的指示や関与は認められないとして支配介入の成立を否定した棄却命令を支持した。

以上の事案では，職制の会議が会社業務の一環としてなされたにもかかわらず，役員選挙対策につき会社の具体的な指示・関与がなされていないとして支配介入とは認めていない。会社が当該動きを間接的に支援した事実が残るので，以上のような判断には疑問が残る。

# 第 6 章　便宜供与の中止等

　労組法は，自主性確保の観点から使用者による組合に対する便宜供与を原則として禁止している（7条3号）。しかし，組合活動を活性化させるためには一定の便宜供与が必要という側面もある。組合費レベルについてはチェックオフ，組合活動時間については組合休暇，内部的意思形成や日常活動レベルについては組合集会のための施設利用，組合事務所・掲示板等の施設の貸与・利用がその例と言える。そこで，労働委員会実務は，便宜供与の態様にもよるが，その禁止をそれほど厳密には解せず，相当な理由のない便宜供与の一方的中止等を不当労働行為と解する傾向にある（角田1978，特集1981，豊川1981，高橋1982，堺1982，渡辺1982，木村1983，島田1985，大内1991，宮里1991）。また，併存組合下における組合間の便宜供与差別をも禁止している。裁判例も概ねその立場を支持している。なお，ユニオンショップ協定もある種の便宜供与といえるが，裁判上不当労働行為の成否との関連ではほとんど争われていない（石田1982，籾山1985）。

　民事事案においても，便宜供与が慣行化しているにもかかわらず，相当な理由なしにもしくは適正な手続や一定の猶予期間をおく等の配慮をせずに組合活動に対する報復目的でそれを廃止する事は違法と解されている（太陽自動車・北海道交通（民事）事件：東京地判平17・8・29 労判 902-52）。

　実際に便宜供与は労使慣行に基づくものが多い。他方，労働協約に基づき便宜供与がなされている場合に，協約の失効（だけ）を理由に便宜供与も中止しうるかが争われる。このケースにおいては，協約終了自体の不当労働行為性が正面から争われている。そこで，必ずしも便宜供与のケースに限定しないで協約解約の問題をもここで取り上げることとする。

## 第 1 節　チェックオフ

　チェックオフ協定は労使関係が安定化している場合に締結されることが多い。ところが，対立状態になると使用者は一方的にチェック

オフを中止しがちであり，労働委員会はそれに相当な事由がなければ支配介入とみなす傾向にある。東京流機製造事件：東京地判（昭58・1・20労判404-46）は，相当な理由なく，また中止につき相当な配慮をしないでチェックオフを一方的に中止する事を支配介入としている。また，チェックオフをめぐる不当労働行為事件は，組合分裂過程において一方の組合員からチェックオフした組合費を別組合に支払ったケースも多く，当該組合員の意向に反している等の理由から支配介入と判示されている（ネスレ日本事件：東京地判平11・2・18労判762-60等）。

　理論的な難問は，チェックオフ自体は，賃金控除という方式をとるので当該チェックオフに労基法24条の適用があるか，あるとして同条に違反しないかである。具体的には過半数代表組合との書面による協定に基づかない場合に，労基法24条違反状態を是正するためにチェックオフを中止しうるかが争点となる。実際の労使関係では，労基法24条との関連につきそれほどの注意が払われていないが，理論的には重要な問題である。【89】済生会中央病院事件では，申立組合が従業員の過半数を割っていたことがチェックオフ中止の相当な理由になるかが争われた。東京高判（昭63・7・27労判525-37）は，組合の混乱に乗じて財政的に組合を弱体化させることを目的とするものとして支配介入と認めた。他方，上告審（最二小判平1・12・11労判552-10）は，チェックオフも賃金控除の一態様であり労基法24条1項但書きの要件を満たす必要があるにもかかわらず，本件において組合が過半数を組織化していたかについて疑問がありかつ書面化もなされていなかったので，チェックオフ中止が同項違反を解消するものであることは明らかであるとして不当労働行為意思なしと判示している。もっとも，東洋シート事件では，多数組合にはチェックオフをし，少数組合に対するチェックオフを取りやめることの不当労働行為性が争われた。東京高判（平8・10・24労判737-13，上告審・最一小判平9・4・24労判737-13）は，過半数労働者によって組織された支部との間に書面協定を締結しているにもかかわらず，その後も有効に継続している申立組合とのチェックオフ協定の遵守を，不当労働行為意思を実現する意図で拒否することは，本件チェックオフ協定は労基法24条但書きの要件を備えているとして支配介入に当たるとしている。

　チェックオフに関する協約法理も不当労働行為の有無や救済命令の在り方につき強い影響を与えている。【90】エッソ石油事件は，組合員資格の喪失後もチェクオフを継続していたとしてチェックオフされた労働者が使用者に対しチェックオフ分の損害賠償の請求をした事案である。最判（最一小判平5・3・25労判650-6）は，有効なチェックオフをするためにはチェックオフ協定と共に「使用者が個々の組合員から，賃金から控除した組合費相当分を労働組合に支払うことにつき委任をうけることが必要」であるとし，本件においてチェックオフの中止要請にもかかわらずチェックオフを継続したとして当該請求を認

第 1 節　チェックオフ

めている（中止の意思が争われた事案として神奈川県厚生農業協同組合連合会（民事）事件：横浜地判平 18・9・21 労判 926-30，東急バス（民事）事件：東京高判平 19・2・15 労経速 1963-20 がある）。

　個別組合員の意向を重視するこの判例法理は【91】ネスレ日本霞ヶ浦工場事件最判（最一小判平 7・2・23 労判 670-10，ネスレ日本東京島田事件：最一小判平 7・2・23 労判 686-15 も同旨）においても重視され，組合分裂後もチェックオフを継続し別組合に組合費を支払ったことが申立組合に対する支配介入と判示されている。もっとも，チェックオフ分を申立組合に対して支払うことを命じる救済命令部分については，「私法的法律関係から著しくかけ離れるものであるのみならず，その実質において労働基準法 24 条 1 項の趣旨にも抵触する」として違法とした。また，不当労働行為の成否のレベルにおいても，社団法人全国社会保険協会連合会事件：東京地判（平 8・3・6 労判 693-81）は，新規採用者がチェックオフの委任を使用者に対ししなかったことを理由とする当該組合員に関するチェックオフの不実施を支配介入にはあたらないと判示している。

【89】　済生会中央病院事件：最二小判平 1・12・11 労判 552-10（前出【2】と同一判例）

事実　チェックオフを一方的に中止したこと等を不当労働行為とした中労委命令（昭 54・12・5 命令集 66-841）の取消訴訟の上告審。

判旨　「労基法 24 条 1 項本文は，賃金はその全額を労働者に支払わなければならないとしているが，その趣旨は，労働者の賃金はその生活を支える重要な財源で日常必要とするものであるから，これを労働者に確実に受領させ，その生活に不安のないようにすることが労働政策の上から極めて必要なことである，というにある（最高裁昭和 34 年(オ)第 95 号同 36 年 5 月 31 日大法廷判決・民集 15 巻 5 号 1482 頁）。これを受けて，同項但書は，(ア)当該事業場の労働者の過半数で組織する労働組合があるときはその労働組合，労働者の過半数で組織する労働組合がないときは労働者の過半数を代表する者が使用者との間で賃金の一部を控除して支払うことに合意し，かつ，(イ)これを書面による協定とした場合に限り，労働者の保護に欠けるところはないとして，同項本文違反が成立しないこととした。

　しかして，いわゆるチェック・オフも労働者の賃金の一部を控除するものにほかならないから，同項但書の要件を具備しない限り，これをすることができないことは当然である。たしかに，原審のいうように，チェック・オフは労働組合の団結を維持，強化するものであるが，その組合員すなわち労働者自体は賃金の一部を控除されてその支払いを受けるのであるから，右に述べた同項但書の趣旨によれば，チェック・オフをする場合には右(ア)，(イ)の要件を具備する必要がないということはできない。

　ところで，本件の場合，上告人の主張によれば，初審命令結審時の病院の従業員数は約 500 名（支部組合員数は約 120 名）であるというのであるから，格別の事情の認められない本件にあっては，昭和 50 年 5 月 24 日病院が支部組合に対しチェック・オフの中止を決定した旨の通知をした頃の病院の従業員数も約 500 名であることが窺われると

不当労働行為の成立要件　**159**

ころ，原審の認定した事実によれば，同年4月当時の支部組合員数は347名であり，新労が同年5月12日病院に対し結成を通告したため同月中に約100名の組合員が支部組合から脱退し，6月中にも相当数の脱退者があったというのであって，昭和50年5月当時支部組合が病院の従業員の過半数で組織されていたといえるかどうかは極めて疑わしいといわなければならないし，また，本件チェック・オフは，過去15年余にわたってされたものであるが，これにつき書面による協定がなかったことも原審の適法に確定するところである。そうすると，本件チェック・オフの中止が労基法24条1項違反を解消するものであることは明らかであるところ，これに加えて，病院が前記一，1，(3)記載のとおりチェック・オフをすべき組合員（従業員）を特定することが困難である（これが特定されればチェック・オフをすることにやぶさかではない）として本件チェック・オフを中止したこと，及び病院が実際に前記一，1，(5)記載のとおりチェック・オフ協定案を提案したこと等を併せ考えると，本件チェック・オフの中止は，病院（上告人）の不当労働行為意思に基づくものともいえず，結局，不当労働行為に該当しないというべきである」。

### 【90】 エッソ石油（チェック・オフ）事件：最一小判平5・3・25 労判650-6

[事実] 略

[判旨]「労働基準法（昭和62年法律第99号による改正前のもの）24条1項ただし書の要件を具備するチェック・オフ協定の締結は，これにより，右協定に基づく使用者のチェック・オフが同項本文所定の賃金全額払の原則の例外とされ，同法120条1号所定の罰則の適用を受けないという効力を有するにすぎないものであって，それが労働協約の形式により締結された場合であっても，当然に使用者がチェック・オフをする権限を取得するものでないことはもとより，組合員がチェック・オフを受忍すべき義務を負うものではないと解すべきである。したがって，使用者と労働組合との間に右協定（労働協約）が締結されている場合であっても，使用者が有効なチェック・オフを行うためには，右協定の外に，使用者が個々の組合員から，賃金から控除した組合費相当分を労働組合に支払うことにつき委任を受けることが必要であって，右委任が存しないときには，使用者は当該組合員の賃金からチェック・オフをすることはできないものと解するのが相当である。そうすると，チェック・オフ開始後においても，組合員は使用者に対し，いつでもチェック・オフの中止を申入れることができ，右中止の申入れがされたときには，使用者は当該組合員に対するチェック・オフを中止すべきものである」。

### 【91】 ネスレ日本（霞ヶ浦工場）事件：最一小判平7・2・23 労判670-10（【10】と同一判例）

[事実] 組合が分裂し併存状態になったにもかかわらず別組合に対しチェックオフ分の組合費を支払ったことを不当労働行為としその分を申立組合に支払うことを命じた中労委命令（昭61・3・19命令集79-746）の取消訴訟の上告審。

[判旨]「本件命令部分は，チェック・オフの継続と控除額の訴外組合の支部への交付という不当労働行為に対する救済措置として，上告人会社に対し，控除した組合費相当額等を組合員個人に対してではなく，参加人支部へ支払うことを

命じたものである。しかし，右チェック・オフにより控除された組合費相当額は本来組合員自身が上告人会社から受け取るべき賃金の一部であり，また，右不当労働行為による組合活動に対する制約的効果や支配介入的効果も，組合員が賃金のうち組合費に相当する金員の支払を受けられなかったことに伴うものであるから，上告人会社をして，今後のチェック・オフを中止させた上，控除した組合費相当額を参加人支部所属の組合員に支払わせるならば，これによって，右不当労働行為によって生じた侵害状態は除去され，右不当労働行為がなかったと同様の事実上の状態が回復されるものというべきである。これに対し，本件命令部分のような救済命令は，右の範囲を超えて，参加人組合と上告人会社との間にチェック・オフ協定が締結され，参加人組合所属の個々の組合員が上告人会社に対しその賃金から控除した組合費相当額を参加人支部に支払うことを委任しているのと同様の事実上の状態を作り出してしまうこととなるが，本件において，原審の認定事実によれば，右協定の締結及び委任の事実は認められないのであるから，本件命令部分により作出される右状態は，不当労働行為がなかったのと同様の状態から著しくかけ離れるものであることが明らかである。さらに，救済命令によって作出される事実上の状態は必ずしも私法上の法律関係と一致する必要はなく，また，支払を命じられた金員の性質は控除された賃金そのものではないことはいうまでもないが，本件命令部分によって作出される右のような事実上の状態は，私法的法律関係から著しくかけ離れるもののみならず，その実質において労働基準法24条1項の趣旨にも抵触すると評価され得る状態であるといわなければならない。したがって，本件命令部分は，労働委員会の裁量権の合理的行使の限界を超える違法なものといわざるを得ない」。

● コメント

差し戻しされた後に中労委はチェックオフ分を組合員に支払うよう命じた第二次救済命令（平8・7・17命令集105-648）を発したが，救済利益（支払い命令につき終期を定めなかった違法）との関連において一部取り消されている（東京地判平11・2・18労判762-60）。

## 第2節　組合休暇・組合専従

組合の規模が大きくなると事務量も拡大し，専従の役員や職員が必要となる。そのために，労働協約等によって組合専従制度や組合休暇制度を定めることが少なくない。また，長期の組合休暇以外に，その時々のニーズに応じた組合活動休暇の例もある。

組合休暇が認められるかは原則的に労使間の合意により，実際の紛争は合意の解釈が問題となっている。【92】都城郵便局事件は組合休暇の不承認が支配介入となるかが争われ，最判（最一小判昭51・6・3判時817-39）は，就業規則に定める組合休暇につき労使関係が正常な状態にある場合に限って与えられるという当局の主張は認められないとして支配介入の成立を認めた。また，朝日火災海上保険事件は協約の解釈が問題となり，東京高判（平15・9・30労判862-41前出【87】）は，上部団体会議への出席は支部代表として選出された場

合に限られないとして（使用者はそのように主張していた），時間内組合活動休暇の不承認や出席者に対する賃金カットにつき，不利益取扱い及び支配介入の成立を認めている。

組合休暇の性質については，組合休暇不許可処分にもかかわらず欠務したことを理由とする戒告処分の効力が争われた向日町郵便局（民事）事件でも争われた。大阪高判（昭51・10・21労旬923-55，上告審・最一小判昭52・10・13労旬940-67）は，本件組休制度は「当局が一方的に制度化したものではなく，全逓の組織，運営を円滑化ならしめ，その権利行使に実質的な保障を与える目的をもって，就業時間中の一定の活動について休暇を与えることを認めた，当局と全逓との合意に淵源を有する就業規則上の制度」として戒告処分を無効と判示している。また，佐野第一交通（民事）事件：大阪地裁岸和田支部決（平14・7・22労判833-5）は，協約上使用者の承諾があれば組合活動のための離職を認める旨の規定の適用につき使用者が合理的理由なしに承諾をしなかったとして，労務提供義務違反を理由とする解雇を無効と判示している。

組合専従制度については，組合員を専従にする在籍専従の可否の問題として，主に公務員法との関連において論議がなされてきた。法的には在籍専従制度を団結権保障の効果として使用者は認めなければならないかが争われた。裁判上は地方公務員法上の事案であるが，和歌山県教組事件：最大判（昭40・7・14民集19-5-1198）は，「職員が休暇を得て職員団体の業務に専従し得ることは，憲法28条の保障する勤労者の団結権等に内在しないしはそれから当然に派生する固有の権利と解し得ない」と判示している。また，「使用者が従業員の在籍専従を認めるか否かは，その自由に委ねられている」（三菱重工業長崎造船所事件：最一小判昭48・11・8労判190-29）という判断も示され，判例法理として確立している。

> 【92】 都城郵便局事件：最一小判昭51・6・3判時817-39

事実　組合休暇の不承認を不当労働行為とは認めなかった公労委命令（昭40・3・8公労委事務局編・不当労働行為事件命令集219）の取消訴訟の上告審。

郵政省の就業規則によると，同省職員は原則として(イ)組合の大会，会議に出席する場合，(ロ)その他組合の業務を行う場合，あらかじめ組合休暇付与願を提出して所属長の許可を受けたときは勤務時間中であっても，組合活動を行うことができるものと定められ，その期日は1時間または1日を単位として引続き30日以内と定められ，その間は給与は支給されないものと定められていること，(ハ)上記規則の運用について郵政省官房人事部長が同年5月29日通達をもって許可の具体的基準を示し，その許可すべき場合の一例示として「中央本部，地方本部，地区本部，支部等の組合規約で定められている組合の議決機関（大会，中央委員会，委員会等で定期，臨時を問わない。）の構成員として出席する場合」を挙げていた。都城局においては組休を承認する権限を有するものは同局長であったが，同局長は熊本郵政局人事部管理課から闘争委員会や闘争活動のための各種会議の構成員として出席する場合組休も年休も承認しないようにとの指示があったので，同局各課長を集めて会

議の結果，当時の同局における原告支部組合員の言動，態度等から原告支部委員会は闘争委員会であって，当時同支部が同局において行っている行動はいわゆる職場闘争であり，上記委員会はこれを激化させるための会と判断し，各課長に対し同委員会の出席のための年休，組休の請求を承認しないように指示し，その結果年休，組休の不承認となった。

**判旨**「郵政省就業規則の定める本件組合休暇の制度が労働組合の組合活動に対する便宜供与の一種であることは所論のとおりであるとしても，その運用基準を定めた原判示の郵政省官房人事部長通達の内容等をも勘案すれば，便宜供与であることからは直ちに，右組合休暇が，職場における労使関係が正常な状態にある場合に限って与えられるものであり，組合の闘争によって正常な労使関係が失われているときにはいかなる組合活動のためであっても一切これを与えないことが当然に許されるものであるとは，解しがたい」。

## 第3節　組合集会

組合集会をめぐる不当労働行為事件では，会社施設利用のあり方が争われている。この施設利用については【93】国鉄札幌駅（民事）事件：最判（最三小判昭54・10・30判時944-3）の影響が決定的である。つまり，会社施設の利用は使用者の許諾が必要であり，利用の必要性が大きい故に組合がその利用権を取得しえず，施設利用を認めないことが権利濫用である場合以外は施設を利用した組合の活動は正当とみなされないという法理が不当労働行為の事件についてもそのまま適用されている。とりわけ，以下の一連の最高裁判決についてそういえる。

池上通信機事件は，組合集会のための食堂利用の適否が正面から争いになり，食堂の使用許可願いの不許可，強行的な食堂利用に対する中止命令，処分の警告等が支配介入になるかが争点となった。東京高判（昭59・8・30労判439-37，上告審・最三小判昭63・7・19労判527-5）は，組合には施設利用権はないこと，食堂利用につき会社と真摯に協議せず強行したこと等から支配介入を認めた労働委員会命令を取り消した。同時に，食堂利用を従業員の体育活動やリクリエーション活動に対し認めていたことにつき，労働安全衛生法70条の趣旨から組合活動とその性格が基本的に相違していると判示している。日本チバガイギー事件は，組合集会のための食堂利用および屋外集会を許可しなかったことの不当労働行為性が争われた。東京地判（昭60・4・25労判452-27，控訴審・東京高判昭60・12・24労民集36-6-785，上告審・最一小判平1・1・19労判533-7）は，許可をしないことが権利濫用といえず，他の従業員の職務を阻害することが予想しえたこと，午後6時からの使用を許可していること（組合は組合員の帰宅時間の遅れを防ぐ観点から5時からの許可に固執していた）等から支配介入の成立を認めていた中労委命令を取り消した。済生会中央病院事件・最判（最二小判平1・12・11労判552-10前出【2】）も，

企業施設（元空腹時血糖室等）を利用した時間内職場集会の実施に対し警告書を交付したことを，施設利用につき使用者の許諾がないとして支配介入に当たらないと判示している。

【94】オリエンタルモーター事件では，組合集会のための食堂利用のあり方が争われた。最判（最二小判平7・9・8労判679-11）は，使用者の許諾なしの施設利用は原則として許されないという立場から，K守衛問題（守衛が学習会参加者の氏名を記録したことに抗議して組合が当該記録用紙を守衛から提出させた事件）以降その利用を認めていた従来の取扱いを変更し，会場許可願の提出や排他的使用の禁止等の合理的な準則を定立しようとして，施設管理権を無視する組合にその使用を認めないことは会社の権利濫用とまではいえず，支配介入にあたらないと判示した。

以上の最判において，理論的には食堂等の許可条件の適否やリクリエーション活動への許可との比較における差別的措置の相当性が問題になっている。しかし，会社施設の利用につき使用者の許諾が必要であるという強固な原則論があるため，利用を認めないことの不当労働行為性が認められる余地は少なくなっている。たとえば，国鉄清算事業団事件：東京地判（平3・7・3労判594-75，控訴審・東京高判平4・9・29労判617-29）も，構内における無許可の非番者集会に対し警告を発したことは不当労働行為に当たらないとした中労委命令を支持している。

他方，施設利用が慣行化している場合には，それを変更する相当な理由なしにそれを認めないことは支配介入とされる。総合花巻病院事件：盛岡地判（昭55・6・26労判350-54，控訴審・仙台高判昭57・1・20判例集未掲載，上告審・最一小判昭60・5・23労経速1236-3）は，労使関係が悪化した時に相当な理由なく取扱いを変えたことを支配介入とみなした岩手地労委命令（昭50・2・19命令集55-172）を適法としている。また，会社施設を利用しての組合大会を強行したことを理由とする解雇の効力が争われた国産自動車交通（民事）事件について，最判（最三小判平6・6・7労旬1349-58）は，会社業務が阻害されていない等として，「本件臨時大会の開催は，ストライキの実質を有するものであるが，違法な争議行為あるいは組合活動であるとまではいうことはできない」とした原審判断（東京高判平3・9・19労旬1349-58）を支持している。もっとも，本件判断は争議行為や組合活動の定義がなされていないので理論的に理解しがたい部分がある。その他に，【95】倉田学園事件において職場集会のための小会議室の無許可使用に対し使用者が警告を発したことが支配介入に当たるかが争われ，東京地判（平9・2・27労判719-56）は，学園が許可制にあくまで固執したのは組合に対する否認的態度ないし不信感にあるとして不当労働行為の成立を認めた中労委命令を維持している。

## 【93】 国鉄札幌駅（民事）事件：最三小判 昭54・10・30 判時944-3

**事実** 詰め所のロッカーに「合理化粉砕」等のビラを貼付したこと，さらにそれをはがそうとした助役らの行為を妨害したことを理由とする戒告処分の効力が争われる。控訴審（札幌高判昭49・8・28 判時764-92）は戒告処分を権利濫用であると判示していた。

**判旨**　「思うに，企業は，その存立を維持し目的たる事業の円滑な運営を図るため，それを構成する人的要素及びその所有し管理する物的施設の両者を総合し合理的・合目的的に配備組織して企業秩序を定立し，この企業秩序のもとにその活動を行うものであって，企業は，その構成員に対してこれに服することを求めうべく，その一環として，職場環境を適正良好に保持し規律のある業務の運営態勢を確保するため，その物的施設を許諾された目的以外に利用してはならない旨を，一般的に規則をもって定め，又は具体的に指示，命令することができ，これに違反する行為をする者がある場合には，企業秩序を乱すものとして，当該行為者に対し，その行為の中止，原状回復等必要な指示，命令を発し，又は規則に定めるところに従い制裁として懲戒処分を行うことができるもの，と解するのが相当である。

ところで，企業に雇用されている労働者は，企業の所有し管理する物的施設の利用をあらかじめ許容されている場合が少なくない。しかしながら，この許容が，特段の合意があるのでない限り，雇用契約の趣旨に従って労務を提供するために必要な範囲において，かつ，定められた企業秩序に服する態様において利用するという限度にとどまるものであることは，事理に照らして当然であり，したがって，当該労働者に対し右の範囲をこえ又は右と異なる態様においてそれを利用しうる権限を付与するものということはできない。また，労働組合が当然に当該企業の物的施設を利用する権利を保障されていると解すべき理由はなんら存しないから，労働組合又はその組合員であるからといって，使用者の許諾なしに右物的施設を利用する権限をもっているということはできない。もっとも，当該企業に雇用される労働者のみをもって組織される労働組合（いわゆる企業内組合）の場合にあっては，当該企業の物的施設内をその活動の主要な場とせざるを得ないのが実情であるから，その活動につき右物的施設を利用する必要性の大きいことは否定することができないところではあるが，労働組合による企業の物的施設の利用は，本来，使用者との団体交渉等による合意に基づいて行われるべきものであることは既に述べたところから明らかであって，利用の必要性が大きいことのゆえに，労働組合又はその組合員において企業の物的施設を組合活動のために利用しうる権限を取得し，また，使用者において労働組合又はその組合員の組合活動のためにする企業の物的施設の利用を受忍しなければならない義務を負うとすべき理由はない，というべきである。右のように，労働組合又はその組合員が使用者の所有し管理する物的施設であって定立された企業秩序のもとに事業の運営の用に供されているものを使用者の許諾を得ることなく組合活動のために利用することは許されないものというべきであるから，労働組合又はその組合員が使用者の許諾を得ないで叙上のような企業の物的施設を利用して組合活動を行うことは，これらの者に対しその利用を許さないことが当該物的施設につき使用者が有する権利の濫用であると認められるような特段の事情がある場合を除いては，職場環境を適正良好に保持し規律のある業務の運営態勢を確保しうるように当該物的施設を管理利用する使用者の権限を侵し，企業秩序を乱すものであって，正当な組合活動とし

第6章 便宜供与の中止等

て許容されるところであるということはできない」。

【94】 オリエンタルモーター事件：最二小判平7・9・8労判679-11（【88】と同一判例）

事実　組合集会等のために食堂の使用を認めなかったこと等を不当労働行為とした中労委命令（昭62・5・20命令集81-647）の取消訴訟の上告審。

判旨　「本件で問題となっている施設が食堂であって，組合がそれを使用することによる上告人の業務上の支障が一般的に大きいとはいえないこと，組合事務所の貸与を受けていないことから食堂の使用を認められないと企業内での組合活動が困難となること，上告人が労働委員会の勧告を拒否したことなどの事情を考慮してもなお，条件が折り合わないまま，上告人が組合又はその組合員に対し食堂の使用を許諾しない状態が続いていることをもって，上告人の権利の濫用であると認めるべき特段の事情があるとはいえず，組合の弱体化を図ろうとしたものであるとも断じ得ないから，上告人の食堂使用の拒否が不当労働行為に当たるということはできない。」

【95】 倉田学園事件：東京地判平9・2・27労判719-56

事実　組合集会のための学園施設利用につき，学園が許可制に固執して警告書を交付したことを不当労働行為とした中労委命令（平5・5・19命令集97-526）の取消訴訟。

判旨　「原告が許可制にあくまで固執したのには，組合に対する否認的態度ないし不信感がその根底にあることは倉田理事等の発言から十分に窺い知ることができるのであり，組合も，職場集会開催にあたっては，当日又は前日に届出をし，その回数も月2ないし3回で，利用時間も始業時刻前又は終業時刻後の約2時間で，集会内容も団体交渉内容の報告等であったというのであり，その間，非組合員の入室を拒否したこともなければ，小会議室の本来の使用目的である職員の娯楽，懇談等の障害になるとの非組合員からの苦情が寄せられたことも認められないし，また，教育上好ましくない結果が生じたとか，学園業務の阻害になったとの事情も認められないというのであるから，組合に譲歩の余地のあることは勿論であるが，原告にも譲歩の余地がないとはいえない。このような状況下で原告が組合に対し，就業規則違反を理由に本件警告書を多数回に亘り交付したということは，被告の認定・判断しているとおり組合の弱体化を企図した行為であり，不当労働行為に該当すると判断されてもやむを得ないところであろう。」

## 第4節　組合掲示板

　組合員に対する端的なコミュニケーション手段としては組合掲示板がある。パソコンの時代とはいえ，いまだ捨てがたいメディアといえる。この掲示板については，貸与自体の拒否，その利用方法への制限，貸与の中止，無許可利用を理由の解雇（たとえば，岩井金属工業（民事）事件：大阪地決平2・12・18労判578-22は，組合による掲示板の無許可使用を理由とする執行委員長に対する解雇を不当労働行

為として無効としている）等が争われている。

## 1　貸与の拒否

　使用者が掲示板を組合に貸与するか否かは原則として使用者の意向による。貸与しないことが不当労働行為とみなされるわけではない。もっとも，併存組合下における貸与差別は，それに相当な理由がないかぎり不当労働行為とされる。たとえば，日産自動車事件：最判（最二小判昭62・5・8労判496-6）は，使用者の中立保持義務の一環として掲示板貸与差別を支配介入としている。

　他方，掲示板貸与条件の諾否に由来する差別は，条件自体が相当とみなされると不当労働行為とは解されていない。日本チバガイギー事件：最判（最一小判平1・1・19労判533-7）は，①掲示事項につき許可が必要であり掲示をする際には届出を要する，②文書配布は認めない，③構内での政治活動は認めない，という「貸与条件が正常な労働組合であれば到底受け入れないないような不合理なものとはいえない」として支配介入の成立を否定した。

## 2　掲示板の利用方法

　使用者が掲示版を貸与した以上，組合は目的の範囲でその利用をなしうる。利用方法につき不当に関与することは支配介入とみなされる。

　この利用関係は国家公務員法上の事案で主に争われており，判例法上，使用の許可により公法上もしくは私法上の権利は付与されず，また国有財産法18条3項にいう行政財産の目的外使用の許可にも当たらないと解されている。全逓昭和瑞穂支部（民事）事件：最判（最一小判昭57・10・7労判394-18）は，当局による組合掲示板の一方的撤去を違法とみなさず，また全国税足立分会（民事）事件：最判（最二小判昭59・1・27労判425-30）は，掲示板のビラ撤去に対する妨害等を理由とする戒告処分を有効としている。

## 3　貸与の中止

　組合掲示板を貸与しないことが不当労働行為に当たらないとしても，一旦貸与した場合には，その中止につき相当な理由や手続が必要とされる。岩井金属工業事件：東京地判（平8・3・28労判694-65）は，「会社が便宜供与を与えた事によって，右各掲示板及び本件プレハブ建物が組合の維持・運営ひいては団結権の確保のための手段としての機能を果たしているものであるから，会社は合理的な理由がないにもかかわらずこれらの返還請求ないし撤去をすること，あるいは，これらの便宜供与の根拠となる本件協定の解約予告をすることは，権利の濫用として許されない」として支配介入の成立を認めている。

　他方，国鉄清算事業団事件では，掲示板の撤去，業務用への転用の不当労働行為性が争われ，中労委は支配介入にあたらないと判示していた。東京地判（平3・7・3労判594-75，控訴審・東京高判平4・9・29労判617-29）は，掲示板設置について正式な合意がなかったこ

第6章　便宜供与の中止等

と，一職場一枚を原則とする旨の説明がなされ猶予期間をおいて撤去等がなされたこと，管理者を中傷する掲示物を掲示しないという約束がなされるまで許可しないという方針がやむを得なかったこと等から中労委の判断を支持している。

貸与が労働協約に基づく場合には，協約関係の終了を理由に便宜供与も中止しうるかが争われている。三菱重工長崎造船所（民事）事件：福岡高判（昭59・9・18労判440-71頁，上告審・最三小判昭61・12・16労判488-6）は，協約失効により便宜供与を受ける権利も消滅したと判示している。

## 第5節　組合事務所

組合活動の基盤として組合事務所の役割も重要であるが，使用者に事務所の貸与義務はない。とはいえ組合間差別は許されない。この点は，日産自動車事件において問題になり，最判（【31】最二小判昭62・5・8労判496-6）は，使用者の中立保持義務は便宜供与の側面においても異なるものではなく正当な理由のない一方組合への貸与拒否は支配介入になると判示している。同時に，救済命令のあり方も争点となり，貸与を命じるとともにその具体的条件について合理的な取り決めを命じる命令は内容が不明確ゆえに違法とはいえないとの

判断も示されている。組合分裂過程において一方の組合の存在を否定して事務所を貸与しないことは，東洋シート事件：東京高判（平8・10・24労判737-24，上告審・最一小判平9・4・24労判737-23）においても不当労働行為とみなされている。また，組合員が少ないことも不貸与の理由とはならない（灰孝小野田レミコン事件：東京高判平5・9・29労判650-71，上告審・最三小判平7・10・3労判694-26）。

他方，組合結成直後に組合が事務所等の貸与を求めた博多南郵便局事件では公労委が不貸与を不当労働行為にあたらないとしていた。東京地判（昭63・10・27判時1305-133，控訴審・東京高判平2・4・25労判562-27）は，組合の組織実態や活動状況の解明に組合自体が協力的ではなかったとして供与の決定をしていないことを支配介入とまでは当たらないとして組合からの取り消し請求を認めなかった。

また，民事事案になると組合事務所の貸与契約の法的性質が争点となり，使用者サイドにおける裁量が重視されている。日本航空（民事）事件は，営業所移転につき別組合には事務所を貸与し原告組合には貸与をしないことが争点となり，那覇地判（昭51・4・20労経速1049-20）は，建物の解約行為自体が不当労働行為に当たるとしても，事務所貸与は労組法7条3号但書きに示すとおりあるべき労使関係に照らし例外的に認められるにすぎないものであるので，代替事務所の提供なくして建物の貸借を解消した行為が無効にはならないと判示している。控訴審（福岡高判昭53・6・27労経速985-18，上告審・最二小判昭

54·12·7労経速1049-20）も，営業上の必要性から貸借契約の解約には正当な理由が認められ，また組合員数および組合事務所設置の必要性の度合いから別組合に対する事務所貸与は必ずしも不当労働行為に当たらないとして控訴を棄却している。

組合事務所の利用方法も争われており，使用者がその点につき不当な制約をすることは支配介入とみなされる。新潟放送組合事務室立入禁止仮処分異議事件において，新潟地判（昭53·5·12判時904-107）は，組合事務所貸借契約に，「建物の保全，衛生，防犯，防火，救護，その他の事由により緊急止むを得ざるときは，会社の命令において非組合員は組合事務所に立入ることができる」旨の定がある場合において，組合は会社に対して右の場合を除き，組合事務所に立入り，または第三者をして立入らせてはならないことを求める権利を有する旨の判断を示している。

## 第6節　協約の解約

協約は期間の定めのあるものと定めのないものがある。前者は最長3年間であり（労組法15条1項），後者は90日前の予告で解約しうる（15条3項，4項）。便宜供与等が協約に基づく場合に，協約を解約することによって便宜供与をも中止しえるかという形で争われることが多い。協約解約自体の不当労働行為性が直接の争点となるわけである。

【96】社会福祉法人陽気会事件は，（労働条件変更時の協議義務を定めている）協約解約の不当労働行為性が直接の争点となった。神戸地判（平8·5·31労判704-118，控訴審・大阪高判平9·2·21労判737-81，上告審・最三小判平9·7·15労判737-79）は，協約内容や組合に対する一連の対応から組合の弱体化を企図したものとして支配介入とみなしている。

駿河銀行事件は，「組合専従者に関する協定」を組合と十分な交渉をすることなく一方的に解約したことが争われた。東京地判（平2·5·30労判563-6，控訴審・東京高判平2·12·26労判583-25）は，協約失効によって組合の執行役員全員を専従者から排除し組合の運営を阻害し職能資格制度の導入を円滑に行おうとする意図があったとして支配介入の成立を認めている。同時に，「協約を解約することが使用者の権利であることは当然であるが，この解約権の行使がことさら組合に不利な時期を選ぶなど，専ら組合に打撃を与える目的でされた場合には，権利の行使であっても支配介入として不当労働行為に該当する」という判断も示されている。

他方，平和第一交通事件では，運収管理基本協定等（一時金の支払いに充てるための資金を労働金庫から借り入れる際に，その担保として組合が運収を管理することを内容とする）の一方的破棄の不当労働行為性が争われた。福岡地判（平3·1·16労判578-6）は，「右両協定において締結された当面の目的はすでに達成

され，しかもその内容が経営権の制約をもたらす債権的なもので，協約締結後実質的には営業の譲受により経営を引き継いだ原告の経営者らは右譲受時にはその協定の存在を知らなかった等」から，事情の変更を理由とする協定の破棄は不当労働行為に当たらないとして地労委命令を取り消した。

なお，協定書の作成拒否が不当労働行為に当たるか否かも，特に誠実交渉義務との関連において争われている。石塚証券事件では中労委は協定書の作成拒否とその後なされた協定の解約を不当労働行為としていたが，東京地判（平5・1・21労民集44-1-1，控訴審・東京高判平7・2・22労民集46-2-655）は，協定に関する合意が誠実な交渉の結果といえないとして命令を取り消している。協約解約の点については，労組法15条にいう解約ではなく，協約締結の意思がないことを再度表明した行為であると位置づけているわけである。

また，組合サイドからの協約の（一部）解約の適否も争われている。日本ＩＢＭ事件は，組合員資格に関する確認書を組合が解約し，特定の地位にあるスタッフ専門職の者を組合に加入させたのに対し，使用者が同人らの組合員資格を認めずチェックオフを拒否したこと等の不当労働行為性が争われ，東京地労委は不当労働行為の成立を否定していた。東京地判（平15・10・1労判864-13）は，組合員資格は本来組合が自由に決定できること等から，「本件確認書締結後，約10年を経過してもなお，原告支部が本件条項に拘束されるするすることは，労組法の趣旨に反し，著しく妥当性を欠く」として支配介入の成立を認めた。しかし，控訴審たる東京高判（平17・2・24労判892-29）は，確認書締結の経緯や協約の一部解約に関する疑義等から不当労働行為意思まではなかったとして不当労働行為の成立を否定した。

【96】 社会福祉法人陽気会事件：神戸地判 平8・5・31労判704-118

**事実** 協約締結主体たる組合組織が変更したこと等を理由とする協約の解約等を不当労働行為とした兵庫地労委命令（平5・3・2命令集96-274）の取消訴訟。

**判旨** 「原告は，本件協約を解約したのは，Ｆ荘長が，協約締結から3年を経過すれば自由に解約できると軽信したからにすぎず，不当労働行為意思は存在しないと主張する。

しかしながら，原告代表者の審問時における調書である（証拠・人証略）によれば，原告代表者は，本件火災後の原告の再建を柔軟に行っていく必要上，本件協約中，労働条件の変更がある場合には，労組と必ず事前に協議することという条項が『柔軟な対応』の妨げになっていると考えていたこと，原告側は，本件火災後の組合の活動に反発して組合活動から離れた職員が相当数いると把握していたことが認められ，前記認定のとおり，陽気寮の再開後，組合が活動を再開して，団体交渉を求め，また，陽気会支部の委員長であるＴに対する本件火災時における救出活動に関する原告側の追及の方法について補助参加人が再三抗議を申入れていたことから，本件解約は，原告が陽気会支部の弱体化を企図してしたものといえ，組合の運営に介入するものとして労働組合法7条3号に該当する。」

# 第7章　組合の対使用者活動に対する抑制的行為

　組合活動の態様としては，内部的コミュニケーションや意見集約行動以外に使用者にプレッシャーをかけるいわゆるリボン闘争やビラ貼り等の組合活動さらにストライキ，怠業等の種々の争議行為がある。また，それらの活動に対する抑制の仕方としては，組合活動を理由とする不利益取扱いとともにそれを直接制約する禁止・警告等の措置があり，多様な紛争パターンがあるのが不当労働行為事件の特徴といえる。本章では，前提的考察として，組合活動性とその正当性をめぐる問題をとりあげ（沼田1967，横井1978，外尾1980，安枝1988）その後組合の個別プレッシャー行為につき検討していきたい。この組合活動と争議行為については別稿も準備されているので，ここでは不当労働行為の成否に関連した問題を中心に取り上げたい（本多1964，籾井1965，小西1975，高木1976，本多1980，小西1980，西谷1980，石橋1981，横井1980，豊川1981，渡辺章1981，籾井1982，盛1982，角田1984，島田1985，角田1988，大内1991，深谷1996，辻村2000）。

　学説上は，組合活動と争議行為の区別は重要な論点であった。しかし，裁判例においては，「本件業務命令拒否は正当な争議行為又は組合活動に当たらず」と判示するなど必ずしも明確な使い分けがなされていない例も存する（たとえば，エッソ石油（民事）事件：最二小判平6・1・31労判663-15）。また，国産自動車交通（民事）事件について，最判（最三小判平6・6・7労旬1349-58）は，会社業務が阻害されていない等として，「本件臨時大会の開催は，ストライキの実質を有するものであるが，違法な争議行為あるいは組合活動であるとまではいうことはできない」とした原審判断（東京高判平3・9・19労旬1349-58）を支持している。

## 第1節　組合活動性

　不当労働行為制度は，組合所属や組合活動を保護するものなので，使用者の行為が組合所属や「組合活動」を理由としたものでなければならない。組合活動性が否定されると不

第7章　組合の対使用者活動に対する抑制的行為

当労働行為法理の適用対象外となる。具体的に次のような論点が提起されている。

　第1は，経営人事への介入がはたして組合活動といえるかである。旧労組法下の刑事事案であるが大浜炭坑事件において鉱業所長の追放が正当な争議行為の目的となるかが争点となった。最判（最二小判昭24・4・23刑集3-5-592）は，その目的が「労働者の労働条件の維持改善その他経済的地位の向上を図るための必要的手段としてこれを主張する場合には，かかる行為は必ずしも労働組合運動として正当な範囲を逸脱するものということを得ない」とし，本件においてその主張は争議の主眼ではなかったとして会社の解雇等の処分を労組法等に違反すると判示した。

　他方，中外日報社事件：京都地判（昭52・1・28労判273-61）は，経営者の解任要求行為につき，「経営者が経営手腕の欠如等のため賃金の遅配・不払を続けるとか，不当労働行為をくり返すなど経営者に労働者の労働条件の維持改善その他労働法上の地位の向上を阻害する客観的事由が存在し，かつ労働者がその地位を維持，向上するためには，かかる経営者の解任の他途がないと認められる場合に限られるし，また，かかる場合にあっても，経営者の後任人事に関して特定の者を選任すべきことまで要求しうるものではない」として本件行為は組合活動といえないと判示している。より限定的な基準を示しているわけである。

　第2は，政治活動が関連した場合の組合活動性である。これは組合活動の正当性の問題としても提起されている。昇給・昇格差別が争われた【97】千代田化工建設事件において，政治活動を含んでいても「労働組合の正当な行為」といえるかが争われた。東京地判（平9・7・23労判721-16）は，専ら政党の下部組織としての党勢の拡大活動であると評価すべき活動その他純然たる政治活動については別として，自主的な労働者の生活利益を守る活動が政党員としての活動を有するからといっても，純然たる政治活動には転化しないとして組合活動性を認めている。

　第3は，少数派組合員や組合員個人の自主的活動の組合活動性であり，正当性の問題としても論議されている。労働委員会及び裁判例ともに自主的な活動であっても労働組合の活動であることを否定していない。たとえば，【97】千代田化工建設事件：東京地判（平9・7・23労判721-16）は，「ある労働組合に属する労働者が行う活動が，労働者の生活利益を守るための労働条件の維持改善その他の経済的地位の向上を目指して行うものであり，かつ，それが所属組合の自主的，民主的運営を志向する意思表明行為であると評価することができることが必要であり，かつこれをもって足り」，少数派の活動であっても「労働組合の正当な行為」として不当労働行為制度の保護対象となると判示している。このような判断は控訴審および上告審においても支持されている（東京高判平7・6・22労判688-15，最二小判平8・1・26労判688-14）。組合の機関決定によらなくとも内部から組合の体質改善を図ろうとする読書会活動が正当な組合活動と

第1節　組合活動性

いえることは第一法規出版（民事）事件：長野地判（昭40・12・28労民集16-6-1233）においても示されている。また、組合の黙示の承諾の下に日常の組合活動をなすための職場における組織活動が正当なものとされ（米羽田輸送部隊（民事）事件：東京地判昭32・10・15労民集8-5-756）、また組合の指令に基づかなくても、その経緯、目的、手段、方法からみてテープレコーダーの持ち込みが合法的な職場活動と認められている（相互タクシー（民事）事件：大阪地判昭33・6・12労民集9-3-353）。駐留軍追浜兵器工場事件：東京地判（昭31・10・10労民集7-5-895）も行為の性質から組合の団結を擁護するかに留意して組合活動性を判断している。

他方、組合の明示もしくは黙示の承認があることを原則とすると判示する例もないわけではない（関西電力（民事）事件：大阪高判昭53・6・29労民集29-3-371）。

【97】　千代田化工建設（昇給・昇格差別）事件：東京地判平9・7・23労判721-16

事実　組合内少数派に対する昇給・昇格差別を不当労働行為とした神奈川地労委命令（平4・2・28命令集94-76）の取消訴訟。

判旨　政治活動との関連
「この点について、原告は、ストップ会等による補助参加人らの諸活動は、すべて日本共産党千代田化工支部の主張ないし方針に基づく実行行為としてなされた政治活動である旨主張する。

確かに、補助参加人らは日本共産党員であることを自認し、補助参加人らグループの組合員は、前記（争いのない事実等3の(三)の(2)）のとおり、日本共産党千代田化工支部の機関誌である『希望』や『パイプライン』の編集・発行をしており、それらの記事の中には、日本共産党への支持を訴えたり、原告の労働者の労働条件とは直接関係のない政治的内容を取り上げたものが存することが認められる（〈証拠略〉）。そして、労働組合員の権利利益に直接に関係する立法や行政措置の促進又は反対のためにする活動にも当たらない専ら政党の下部組織としての党勢の拡大活動であると評価すべき活動その他純然たる政治活動については、これを労組法7条1号所定の『労働組合の正当な行為』と評価することができないことは明らかである。

しかしながら、組合員が特定政党の党員になるなどして政治活動に関与していたとしても、その一事をもって、その組合員の活動のすべてが組合活動であることを否定される理由はなく、先に判示した補助参加人らの正当な組合活動の性格が、同人らが日本共産党千代田化工支部の構成員であり、他面において政党員の活動としての性格を有するからといって、純然たる政治活動に転化するものではないから、原告の右主張は採用することができない。」

労組法7条1号所定の『労働組合の正当な行為』について
「労組法7条は、使用者の労働者に対する不利益取扱い等を禁止することにより、労働組合の団結権を擁護することを主たる目的としているものであることに鑑みれば、同条1号所定の『労働組合の正当な行為』といえるためには、ある労働組合に属する労働者が行う活動が、労働者の生活利益を守るための労働条件の維持改善その他の経済的地位の向上を目指して行うものであり、かつ、それが所属組合の自主的、民主的運営を志向する意思表明行為であると評価することができることが必要であり、かつこれをもって足りるというべき

第7章　組合の対使用者活動に対する抑制的行為

で，仮に右活動が組合機関による正式の意思決定や授権に基づくものではなく，又は，組合による積極的な支持がいまだ得られていない活動であり，あるいは，多数の組合員の賛同を得ていない，いわゆる少数派の活動であるとしても，少なくとも組合の組織上又は運動上の方針が決定されるまでの間は，右にいう『労働組合の正当な行為』として不当労働行為制度の保護の対象となるというべきである。」

### 同事件・控訴審判旨

「労組法7条1号の『労働組合の正当な行為』といえるためには，ある組合に属する労働者が行う活動が，労働者の生活利益を守るための労働条件の維持改善その他の経済的地位の向上を目指して行うものであり，かつ，それが所属組合の自主的，民主的運営を志向する意思表明行為であると評価することができることが必要であり，かつこれをもって足りるというべきで，仮に右活動が組合機関による正式の意思決定や授権に基づくものではなく，又は，組合による積極的な支持がいまだ得られていない活動であり，あるいは，それが他面において政党員の活動としての性格を持っていたとしても，労働組合の正当な行為というを妨げないこと，補助参加人らが中心となって設立されたストップさせる会の諸活動は，組合執行部に対する批判を伴うものであるとはいえ，組合が控訴人との間で合理化政策に関する協定を締結するまでは，組合員として労働組合の自主的，民主的運営を志向するためにされた活動であるといえること，このような観点からみると，控訴人と組合間で合意の成立にまでは至っていなかった職務開発休職制度の実施に反対していた補助参加人の仮処分申請等の諸活動については，労働組合の正当な行為に当たること，組合員が特定政党の党員になるな

どして政治的活動に関与していたとしても，当該組合員の活動のすべてが組合活動に当たらないとされる理由はなく，補助参加人の正当な組合活動が，日本共産党千代田化工支部の構成員とともに行われたとしても，それによって右活動の性格が純然たる政治活動に転化するものではないこと，しかして，控訴人は，昭和48年ないし同50年ころには，既に補助参加人グループに属する組合員らを敵視しており，その後本件解雇までの右組合員らの組合における選挙活動や修正案提出活動，あるいはストップさせる会における活動も同様に敵視し，補助参加人が右グループに属することも把握していたものということができ，補助参加人の移籍反対活動を違法不当なものとしてとらえ，補助参加人の仮処分申請とこれに伴う補助参加人グループの活動について嫌悪していたことを認めることができることは原判決判示のとおりであり，これらの事実を前提とすると，当裁判所も，本件解雇は，控訴人が補助参加人の前記の正当な組合活動を嫌悪する意思をもってしたもので，本件解雇は労組法7条1号の不当労働行為に当たると判断する。」

## 第2節　組合活動の正当性

　組合のプレッシャー活動は，使用者のいわゆる施設管理権を侵害したり，職務中になされると職務専念義務に反することになる。労組法7条1号は，「労働組合の正当な行為」を理由とする不利益取扱いを禁止しているので，組合の活動を理由とする処分等の不当労

働行為性を判断するに当たってその正当性が問題になる。他方，7条3号は，組合運営に対する支配介入そのものを禁止しているので必ずしも正当性を独自に問題にしなくてもよい。ここでは，特に7条1号で争われる「正当性」を問題にする事件処理視角ともいうべきものを検討したい。

具体的には，組合活動がその態様等において必ずしも「正当」とはいえないけれど，使用者の処分の程度等からそれを認めることに疑義がある時に問題になる。通常は権利濫用の事案といえる。しかし，労組法7条にはそのような文言がないので1号の「正当」性の解釈が問題になるわけである。

労働委員会実務や裁判例は，多少不当であっても「正当な行為」と解釈したり（東京製靴（民事）事件：東京地判昭24・11・1労裁資7-187），処分の程度の関連において相対的観点から「正当」と解したり（駐留軍追浜兵器工場事件：東京地判昭31・10・10労民集7-5-895），処分の経緯等から処分の真の理由はそこにはないとか組合の行為が使用者の態度に促されたと解したりして処理をしている。実質的には，処分の経緯や程度との関連において一定の処分がなされるほど「不当か」を問題にしていると思われる。学説上は，7条1号ではなく3号の支配介入の観点から把握すべきであるという見解（石川1960）や1号の「組合員であること」に着目すべきであるという立場（道幸2002：16頁）もある。

## 第3節　ビラ貼り闘争等——施設管理権との関連

企業施設を利用してのプレッシャー行為としては，施設内におけるビラ貼り，ビラ配りが典型である。その他に，組合旗掲揚も争われている。労働委員会実務は，組合活動の目的，経緯，態様等から施設利用が企業秩序をどの程度侵害するかを個別に問題にする傾向にある。他方，判例法理は国鉄札幌駅（民事）事件：最判（最三小判昭54・10・30労判329-12）以降はその影響を強く受けて，不当労働行為事案についても使用者の許諾なしの活動は本来不当であるという基本的立場からの立論が一般的である。もっとも，ビラ配布に対する警告書の交付を不当労働行為とした【83】大鵬薬品工業事件：徳島地判（昭61・10・31労判485-36）のように，「使用者としても労働基本権保障の精神を尊重して，企業の運営に支障が生じ企業秩序が乱されるおそれがない限り，労働組合ないし労働者が演説，集会，貼紙，掲示，ビラ配布等の目的で企業施設を利用することを受忍」すべきという判断も示されている。

### 1　組合旗掲揚

企業施設内に組合旗を掲揚することに対し，

第7章　組合の対使用者活動に対する抑制的行為

使用者がそれを許諾している場合は別として，その撤去を組合に要求したり，実際に自分で撤去することは不当労働行為とはみなされていない。社団法人全国社会保険協会連合会事件において，中労委は組合旗の撤去の申し入れと撤去を支配介入に当たらないと判断していた。東京地判（平8・3・6労判693-81）も，組合旗掲揚の慣行はなく，また病院において撤去をさせる必要が大きかったことから中労委命令を支持している。【98】平和第一交通事件も同種事案であり，福岡地判（平3・1・16労判578-6）は，使用者の措置は施設管理権の濫用に当たらず，サービス業に携わる会社の「職場の秩序を維持し，企業イメージの低下を防止するために必要な施設管理権の行使」として組合旗撤去を不当労働行為に当たらないとして福岡地労委命令を取り消している。

また，病院施設内における組合旗設置が違法とされ組合に対する損害賠償請求が認められている（全国一般労組長崎地本（民事）事件：長崎地判平18・11・16労判932-24）。

【98】　**平和第一交通事件：福岡地判平3・1・16労判578-6**

事実　構内に掲揚した組合旗を撤去したことおよび処分警告書を交付等をしたことを不当労働行為とした福岡地労委命令（昭62・11・20命令書82-358）の取消訴訟。

判旨　「原告は，組合に対し，幾度か組合旗掲揚を禁止する旨の注意又は警告をしていたにもかかわらず，組合が依然として組合旗等の掲揚を中止しないために，やむをえず，掲揚されていた組合旗等を実力で撤去し，無断で組合旗を掲揚した組合員に対し，再発防止のための責任追及及び処分の警告を発したものであって，前述のようにサービス業に携わる原告にとっては，これらの措置は，職場の秩序を維持し，企業イメージの低下を防止するために必要な施設管理権の行使であって，組合が企業内組合として団結権を示すために組合旗を掲揚することが必要であることを十分考慮に入れても，それゆえに組合が原告の施設を使用できる当然の権利を有するものではなく，原告が組合の組合旗掲揚を受忍すべき義務もないというべきである。」

## 2　ビラ貼り

最高裁の強固な判例法理（前掲・国鉄札幌駅（民事）事件最判）は，企業施設内におけるビラ貼りは，使用者の許諾があるか，施設管理権の濫用に該当しない限り許されないとする。これは不当労働行為事件においても踏襲されている。

ビラ撤去行為についてもＪＲ東海事件：東京地判（平18・5・15判時1947-142）は，次のような判断を示している。

「以上のような使用者と労働組合との間の企業施設の利用権限の関係，本件基本協約の規定内容及びこれに基づく使用許可の条件に照らすと，原告は，補助参加人らの掲示物が，原告の信用を傷つけ，政治活動を目的とし，個人を誹謗し，職場規律を乱す場合などに該当すること（以下，これを便宜上「撤去要件該当性」という。）を主張立証すれば，一応，特

段の事情があるものとして，原告の掲示物撤去行為には不当労働行為意思があったとの事実上の推認を覆すことに成功したものとみるのが相当である」。他方，「被告が，当該掲示が正当な組合活動としてなされたものであること，当該掲示の協約違反の程度が軽微なものであること，当該掲示物の記載内容が真実であるか，真実であると信じるについて相当な理由があったこと，原告による掲示物の撤去が手続的相当性を欠くことなどの諸事実を総合し，原告の撤去行為に権利濫用であると認められるような特段の事情（以下，これを便宜上「権利濫用該当性」という。）があることについて主張立証がされた場合には」，原告の撤去行為は不当労働行為意思に基づくものであったと認定するのが相当である。

ビラ貼りについては，処分の適否を争う不当労働行為事件以外にも，刑事事件（たとえば，ビラ貼りが建造物損壊罪に当たるとした東北電通局事件：仙台高判昭55・1・24労経速1045-17，同事件：最二小決昭57・3・18労経速1123-21）や損害賠償や撤去の自力執行の適否（エッソ石油（民事）事件：東京地判昭63・1・28判時1273-132）も争われている。

## 3 ビラ配布

ビラ配布については，次の二点において争われる。その1は，施設管理権を侵害するかであり（組合活動の事案でないが，明治乳業事件：最三小判昭58・11・1労経速1169-3は，工場食堂におけるビラ配布を理由とする戒告処分を無効とする福岡高判昭55・3・28労経速1057-18を支持していた），その2は，ビラの内容が使用者の名誉や企業秩序を侵害するかの問題である。

前者については，会社施設たる壁面等を占有しないので，以下のような理由付けによりビラ配布に対する使用者側の規制については不当労働行為の成立が認められる傾向にある。なお，【99】目黒電報電話局事件は組合活動の事案ではないが，最判（最三小判昭52・12・13労判287-26）は，ビラ配布が職場秩序を乱すおそれのない特別な事情がある場合には就業規則に違反しないと判示していた。

第1は，会社の施設管理権を（それほど）侵害しないとするものである。住友化学工業（民事）事件では，ビラ配布を理由とする出勤停止処分の効力が争われ，最判（最二小判昭54・12・14判時956-114）は，配布場所が敷地内であるが正門と歩道との間の広場で一般人が自由に出入りでき，格別，作業秩序や職場秩序が害されなかったとして，ビラ配布が正当な組合活動か否かを判断することなく処分を無効とした。

【100】倉田学園事件は，施設内における組合ニュースの無許可配布に対し学園が執行委員長に対し戒告等の処分をなしたことが争われた。高松地判（昭62・8・27労判509-50）は不当労働行為の成立を認めた香川地労委命令（昭57・6・25命令集71-502）の立場を維持したが，高松高判（平3・3・29労判591-57）は本件ビラ配布は就業規則に違反するとして命令を取り消した。最判（最三小判平6・12・20労判

669-13）は，形式的には就業規則に違反するが，組合ニュースの内容，配布の態様等からその配布が学園内の職場規律を乱すおそれがなく，生徒に対する教育的配慮に欠けることとなるおそれのない特別の事情があるので不当労働行為に当たるとして地労委命令を維持した。この最判と同様な見解は，施設内における組合ニュースの無許可配布に対し学園が警告をなしたことが争われた倉田学園事件：東京地判（平9・2・27労判719-56）においても示されている。

日本チバガイギー事件は，組合の無許可ビラ配布に対する警告の不当労働行為性が争われ，中労委（昭53・7・5命令集64-757）は不当労働行為と認定した。東京地判（昭60・4・25労判452-27，控訴審・東京高判昭60・12・24労判467-96，上告審・最一小判平1・1・19労判533-7）は，ビラの内容が学園を誹謗・中傷するものでないこと，早朝の始業時間前に配布されたこと，配布によって喧噪や混乱状態が発生しなかったことおよびビラ配布という活動が組合にとってきわめて重要な情報宣伝活動であることから支配介入の成立を認めている。

より利益調整的アプローチは，無許可ビラ配布に対する警告書交付の不当労働行為性が争われた西日本重機事件：福岡地判（昭53・5・16労判298-19前出【43】，控訴審・福岡高判昭54・3・13労判408-54，上告審・最一小判昭58・2・24労判408-50）においてとられている。同地判は，形式的に就業規則に違反する組合活動の正当性は，「ビラを配布することの必要性と，その配布の態様が『職場の秩序』をみだし，それによってどの程度業務上，施設管理上の支障が生じたかを比較較量して」おこなうべきと判示し，ビラ配布時間や態様からして従業員の就業を妨害したり職場の秩序を乱したりしなかったこと，ビラを配布して情宣活動をする必要性が十分あったことから支配介入を認めた福岡地労委命令（昭50・7・29命令集56-197）を維持している。

第2は，使用者の対応の仕方から組合弱体化の意図・目的を推定するものである。【83】大鵬製薬工業事件：徳島地判（昭61・10・31労判485-36）は，ビラ配布に対し警告書を交付し処分を示唆したことを，組合に自省を促すよりも，「組合の勢力を弱体化させ，その活動を封じ込めようとする従来からの強い姿勢の一環として，就業規則の規定を盾に組合によるビラ配布活動を全面的に押え込んでしまおうとした」行為として支配介入の成立を認めた徳島地労委命令（昭59・9・20命令集76-309）を維持している。

後者のビラの内容に関して，【101】あけぼのタクシー事件は，従業員グループを「暴力団まがいの連中」等記載したビラを他会社のタクシー運転手に配布したことを理由とする懲戒解雇の不当労働行為性が争われた。福岡地判（昭53・3・31労判365-67）は，ビラの表現はある程度事実を誇張し正当性の一方的主張になるのはやむをえないとして不当労働行為の成立を認めた福岡地労委命令（昭52・12・5命令集62-564）を維持した（あけぼのタクシー（民事）事件：福岡地判昭56・3・31労判365-76においても同様な判断が示されている）。

他方，岩手女子高校事件においては，ビラの内容と交付態様が問題となり，組合が校門前で生徒に対し，大幅私学助成を求める父母宛の文書を手渡したことに対し校長が警告書を発したことが争われた。岩手地労委（昭56·3·18命令集69-259）は不当労働行為の成立を認めたが，盛岡地判（昭58·3·31労判ダ412-31）および仙台高判（昭60·6·28労判459-66，上告審·最二小判昭61·7·14労判484-25）は，「学校内で教職員が生徒を対象として文書を配布する態様の組合活動につき，高等学校教育の正常な業務運営を確保するうえの妨げになるので望ましい学園秩序を形成するためにはこれを解消するよう」学園が考えることには教育上相当な根拠があるとして，不当労働行為に当たらないとして命令を取り消した。

組合ビラの内容を理由とする処分は中国電力（民事）事件でも争われている。最判（最三小判平4·3·3労判609-10）は，原子力発電所批判のビラの内容が「企業の経営政策や業務等に関し事実に反する記載をし又は事実を誇張，わい曲して記載した」として組合役員らに対する懲戒休職処分を有効としている。

【99】　目黒電報電話局（民事）事件：最三小判昭52·12·13労判287-26

事実　反戦プレートの着用禁止に抗議する目的で休憩時間中に休憩室や食堂でビラを配布したことを理由とする戒告処分の無効確認訴訟の上告審。

## 第3節　ビラ貼り闘争等——施設管理権との関連

判旨　「ビラの配布が局所内の秩序風紀を乱すおそれのない特別の事情が認められるときは」就業規則違反に当たらない。

しかし，本件では「局所内において演説，集会，貼紙，掲示，ビラ配布等を行うことは，休憩時間中であっても，局所内の施設の管理を妨げるおそれがあり，更に，他の職員の休憩時間の自由利用を妨げ，ひいてはその後の作業能率を低下させるおそれがあって，その内容いかんによっては企業の運営に支障をきたし企業秩序を乱すおそれがあるのであるから，これを局所管理者の許可にかからせることは，前記のような観点に照らし，合理的な制約ということができる。本件ビラの配布は，その態様において直接施設の管理に支障を及ぼすものでなかったとしても，前記のように，その目的及びビラの内容において上司の適法な命令に対し抗議をするものであり，また，違法な行為をあおり，そそのかすようなものであった以上，休憩時間中であっても，企業の運営に支障を及ぼし企業秩序を乱すおそれがあり，許可を得ないでその配布をすることは公社就業規則5条6項に反し許されるべきものではないから，これをとらえて懲戒処分の対象としても，労基法34条3項に違反するものではない。」

【100】　倉田学園事件（大手前高（中）校·53年申立て）：最三小判平6·12·20労判669-13（【44】と同一判例）

事実　略

判旨　「本件ビラ配布は，許可を得ないで被上告人の学校（丸亀校）内で行われたものであるから，形式的には就業規則14条12号所定の禁止事項に該当する。しかしながら，右規定は被

第7章　組合の対使用者活動に対する抑制的行為

上告人の学校内の職場規律の維持及び生徒に対する教育的配慮を目的としたものと解されるから，ビラの配布が形式的にはこれに違反するようにみえる場合でも，ビラの内容，ビラ配布の態様等に照らして，その配布が学校内の職場規律を乱すおそれがなく，また，生徒に対する教育的配慮に欠けることとなるおそれのない特別の事情が認められるときは，実質的には右規定の違反になるとはいえず，したがって，これを理由として就業規則所定の懲戒処分をすることは許されないというべきである（最高裁昭和47年(オ)第777号同52年12月13日第三小法廷判決・民集31巻7号974頁参照）。

　右の見地に立って本件ビラ配布について検討すると，本件各ビラは，いずれも職場ニュースと題する上告参加人の機関紙であるところ，本件各ビラの内容は，香川県下の私立学校における労使間の賃金交渉の妥結額（5月8日配布のもの），被上告人との間で予定されていた団体交渉の議題（同月9日配布のもの），右団体交渉の結果（同月16日配布のもの）など，上告参加人の労働組合としての日ごろの活動状況及びこれに関連する事項であって，違法不当な行為をあおり又はそそのかす等の内容を含むものではない。また，本件ビラ配布の態様をみると，本件ビラ配布は丸亀校の職員室内において行われたものではあるが，いずれも，就業時間前に，ビラを二つ折りにして（特に5月8日及び16日配布の片面印刷のものは，印刷面を内側にして）教員の机の上に置くという方法でされたものであって，本件ビラ配布によって業務に支障を来したことを窺わせる事情はない。また，生徒に対する教育的配慮という観点からすれば，ビラの内容が労働組合としての通常の情報宣伝活動の範囲内のものであっても，学校内部における使用者と教職員との対立にかかわる事柄をみだりに生徒の目に触れさせるべきではないということもできるが，本件ビラ配布は，始業時刻より15分以上も前の，通常生徒が職員室に入室する頻度の少ない時間帯に行われたものであって，前記の教育的配慮という一般的見地を余り強調するのは，本件事案の実情にそぐわない。

　したがって，本件ビラ配布については，学校内の職場規律を乱すおそれがなく，また，生徒に対する教育的配慮に欠けることとなるおそれのない特別の事情が認められるものということができ，本件各懲戒処分は，懲戒事由を定める就業規則上の根拠を欠く違法な処分というべきである。そして，校内での組合活動を一切否定する等の被上告人側の前示組合嫌悪の姿勢，本件各懲戒処分の経緯に徴すれば，本件各懲戒処分は被上告人の不当労働行為意思に基づくものというほかなく，本件各懲戒処分は，労働組合法7条1号及び3号の不当労働行為を構成するものというに帰する。」

【101】あけぼのタクシー事件：福岡地判昭53・3・31労判365-67

事実　略

判旨　「原告は，前記3の(三)で判示の組合のビラ配布により会社の名誉，信用が害されたことを，参加人N，同Yに対する本件解雇事由の一つとしている。しかし，前記判示のように右ビラは，懲戒の正当性を巡って会社と対立，闘争中の組合が，他会社のタクシー運転手に支援を訴えるために作成されたものであるから，その性質上その表現がある程度事実を誇張したり自己の正当性の一方的主張となりがちなことは否定できず，それもある程度やむを得ないことと考えられる。本件ビラが右のような性格のものであることは，ビラの体裁や記載内容から通常看取できることであるから，本件ビラを読む者においてもその記載内容を必ずしもすべて事実なものとして受け取

おそれはないというべきである。右事情に本件ビラ配布の直接の相手方がタクシー運転手に限定されていることを考え合わせると、本件ビラの配布により、解雇事由となるほどに会社の名誉、信用が害されたとするには疑問が存する。現に本件ビラ配布後本件解雇までの間に、本件ビラが会社の名誉、信用を害するものとして、会社から組合や組合役員に対し抗議や注意がなされた形跡はない。」

## 第4節　リボン闘争等——職務専念義務との関連

使用者に対するプレッシャー活動は、就労中のいわゆる服装（リボン、腕章、ワッペン、はちまき）闘争としてもなされる。さらに労使関係が悪化すると組合ベルトの着用の適否さえ争われている（ＪＲ東日本本庄保線区（民事）事件：最二小判平 8・2・23 労判 690-12）。就労中は、判例法上職務専念義務があるので、組合活動は当該義務違反とみなされている。実質的にそのリーディングケースとなったのは、【102】目黒電報電話局（民事）事件：最判である。本件は、組合がらみの事案ではなく、就労中のベトナム反戦プレートの着用行為等を理由とする戒告処分の効力が争われたものである。最判（最三小判昭 52・12・13 労判 287-26）は、プレート着用行為は職務専念義務に違反するとともに他の職員の職務への集中を妨げるとして戒告処分を有効としている。

もっとも、就労と両立する組合活動について例外的に許されるかがここで問題になる。その際、就業規則において就業時間中の組合活動を明文で禁止していたらどうなるかも争われている。労働委員会実務は、組合活動の目的・必要性、態様、業務秩序侵害の程度等からその正当性を問題にする傾向にあるが、裁判例は職務専念義務違反等の理由で概ねその正当性を認めていない。職務専念義務との関連においては、就業時間中に離職してなされた組合活動の正当性も争われている。オリエンタルモーター事件：千葉地判（昭 62・7・17 労判 506-98、控訴審・東京高判昭 63・6・23 労判 521-20、上告審・最二小判平 3・2・22 労判 586-12）は、「当該組合活動が労働組合の団結権を確保するために必要不可欠であること、右組合活動をするに至った原因が専ら使用者側にあること、右組合活動によって会社業務に具体的な支障を生じない」場合には例外的に正当性が認められるとして、これを理由とする不利益取扱いを不当労働行為とした千葉地労委（昭 56・2・23 命令集 69-163）の立場を維持している。

なお、いわゆる服装闘争の事案ではないが、ＪＲ東日本本荘保線区（民事）事件：秋田地判（平 2・12・14 労判 690-23、控訴審・【103】仙台高秋田支判平 4・12・25 労判 690-13、上告審・最二小判平 8・2・23 労判 690-12）は、国労マーク入りのベルト着用の組合員に対し会社が就業規則の書き写しの等を命じたことを人格権侵害として損害賠償の請求を認めている。と

第7章　組合の対使用者活動に対する抑制的行為

りわけ，同事件・仙台高判秋田支部判が，職務専念義務のあり方につき限定的な見解を明らかにしたことが注目される。

【102】　目黒電報電話局（民事）事件：最三小判昭52・12・13 労判 287-26【99】と同一判例）

事実　電電公社職員が就業時間中に「ベトナム侵略反対」等のプレート着用して就労していたこと等を理由とする戒告処分の無効確認訴訟。

判旨　「ところで，公社法34条2項は『職員は，全力を挙げてその職務の遂行に専念しなければならない』旨を規定しているのであるが，これは職員がその勤務時間及び勤務上の注意力のすべてをその職務遂行のために用い職務にのみ従事しなければならないことを意味するものであり，右規定の違反が成立するためには現実に職務の遂行が阻害されるなど実害の発生を必ずしも要件とするものではないと解すべきである。本件についてこれをみれば，被上告人の勤務時間中における本件プレート着用行為は，前記のように職場の同僚に対する訴えかけという性質をもち，それ自体，公社職員として職務の遂行に直接関係のない行動を勤務時間中に行ったものであって，身体活動の面だけからみれば作業の遂行に特段の支障が生じなかったとしても，精神的活動の面からみれば注意力のすべてが職務の遂行に向けられなかったものと解されるから，職務上の注意力のすべてを職務遂行のために用い職務にのみ従事すべき義務に違反し，職務に専念すべき局所内の規律秩序を乱すものであったといわなければならない。同時にまた，勤務時間中に本件プレートを着用し同僚に訴えかけるという被上告人の行動は，他の職員の注意力を散漫にし，あるいは職場内に特殊な雰囲気をかもし出し，よって他の職員がその注意力を職務に集中することを妨げるおそれのあるものであるから，この面からも局所内の秩序維持に反するものであったというべきである。

すなわち，被上告人の本件プレート着用行為は，実質的にみても，局所内の秩序を乱すものであり，公社就業規則5条7項に違反し59条18号所定の懲戒事由に該当する」。

【103】　JR東日本（本荘保線区）（民事）事件：仙台高裁秋田支部判平4・12・25 労判 690-13

事実　原告がバックルに国労マークの入っているベルトを身に付けながら作業に従事しているのを見つけ，原告に対し，就業規則違反を理由として，本件ベルトの取り外しを命じたうえ，翌日，原告に対し，就業規則全文の書き写しと，その後感想文の作成，書き写した就業規則の読み上げを命じた。そのため入院を余儀なくされたとして損害賠償の請求がなされた。

判旨　「職務専念義務の意義を右のように解するとしても，それを余りに形式的，厳格に適用してその違反の有無を論ずるのは必ずしも相当とは解されない。もとより，労働者は，労働契約に基づき，勤務時間中は使用者の指揮，命令に服して労務を提供し，その対価として賃金の支払を受けるのであるから，勤務時間中は，職務以外のことをしてはならず，職務に専念すべきは当然であり，その点から職務専念義務の意義を右のように理解することは十分理由があるし，労働者が一般に職務専念義務を負うことは就業規則に明文規定があるか否かに拘らないというべきである。しかし，職務専念義務の意義を理念的に，かつ端的に右のようにいうことができるとしても，労働

者が，その注意力を集中し得る人としての生理的限界も自ずから明らかであり，一般に，日々，勤務時間（休憩時間はもちろん，休息時間も除くとする。）のすべてにつき，瞬時の間もなくその精神的活動力のすべてを職務にのみ完全に傾注させることは容易になし得ることとは考えられないから，労働者に対し，かようにその完全なる履行につき甚だ困難を伴う法的義務の不履行を形式的ないし厳格に問うことは，それが懲戒処分に付すような場合でなくとも慎重さが要求される部分があると解せざるを得ない。そして，一般的には，社員の勤務時間中の行為，態度が職務専念義務に違反するかどうかについては，その実質的違法性を考慮して判断されているものと考えざるを得ないのであって，その違法性の判断は，ひっきょう，当該企業の事業内容や性格を勘案した社会通念に従って決せられるものと解され，これは，控訴人会社の場合も同様と考える」。

## 1 リボン・腕章闘争

リボン闘争の正当性は，大成観光事件・最判が出るまでは，処分の効力が争われた民事事件において対立した見解が示されていた。リボン闘争等は就労と両立する場合が多いので正当な組合活動とみなす立場と本来両立しないので正当ではないと解する立場がある。

前者の例としては，灘郵便局（民事）事件：神戸地判（昭42・4・6労民集18-2-302），国労青函地本（民事）事件：函館地判（昭47・5・19労民集23-3-1）がある。たとえば，国労青函地本（民事）事件・函館地判は，就労時間中の組合活動の正当性は，「労働者が当該行為をなすことによってその精神的ないし肉体的活動力を完全に提供しなかったこと

## 第4節 リボン闘争等——職務専念義務との関連

になるのかどうかによって判断すべきである。従って勤務時間中の組合活動であっても，右の意味で労働力を完全に提供していると評価されるときには，何ら職務専念義務に違反しない」とするとともに「本件リボンの着用が憲法，公労法等によって保障される団結権，団体行動権に基づくさゝやかな組合活動であることを思えば，これが格別の支障を生ずると認め難い本件においてはこれを正当なものとして許容すべきもの」と判示していた。

後者の例として，ノースウエスト航空（民事）事件：東京高判（昭47・12・21労経速805-9），中部日本放送（民事）事件：名古屋地判（昭47・12・22判時706-88），国労青函地本（民事）事件：札幌高判（昭48・5・29判時706-6），神田郵便局（民事）事件：東京地判（昭49・5・27判時752-93）がある。たとえば，国労青函地本（民事）事件：札幌高判は，目黒電電（民事）事件最判的な職務専念義務論に基づきリボン着用は同義務に違反するとするとともに，国鉄職員が制服の上に職務と無関係のリボン等を着用することは旅客公衆に誤解を与えること，職務従事中に組合活動を行うという勤務の仕方に関する不信・不安があること，別組合員等に不要な精神的重圧を課すること等から服装規定にも違反すると判示している。

その後現在の判例法理を確立したのは，【104】大成観光事件・最判である。本件では賃上げ交渉時にホテルの従業員が要求貫徹等のリボンを着用して就労したことを理由に会社が減給処分等をなしたことが争われた。東

第7章 組合の対使用者活動に対する抑制的行為

京地判（昭50・3・11労民集26-2-125，控訴審・東京高判昭52・8・9労民集28-4-363）は，リボン闘争の違法性を，組合活動および争議行為の側面において一般的違法性として，またホテル業の場合の特別違法性として論じ，減給処分等を不当労働行為とした都労委命令（昭47・9・19命令集47-348）を取り消した。特に，組合活動上の違法性につき，「勤務時間の場で労働者がリボン闘争による組合活動に従事することは，人の褌で相撲を取る類の便乗行為であるというべく，経済的公正を欠」くとまで断じている。最判（最三小判昭57・4・12労判383-19）も，本件リボン闘争は就業時間中に行われた組合活動であって組合の正当な行為にあたらないとした原判決（東京高判昭52・8・9労民集28-4-363）の判断は結論において正当と判示した。もっとも，最判において，リボン闘争がなぜ「正当な行為」に当たらないのかの具体的理由づけはなされていない。

【104】 大成観光事件：最三小判昭57・4・12労判383-19

[事実] リボン闘争を理由とする減給処分を不当労働行為とした東京地労委命令（昭47・9・19命令集47-348）の取消訴訟の上告審。

[判旨] 「本件リボン闘争について原審の認定した事実の要旨は，参加人組合は，昭和45年10月6日午前9時から同月8日午前7時までの間及び同月28日午前7時から同月30日午後12時までの間の2回にわたり，被上告会社の経営するホテルオークラ内において，就業時間中に組合員たる従業員が各自『要求貫徹』又はこれに添えて『ホテル労連』と記入した本件リボンを着用するというリボン闘争を実施し，各回とも当日就業した従業員の一部の者（950ないし989名中228ないし276名）がこれに参加して本件リボンを着用したが，右の本件リボン闘争は，主として，結成後三か月の参加人組合の内部における組合員間の連帯感ないし仲間意識の昂揚，団結強化への士気の鼓舞という効果を重視し，同組合自身の体造りをすることを目的として実施されたものであるというのである。

そうすると，原審の適法に確定した事実関係のもとにおいて，本件リボン闘争は就業時間中に行われた組合活動であって参加人組合の正当な行為にあたらないとした原審の判断は，結論において正当として是認することができる」。

## 2 組合バッジ

組合バッジの着用は基本的に組合所属を示すもので必ずしも使用者にプレッシャーを与えるものとはいえない。しかし，最近，ＪＲの事案を中心にバッジ着用を理由とする処分事案が増加している。労働委員会実務，裁判例，学説とともに，組合バッジの着用を「組合活動」とみなしその正当性を問題にするというアプローチを採用している。

まず，裁判例の全体的傾向を確認しておきたい。判例法上，就業時間中のプレート着用や組合活動としてのリボンの着用は許されず，一定の処分が認められていた（大成観光事件：最判等）。組合バッジについても，「懲罰的」業務命令の適否との関連において，職場秩序違反的なニュアンスの判断が示されていた（国鉄鹿児島自動車営業所（民事）事件：最

## 第4節　リボン闘争等——職務専念義務との関連

二小判平5・6・11労判632-10)。

組合バッジ着用の適否が正面から争われたのは一連のJR事件においてであった。労働委員会命令は、バッジ着用を理由とする不利益取扱いを不当労働行為とみなす傾向にあるが、裁判例ははっきり対立する見解が示されている。まず、バッジ着用が正当な組合活動にあたるかを問題とし、当該行為が職務専念義務に（形式的に）違反することはほぼ共通の了解となっている。しかし、労務提供義務と両立するか、また当該バッジ着用を禁止する合理性があるか、処分をした目的如何については次のように三つの見解に分れている。高裁段階では、バッジ着用が正当な組合活動ではないという点ではほぼ一致した見解が示されているが、使用者の対応から不当労働行為が認められている例もある。一義的な判例法理を摘出するのは必ずしも容易ではない。

第1は、両立が可能とみなす裁判例である。バッジ着用は職務専念義務に違反しないとともに就業規則の禁止する組合活動にも該当しない（JR西日本事件：広島地判平5・10・12労判643-19）とか、例外的に正当性が認められる組合活動である（JR東日本事件：横浜地判平9・8・7労判723-13）という判断を示している（神戸陸運事件：神戸地判平9・9・30労判726-80も就労時の腕章着用を正当な組合活動とみなしている）。JR西日本事件：広島地判は、職務専念義務といっても、「労働者がその精神的・肉体的活動のすべてを職務遂行に集中すべき義務とまでは」解されず、本件における「バッジは、いずれも小さく目立たないものであり、また、具体的な主義主張が表示されているものでもないから、その着用行為は、原告らの労働を誠実に履行すべき義務と支障なく両立し、被告の業務を具体的に阻害することのない行為であって、原告らの職務専念義務」に違反しないと判示している。

第2は、就業時間中になされるので原則として正当な組合活動とみなさない裁判例であり、正当な組合活動も就業規則で禁止することができ、バッジ着用により相当な理由なく労使間の緊張状態をもたらしている（JR東海事件：東京地判平7・12・14判時1556-141）とか、職務専念義務や企業秩序の維持に違反する（【105】JR東海事件：東京高判平9・10・30労判728-49、上告審・最二小判平10・7・17労判744-15）という判断を示して処分等を正当とみなしている。

第3は、正当な組合活動とはみなさないが、労使関係上の諸般の事情からバッジ着用だけでは夏季手当の減率事由には当たらない（前掲JR西日本事件：広島高判平10・4・30労判749-71）とか、処分や夏季手当減額措置は、組合嫌悪を決定的動機として行われたもので支配介入にあたるという判断を示している（【106】前掲JR東日本事件：東京高判平11・2・24労判763-34、上告不受理・最一小判平11・11・11労判770-32)。処分態様や処分の経緯等を重視する立場といえる。

ところで、注目すべきはいずれの裁判例も、組合バッジの着用を組合活動の正当性の問題として処理していることである。たしかに、組合の指導、統制の下になされているので、

第7章 組合の対使用者活動に対する抑制的行為

「組合の活動」としての側面は否定できない。しかし、その正当性が争われるいわゆる「組合活動」は、ビラ貼りにせよリボン闘争にせよ具体的なメッセージ性をもった使用者に対する圧力行動に他ならない。その点、組合バッジは、その態様にもよるが通常は組合所属だけを象徴的に示すものであり、具体的メッセージ性はなく、使用者への圧力行動ともいえない。また、通常は仕事の遂行に支障を生じるものでもない。

では、就業時間中の組合バッジの着用はどう評価されるべきか。これは、就業時間中に（特定の）組合員であることを外部的に表明することが職場秩序を乱すものかの論点に他ならない。まず職務専念義務との関連が問題になる。組合バッジの着用によって仕事に支障がでることは通常考えられない。

次に、職場に緊張をもたらすか。この点メッセージ性のあるリボンについては、処分が許されるか否かは別として、そのような側面は否定できない。しかし、組合バッジにはメッセージ性がなく、その着用は必ずしも使用者への圧力を目的とするものではない。にもかかわらず、メッセージ性や圧力を感じ緊張状態を生ぜしめているのは、組合員たることを外部的に表現することを嫌悪している使用者の過敏な対応ゆえという印象を受ける。使用者側の過剰な対応ゆえに組合バッジの着用は、無理に「組合活動的」色彩をもたされているものと思われる（道幸 2002：18頁）。

【105】 ＪＲ東海新幹線支部事件：東京高判平9・10・30労判728-49

**事実** 組合バッジ着用を理由とする厳重注意および夏期手当の5％削減を支配介入とした東京地労委命令（平1・2・7命令集85-194）の取消訴訟の控訴審。

**判旨** 組合活動性
「自己が国労所属組合員であることを顕示して組合意識を高め、国労の団結保持に資するためのものであるから、組合活動というべきであるが、特に、本件における本件組合員等の本件組合バッヂの着用行為は、分割民営化に反対する東京地本が昭和62年3月31日に出した『国労バッヂは全員が完全に着用するよう再度徹底を期することとする。』などを内容とする指示第160号に従い、本件組合員等が勤務時間中に国労所属組合員であることを顕示して組合意識を高めるために行われたものであるから、勤務時間中の組合活動であり、少なくとも文言上形式的には、右23条（就業規則規定・道幸注）に違反することも明らかであり、したがって、少なくとも文言上形式的には、本件組合員等の勤務時間中における本件組合バッヂの着用行為は、同3条1項にも違反するというべきである。」

団結権保障との調整
「被控訴人が制定した本件就業規則は、企業経営の必要上従業員の労働条件を明らかにするとともに、企業秩序を維持・確立することを目的とするものであるが、その解釈・適用に当たっては、前記憲法の趣旨に従い、団結権と財産権との調和と均衡が確保されるようにされなければならないところ、右各規定の目的に鑑みれば、形式的に右各規定に違反するように見える場合であっても、実質的に企業秩序を乱すおそれのない特別の事情が認められるときは、右諸規定の違反になるとはい

第4節　リボン闘争等——職務専念義務との関連

えないと解するのが相当である（最高裁判所昭和47年(オ)第777号，同52年12月13日第三小法廷判決・民集317号974頁参照）。

したがって，本件組合員等の本件組合バッヂ着用行為が，文言上形式的には本件就業規則3条1項，20条3項，23条に違反するように見える場合であっても，実質的に企業秩序を乱すおそれのない特別の事情が認められるときは，右各規定の違反になるとはいえないと解するのが相当であるが，そのような特別の事情が認められない限り，右各規定違反になるものといわなければならない。」

本件バッヂ着用行為の評価

「このように本件組合バッヂは，そこに『ＮＲＵ』の文字がデザインされているにすぎず，具体的な主義主張が表示されているわけではない。しかし，本件組合員等の本件組合バッヂ着用行為は，前示のとおり，組合員が当該組合員であることを顕示して本件組合員等相互間の組合意識を高めるためのものであるから，本件組合バッヂに具体的な宣言文の記載がなくとも，職場の同僚組合員に対し訴えかけようとするものであり，被控訴人の社員としての職務の遂行には直接関係のない行動であって，これを勤務時間中に行うことは，身体的活動による労務の提供という面だけをみれば，たとえ職務の遂行に特段の支障を生じなかったとしても，労務の提供の態様においては，勤務時間及び職務上の注意力のすべてをその職務遂行のために用い，職務にのみ従事しなければならないという被控訴人社員としての職務専念義務に違反し，企業秩序を乱すものであるといわざるを得ない。また，同時に，勤務時間中に本件組合バッヂを着用して職場の同僚組合員に対して訴えかけるという行為は，国労に所属していても自らの自由意思により本件組合バッヂを着用していない同僚組合員である他の社員に対しても心理的影響を与え，それによって当該社員が注意力を職務に集中することを妨げるおそれがあるものであるから，この面からも企業秩序の維持に反するものであったといわなければならない。

また，本件組合バッヂの着用行為は，国鉄の分割民営化に反対する東京地本が昭和62年3月31日に出した『国労バッヂは全員が完全に着用するよう再度徹底を期することとする。』などを内容とする指示第160号に従ってされたものであることに照らせば，使用者及び分割民営化に賛成した他の労働組合の組合員に対して，国労の団結を示そうとする意味があるものというべきであり，これにより，国鉄改革法に従って新会社の運営を推進しようとする使用者及び分割民営化に賛成した他の労働組合の組合員との対立を意識させ，そのことによってこれらの者が注意力を職務に集中することを妨げるおそれのあるものであるから，この面からも企業秩序の維持に反するものであったというべきである。」

【106】　ＪＲ東日本（神奈川・国労バッヂ）事件：東京高判平 11・2・24 労判 763-34

事実　組合バッヂ着用を理由とする厳重注意，訓告処分，夏期手当減額等を不当労働行為とみとめた神奈川地労委命令（平1・5・15命令集86-420）の取消訴訟の控訴審。

判旨　「分割民営化による国鉄改革の実施について，他の労働組合の多くがこれに協力する姿勢を示していく中で，国労は，その組合員数を急激に減少させながらも，一貫してこれに反対する態度をとっていたこと，㈡さらに，他の労働組合の多くが労働協約の改訂や再締結，更には労使共同宣言の締結を行って労使協調関係を強めていく中で，国労は，これらを拒否し，国鉄当局との対立関係を強めていたこと，㈢このような姿勢をとる国労に対し，国鉄ないし控訴人の幹部は，敵意と嫌悪感を露骨に示す言動を繰り返し，特に，

第 7 章　組合の対使用者活動に対する抑制的行為

控訴人のM常務取締役においては，会社に対する反対派（国労）を断固として排除する旨発言し，また，控訴人のS社長においては，東鉄労との一企業一組合が望ましいとして，国労を攻撃し，このような迷える子羊を救って東鉄労の仲間に迎え入れていただきたいとして，東鉄労の組合員らに対し，国労組合員の国労からの脱退，東鉄労への加入を促す働き掛けを期待する発言もしていたこと，㈣また，国鉄は，職員管理調書の作成に当たり，動労組合員の労働処分歴は記載されないような取扱いをし，人材活用センターへ主に国労組合員を配置し，国労及び動労に対して提起されていた前記202億円の損害賠償請求訴訟について動労に対する訴えのみを取り下げるなど，国労を孤立化させることになる施策を進め，分割民営化に当たっての国鉄の承継法人への採用に当たっても，不採用者の多くが国労組合員であったこと，㈤このような状況の下において，本件組合バッジ取り外しの指示・指導等は，組織的に行われ，その具体的な方法・態様も，国労ないし国労組合員の対応に触発されたところがないではないにしても，前記2㈢認定のとおり，執拗かつ熾烈なもので，平和的な説得の域を大きく逸脱するものであり，特に，本件組合バッジの取り外しを拒否した国労組合員に対して命じた本件就業規則の書き写しの作業などは，嫌がらせ以外の何物でもないといわざるを得ないものであり，また，指示・指導の対象は，本件組合バッジの取り外しにとどまらず，国労マーク入りのネクタイ，ネクタイピン，ボールペン等の排除にまで及んでいること，㈥しかも，本件処分に続いてこれに近接した時期に，控訴人の各現場において，国労組合員に対し，上司等から，組織的と思われる態様で，国労からの脱退の勧奨がされたこと，以上の諸点を指摘することができる。

そして，これらの事実を合わせ考えるならば，控訴人が本件組合員らに対して本件組合バッジの取り外しを指示・指導等した行為及び本件組合バッジを着用していたことを理由に本件組合員らに対してした本件措置は，控訴人が，国鉄の分割民営化という国の方針に一貫して反対するとともに，国の右方針に従って国鉄の事業を分割承継した控訴人に対しても厳しい対決姿勢で臨んでいた国労を嫌悪し，国労から組合員を脱退させて，国労を弱体化し，ひいてはこれを控訴人内から排除しようとの意図の下に，これを決定的な動機として行われたものと認めざるを得ず，したがって，控訴人の右一連の行為は，国労（参加人ら）に対する労働組合法7条3号にいう不当労働行為（支配介入）に該当するものといわなければならない。」

## 第5節　街頭宣伝活動等

　組合が使用者にプレッシャーをかけるためもしくは社会的な支援を得るために街頭宣伝活動をすることがある。労使紛争としては，その宣伝内容が会社や会社役員の名誉・信用を傷つける等の理由で組合役員を処分するというパターンが多い。最近は街宣活動の差し止めや損害賠償事件も増加する傾向にある（旭ダイヤモンド工業（民事）事件：東京地判平16・11・29労判887-52，全国金属機械労組港合同南労会（民事）事件：大阪地判平17・7・27労判902-93等）。

　なお，取消訴訟で争われる事件としては出向先での宣伝活動の正当性が問題となった国

労高崎地本事件が著名である。本件は，余剰人員対策として社員を出向させたケースにおいて出向先の工場前で組合が強制出向反対のビラを配布し宣伝活動を行ったとして組合役員4名に対し5日間の出勤停止処分を行ったことを不当労働行為と認定した群馬地労委命令（平元・3・23命令集85-772）の取消訴訟事案である。前橋地判（平3・3・27労判589-72）は，当該宣伝活動の正当性を認めたが，東京高判（平5・2・10労判628-54）は，組合の行為は出向会社にも不安，動揺をあたえこれらの行為が再びなされると出向受け入れ拒否の事態が生じることが予想され，そうなれば出向制度の根幹が揺らぎかねないものであるとして，組合の行為の態様，程度，影響等から組合の正当な行為に当たらないとして命令を取り消した。最判（最二小判平11・6・11労判762-16）も，組合の行為は出向先たる富士重工に「少なからぬ不安動揺を与えて，富士重工の側から同様の行動が反復される場合には出向受け入れを再考したい旨の意向が被上告人に示されるなど，被上告人の当時の重要な課題であった出向施策の円滑な実施等の業務運営を不当に妨げるおそれがあった」ので正当な活動といえないとして上告を棄却した。

社会的な支援の要請の点では，必ずしも街宣活動ではないが組合の内部告発行為の適否も問題とされている。もっとも，組合活動としての正当性が正面から問題になるより，就業規則に違反するか等告発行為を理由とする処分の効力の有無レベル等で処理されることが多い。たとえば，いずれも民事事案であるが，杉本石油ガス（民事）事件：東京地判（平14・10・18労判837-11）は，組合による顧客への内部告発文書送付に関与した組合員に対する退職金不支給につき，会社に対する背信性がないとしてその支給が命じられている。また，宮崎信用金庫（民事）事件：福岡高判宮崎支判（平14・7・2労判833-48）は，金融機関における内部告発等を理由とする組合副委員長に対する懲戒解雇を無効と判断している（原審は有効としていた。宮崎地判平12・9・25労判833-55）。

## 第6節　争議行為

組合のプレッシャー活動の典型は争議行為である。もっとも，どのような行為が争議行為にあたるかは労調法上の定義（7条）はあるが，労組法の解釈において必ずしも明らかではない。学説的には，労務不提供（同盟罷業，怠業）とそれを支えるピケティング及び職場占拠がその例とされている。また，争議行為の正当性を判断する視角として，その目的・主体，開始手続，態様が挙げられている。実際の紛争は組合役員に対する解雇事件が多く，民事事件として解雇の無効が争われている。

たとえば，争議目的として政治目的の争議（三菱重工業長崎造船所（民事）事件：最二小判

平 4·9·25 労判 618-14）は正当とされず，作業体制変更反対のスト（興人佐伯工場（民事）事件：最三小判昭 50·9·9 労判 233-21）は正当とされている。

　ＪＲ東日本事件では，企業施設への入構禁止等の措置への抗議を目的とする争議の適否が争われた。東京地判（平 17·2·28 判時 1893-137）は，入構禁止措置は予定されていたストに対応し業務遂行を継続するために必要であったとして，正当な措置に抗議して行われた本件ストの目的は正当性に欠けると判示している。抗議目的は組合独自に判断しうることなので，会社の正当な行為に対する抗議であるから目的が正当にならないという立論には疑問がある。もっとも，鉄道においてスト予定を突然繰り上げる態様のストの正当性には問題がある。同事件・東京地判は，そのようなストは，「会社の業務遂行に重大な混乱をもたらし，利用客にも多大な迷惑を与えることが，十分予測することができた」として手続，態様において正当性を欠き，それを理由とする出勤停止等の処分は不当労働行為にあたらないとして申立を棄却した中労委命令（平成 15·7·16 命令集 126-948）の立場を支持している（会社からの損害賠償も認められている。東京高判平 13·9·11 判時 1764-131）。

　争議の開始につき組合内部に対立があり，本部の意向に反した争議が正当となるかはいわゆる山猫スト問題として議論されている。エッソ石油事件では，本部の意向に反する支部の企画した指名ストを理由とする懲戒解雇の不当労働行為性が争われ，東京高判（平 6·9·28 労判 663-21）は，正当性を欠くとして不当労働行為の成立を否定している（エッソ石油（民事）事件：最二小判平 6·1·31 労判 663-15 においても懲戒解雇は有効とされている）。

　同盟罷業（ストライキ）の一般的態様は，労務の提供をしないことである。怠業は十分な労務を提供しないことであり，全体として仕事のスピードを低下させるスローダウンと一部の仕事を提供しないという二つのパターンがある。いずれも正当な争議行為とされている。

　大東洋生コン事件は，組合の過積載拒否闘争に対し出荷割当を減らし残業指示をしなかったことを不当労働行為とした大阪地労委命令（平 1·12·13 命令集 88-383）の取消訴訟である。大阪地判（平 3·11·14 労判 598-37，控訴審・大阪高判平 4·6·27 労判 629-131，上告審・最三小判平 5·6·22 労判 640-14）は，過積載拒否はそれ自体適法であり，全体として許容限度を逸脱していないとして不当労働行為の成立を認めている。

　ストのために患者や利用者が不当に不利益を受ける場合にその正当性が問題になる。医療機関や福祉施設で争われることが多い。亮正会事件では，病院における看護婦等の指名ストに対し警告書等を発したことが中労委（昭 62·4·1 命令集 81-587）により不当労働行為とみなされた。取消訴訟において東京地判（平 2·9·27 労民集 41-5-715，控訴審・平 3·7·15 労民集 42-2-571）は，労調法 37 条 1 項による手続を履行し，指名スト参加者が病院構内に待機している等病院の業務に与える影響を

## 第6節 争議行為

少なくするため種々の配慮をしているので正当な争議行為であると判断し中労委命令を維持している。

理研産業事件では、職場占拠まで至らない座り込み闘争を理由とする不利益査定が争われ、広島地労委は不当労働行為に当たらないと判断していた。広島地判（昭59・9・18労経速1221-10）も、座り込みの態様が乱雑、粗野であり来客に対し相当の不快感をあたえ、しかも道路に面し外観を重視する本社正面入口において1月にわたり行われたとして正当性の限度を超えた争議行為として広島地労委命令（昭55・7・9命令集68-62）の立場を維持している。

判例法理は、労務不提供以上の使用者の所有権や営業に自由を不当に侵害する態様の争議行為を違法とする傾向にある。たとえば、スト中の営業用自動車確保戦術（実際はピケ）（御国ハイヤー（民事）事件：最二小判平4・10・2労判619-8）や顧客の入店を実力で阻止すること（書泉（民事）事件：東京地判平4・5・6労判625-44）は違法とされている。

争議行為といっても、無秩序な抗議行動としてなされる場合もある。大久保製壜所事件では、管理職を取り囲み抗議や罵声を浴びせ、ドアの錠を壊し事務所に立ち入り滞留した行為を理由とする懲戒処分が不当労働行為といえるかが争いになった。東京地判（平元・6・14労判542-22）は、懲戒処分に値する行為という側面があるが、かなり厳しい内容の新勤務体制を団交もせずに使用者が一方的に実施したことに対するやむを得なかった抗議等と

して不当労働行為の成立を認めた東京地労委命令（昭59・3・27命令集75-250）の立場を維持した。

労働組合の争議行為に対抗するために使用者がロックアウトをなした場合にはその正当性が問題になる。この点は、不当労働行為事案としてではなく、主にロックアウト期間中の賃金請求権が認められるかの問題として争われている。判例法理は、丸島水門（民事）事件：最判（最三小判昭50・4・25判時777-15）において、「衡平の見地から見て労働者側の争議行為に対する対抗防衛手段として相当と認められるかどうかによってこれを決すべく、このような相当性を認めうる場合には、使用者は正当な争議行為をした者として、右ロックアウト期間中における対象労働者に対する個別的労働契約上の賃金支払い義務をまぬかれる」と判示し、本件においては組合員の不完全な労務の提供の受領を拒否するためのロックアウトであったとして賃金不払いを正当としている。その後も、一連の最判は、同フレームに基づき個別的事案の状況に応じた判断を示している。もっとも、ロックアウトの正当性が認められた例はほとんどない。ノースウエスト・エアラインズ（民事）事件：最判（最一小判昭50・7・17労経速916-3）及び日本原子力研究所（民事）事件：最判（最二小判昭58・6・13判時1083-19）は、防衛的ではなく先制的・攻撃的であるとして、山口放送（民事）事件：最判（最二小判昭55・4・11労判340-25）は、労使勢力の均衡が破れておらず使用者側が著しく不利な圧力を受けて

はいなかったとして、また、第一小型ハイヤー（民事）事件：最判（最二小判昭52・2・28判時850-97）は、就労申し入れ後のロックアウトの継続を、それぞれ正当ではないと判示している。

他方、安威川生コン工業事件：最判（最三小判平18・4・18労判915-6）は、本件ストの態様から、会社は事実上終日休業の状態にせざるをえず、組合員らの提供した労務は、「就労しなかった時間に係る減額がされた後の賃金にも到底見合わないものであり、かえって会社に賃金負担による損害を被らせるだけのものであった」としてロックアウトの正当性を認めている。

これらの判例法理は労働委員会の事案に対しても決定的な影響を及ぼしている。教育社事件では、組合のスト解除通告後にもなされた会社のロックアウト継続の不当労働行為性が争われ、中労委（昭和61・5・7命令集79-768）は、不当労働行為としてその期間中のバック・ペイの支払いを命じていた。しかし、東京地判（平8・10・24労判707-50）は、「組合の長期にわたるストライキ中の行き過ぎた行動及び多大な要求に鑑みれば、組合員が平穏裏に就労する用意があり又は平和的に団体交渉をする準備があると直ちに判断し得ない状況にあった」としてロックアウト継続の正当性を認め、バック・ペイ部分を違法として取り消した。

争議権保障の効果は、刑事免責（労組法1条2項）、民事免責（8条）、不当労働行為制度上の保護（7条）がある。岡山電気軌道事件は、ストに対する賃金カットのあり方が問題となり、岡山地労委（平3・12・20命令集93-619）は臨時給等における慣行に反するストカットを不当労働行為としていた。岡山地判（平6・10・12労判666-36）および広島高岡山支判（平7・10・31労判696-84）は、いずれも不当労働行為の成立を認めている。広島高判岡山支部は、慣行の変更につき合理的な理由と必要性を要し、交渉または説得の手続を踏むべきであると説示している。

## 参 考 文 献

（太字は本文中の掲載略語）

**特集** （1979 年）「複数組合併存下の法律問題」学労 54 号，（1981 年）「企業内組合と団結権」学労 57 号，（1996 年）「**管理職組合**」学労 88 号
吾妻光俊　1949 年「不当解雇の効力」法学協会雑誌 67 巻 6 号，1966 年「不当労働行為制度における二律背反」学労 28 号
有泉　亨　1953 年「団結権の侵害とその救済」末川還暦『労働法経済法の諸問題』有斐閣
石川吉右衛門　1960 年「労働組合法 7 条 1 号と 3 号との関係」菊池 60 年祝賀論文集『労働法と経済法の理論』有斐閣，1978 年『労働組合法』有斐閣，1980 年（萩沢清彦との共著）『不当労働行為制度の実態』日本労働協会
石田　真　1982 年「一方の組合とのユニオン・ショップ協定の締結」現代講座 8 巻
石橋　洋　1981 年「施設管理権と組合活動の正当性」学労 57 号，1982 年「ユ・シ解雇と不当労働行為の成否」現代講座 8 巻
浦　功　1982 年「使用者の言論と不当労働行為(1)(2)(3)」労判 383 号，384 号，385 号
遠藤公嗣　1989 年『日本占領と労資関係政策の成立』東京大学出版会
大内伸哉　1991 年「企業内組合活動」季労 161 号
大野一尚　1996 年「配転命令権濫用の判断視角」労働法律旬報 1377 号
小川映一　1972 年『賃金差別　裁判例・労委命令の実践的解明』民衆社
奥山明良　1982 年「複数組合の併存と不当労働行為の成否」成城法学 11 号，1982 年「使用者の言論」現代講座 8 巻
香川孝三　1979 年「賃金・昇格差別と不当労働行為」学労 54 号，1982 年「差別待遇」現在講座 7 巻，1993 年「文献研究　労働委員会における不当労働行為の救済手続」季労 168 号
片岡　曻　1968 年「不当労働行為意思について」法学論叢 82 巻 2.3.4 合併号，1992 年（大沼邦博との共著）『労働団体法　上巻』青林書院
岸井貞男　1967 年「不当労働行為としての支配介入」新講座 6 巻，1977 年「組合間差別と不当労働行為」季労 105 号，1978 年①『不当労働行為の法理―不当労働行為法の原理（上）』総合労働研究所，1978 年②『団結活動と不当労働行為―不当労働行為法の原理（下）』総合労働研究所，1982 年「不当労働行為制度の本質」現代講座 7 巻
木村慎一　1967 年「不当労働行為制度の現実の機能」新講座 6 巻
木村　隆　1983 年「組合掲示物に対する使用者の警告・撤去行為について」中労時 697 号
共同研究労働法 2　1969 年『不当労働行為論』法律文化社
**近畿大学**労働問題研究所編　1980 年『労働委員会の実情と問題点』法律文化社
國武輝久　1985 年「誠実団交義務と不当労働行為制度」日労研 314 号，2000 年「組合併存状態と不当労働行為」21 世紀講座 8 巻
熊倉　武　1967 年「不当労働行為意思の認定」新講座 6 巻
倉地康孝　1976 年『人事考課と賃金差別』ダイヤモンド社
小嶌典明　1987 年「労使自治とその法理」日労研 333 号，1988 年「幹部責任と不当労働行為」片岡還暦，『労働法学の理論と課題』有斐閣，1992 年「労働組合法を超えて」日労研 391 号，2000 年「労使関係法と見直しの方向」学労 96 号
小西國友　1975 年「ビラの貼付と使用者の施設管理権」季労 95 号，1980 年「労働者の組合活動と誠実義務・職務専念義務」季労 115 号，1993 年「不当労働行為における原因たる行為

## 参考文献

と結果たる行為（上）（下）」判時1470号，1479号
小宮文人　2000年「不当労働行為の認定基準」21世紀講座8巻
佐伯清治　1967年「不利益取扱の態様」新講座6巻
堺鉱二郎　1982年「便宜供与慣行の破棄」現代講座8巻
佐藤昭夫　1990年『国家的不当労働行為論』早稲田大学出版部
清水洋二　1982年「支配介入」現代講座7巻
司法研修所編　1987年『救済命令等の取消訴訟の処理に関する研究』法曹会
島田陽一　1985年「使用者によるビラの自力撤去と支配介入の成否」外尾・法理
菅野和夫　2005年『労働法 7版』弘文堂
角田邦重　1978年「組合事務所の利用権と侵害に対する救済方法㈠㈡」労判302号，1984年「『企業秩序』と組合活動」労判435号，1988年「組合バッジ着用行為の正当性」労判732号
瀬戸正二　1968年「不当労働行為にあたる解雇の効力」法曹時報20巻7号
高木紘一　1976年「リボン闘争の正当性」季労97号，1991年「残業差別と不当労働行為」季労161号
高田正昭　1982年「賃金差別」現代講座8巻
高橋貞夫　1982年「専従慣行・組合活動をめぐる慣行の破棄」現代講座8巻，1991年「組合併存下の前提条件の諾否と差別」季労161号
竹下英男　1982年「従業員教育」現代講座8巻
蓼沼謙一　1967年「不利益な取扱いの態様」「不利益取扱意思の認定」『総合判例研究叢書　労働法12』有斐閣
田辺公二　1965年「動機競合の場合における差別待遇の判定基準について」同『労働紛争と裁判』弘文堂
千々岩力　1982年「不当労働行為の立証と認定」現代講座8巻
塚本重頼　1977年『労働委員会』日本労働協会，1989年『不当労働行為の認定基準』総合労働研究所
辻村昌明　2000年「企業内・外の組合活動」21世紀講座8巻
蔦川忠久　1982年「黄色契約」現代講座7巻
照井　敬　1985年「集団的賃金差別における立証責任をめぐる問題」外尾・法理
東京大学労働法研究会編　1980，1982年『注釈労働組合法　上巻・下巻』有斐閣
道幸哲也　1977年「管理職への昇進と不当労働行為」商学討究27巻3＝4号，1978年「不当労働行為の救済」『文献研究　労働法学』総合労働研究所，1980年「特定職位への昇進命令について」ジュリスト720号，1981年「正当な行為」『労働判例百選4版』有斐閣，1982年「前提条件・妥結月払方式」現代講座8巻，1988年①『不当労働行為救済の法理論』有斐閣，1988年②「組合申立の法構造（上）（下）」北大法学論集38巻5・6号，39巻1号，1988年③「バック・ペイ法理の再検討」季労148号，1990年「経営参加と不当労働行為　アメリカにおける不当労働行為制度観の相克（上）（下）」判時1325号，1328号，1991年「不当労働行為制度の現代的課題」学労77号，1994年「重畳的使用者概念の必要性」労旬1311号，1995年①『労使関係のルール　不当労働行為と労働委員会』旬報社，1995年②『職場における自立とプライヴァシー』日本評論社，1998年『不当労働行為の行政救済法理』信山社，1999年①「労働組合施策の回顧と労使関係政策の課題」日労研463号，1999年②「証人出頭時の有給休暇取扱い上の差別と不当労働行為」労判767号，2000年①「21世紀の労働組合と団結権」21世紀講座8巻，2000年②「団体交渉権の法的構造」21世紀講座8巻，2002年『不当労働行為法理の基本構造』北大図書刊行会，2004年①「集団的労使関係処理シス

## 参 考 文 献

テムからみた不当労働行為制度の見直し」季労 205 号,2004 年②「団結権保障と不当労働行為制度」争点(3 版),2004 年③「労組法改正と労働委員会システムの見直し」学労 104 号,2005 年①『成果主義時代のワークルール』旬報社,2005 年②「不当労働行為の審査はどうなるか ―2004 年労組法改正がめざしたもの」労働法律旬報 1591・1592 号,2006 年①『労使関係法における誠実と公正』旬報社,2006 年②「労働契約法制と労働組合」労働法律旬報 1630 号,2006 年③「渡島信全会員代表訴訟事件と理事の善管注意義務・忠実義務」季刊・企業と法創造 2 巻 2・3 合併号,2007 年「親会社の団交応諾義務」季労 216 号

豊川義明　1981 年「組合旗・懸垂幕等の掲示」現在講座 3 巻

直井春夫・成川美恵子　1996 年「個別紛争と労働委員会の新たな役割をめぐる議論(文献紹介)」季労 180 号,1998 年『労委制度ノート』総合労働研究所,1999 年「個別的紛争解決システムと労働委員会」季労 190・191 号,2000 年「査定差別」21 世紀講座 8 巻

中窪裕也　1995 年『アメリカ労働法』弘文堂,1999 年「労働委員会制度に関する一考察」日労研 473 号

中嶋士元也　1988 年「不当労働行為救済規定の解釈―行政救済命令取消判決と私法的基準」学労 72 号,1999 年「裁判所の手法と労働委員会の苦境」日労研 473 号

中山和久　1978 年「管理職の肥大化と非組合員化」季労 109 号,1981 年『不当労働行為論』一粒社,1989 年(深山・宮本・本田・岸井・伊藤・萬井と共著)『注釈　労働組合法・労働関係調整法』

西谷　敏　1980 年「施設管理権の法的性格とその限界」法学雑誌 26 巻 3・4 号,1992 年『労働法における個人と集団』有斐閣,1998 年『労働組合法』有斐閣

沼田稲次郎　1967 年「労働組合の正当な行為」新講座 6 巻

野田　進　1985 年「不利益取扱としての解雇」外尾・法理

橋詰洋三　1967 年「会社解散と不当労働行為」新講座 6 巻

蓮井一次郎　1957 年『不当労働行為の研究』司法研究報告書 3 輯 10 号

林　和彦　1997 年「配置転換と不当労働行為」季労 182 号

原田賢司　1986 年「不当労働行為法における精神的不利益取扱いと立証及び救済上の問題」稲垣古稀論集『労働法学をめぐる諸問題』日本大学法学部

深谷信夫　1996 年「組合活動権論」籾井常喜編『戦後労働法学説史』労働旬報社

深山喜一郎　1985 年「使用者の言論の自由と支配介入」外尾・法理

福島　淳　1982 年「懲戒」現代講座 8 巻

古西信夫　1982 年「使用者」現代講座 7 巻

外尾健一　1975 年『労働団体法』筑摩書房,1980 年「企業施設利用の組合活動の正当性」季労 115 号,1985 年「わが国における不当労働行為制度の歴史的沿革」外尾・法理

本多淳亮　1964 年『業務命令施設管理権と組合活動』労働法学出版,1978 年『不当労働行為と組合活動(増補版)』法律文化社,1980 年「人事考課と賃金差別」季労 116 号,1988 年「不当労働行為論における労働者と使用者の概念」季労 148 号

本田尊正　1976 年「不当労働行為制度と使用者概念」季労 101 号

本間義信　1971 年「差別待遇意思の認定」『静岡大学法経研究』19 巻 4 号

松永　久　2005 年「労働組合法改正の経緯と概要」ジュリスト 1284 号

三柴丈典　2004 年「査定差別の不当労働行為性に関する裁判例の検討」近畿大学法学 51 巻 3・4 号

三藤　正　1955 年『不当労働行為の諸問題』勁草書房,1973 年『労使関係における変化と対応』千倉書房

峯村光朗　1976 年『不当労働行為』総合労働研究所

参考文献

　　三宅正男　1982 年「不当労働行為と不法行為責任」現代講座 7 巻
　　宮里邦雄　1990 年『労働委員会―審査・命令をめぐる諸問題』労働教育センター，1991 年「便宜供与差別」季労 161 号，2000 年「労働委員会命令の法理」21 世紀講座 8 巻
　　宮本光雄　1988 年「複数組合併存下における不当労働行為」季労 148 号
　　宮本安美　1980 年「労働組合法上の労働組合」現代講座 2 巻
　　村中孝史　2005 年「不当労働行為制度の課題と労組法改正の意義」ジュリスト 1284 号
　　籾井常喜　1958 年「反組合的意図と処分正当事由」季労 30 号，1965 年『経営秩序と組合活動』総合労働研究所，1971 年「不当労働行為意思」峯村還暦『法哲学と社会法の理論』有斐閣，1976 年『組合分裂・差別支配と権利闘争　組合間差別と不当労働行為』労働旬報社，1982 年「最高裁『リボン着用行動違法論』批判」季労 125 号
　　籾山錚吾　1978 年「不当労働行為意思」労働法文献研究会編『文献研究　労働法学』総合労働研究所，1985 年「ユニオンショップ協定と不当労働行為」外尾・法理
　　盛　誠吾　1982 年「判例・命令にみるリボン闘争の正当性判断基準」季労 125 号，2000 年『労働法総論・労使関係法』新世社
　　森本弥之助　1982 年「採用拒否・人事異動」現代講座 8 巻
　　門田信男　1967 年「不利益取扱の成立要件」新講座 6 巻
　　安枝英訷　1988 年「労働組合法における正当性の四つの概念」片岡還暦『労働法学の理論と課題』有斐閣
　　柳川真佐夫・古山宏・緒方節朗・高島良一・斉藤平伍　1959 年『全訂判例労働法の研究　下巻』労務行政研究所
　　山川隆一　1990 年『不当労働行為訴訟法の研究』信山社，1993 年「文献研究　不当労働行為をめぐる行政訴訟と民事訴訟」季労 167 号，2005 年　中山滋夫・宮里邦雄「改正労働組合法における論点と今後の課題」ジュリスト 1296 号
　　山口浩一郎　1996 年『労働組合法　2 版』(有斐閣)，1998 年『救済命令の司法審査』日本労働研究機構，2000 年「行政救済と司法救済」21 世紀講座 8 巻
　　山口俊夫　1982 年「不当労働行為としての解雇の効力」現代講座 7 巻
　　山田桂三　1983 年「不当労働行為意思」『沖縄法学』11 号
　　大和哲夫　1967 年「支配介入の態様」新講座 6 巻，1974 年（佐藤香との共著）『労働委員会規則』第一法規，1982 年「使用者の行為」現代講座 7 巻，1987 年『不当労働行為と労働委員会制度の研究』第一法規
　　山本吉人　1992 年『労働委員会命令と司法審査』有斐閣
　　横井芳弘　1978 年「正当な組合活動とその免責の構造」労判 274，280，285，288，292，297，307 号，1980 年「『企業秩序』と労働者権の交錯」季労 117 号
　　萬井隆令　1985 年「不利益取扱いの態様―複数組合併存下の不利益取扱」外尾編・法理，2000 年①「複数関係企業間における労働条件の決定・変更」21 世紀講座 3 巻，2000 年②「採用拒否と不当労働行為―純然たる新規採用の場合について」龍谷法学 33 巻 3 号，2002 年「採用拒否と不当労働行為」龍谷法学 35 巻 1 号
　　労働省労働法規課編著　1955 年『不当労働行為』労務行政研究所
　　労働争議調査会　1956 年『不当労働行為事件における特殊性の研究』中央公論
　　渡辺　章　1981 年「リボン等着用行動」現代講座 3 巻
　　渡辺圭二　1982 年「組合事務所の明渡し要求」現代講座 8 巻
　　和田　肇　1991 年「複数組合併存と賃金・昇格差別」季労 161 号

# 判 例 索 引

注記：判例索引は，裁判所ごとに判決年月日順に整理した。【　】は判例整理の際に付した通し番号．太字は本書での判例掲載頁（本文と判旨掲載部分）を示している。

## 最高裁判所

最(二小)判昭 24・4・23 刑集 3-5-592 ………… 172
最(二小)判昭 29・5・28 民集 8-5-990（山岡内燃機事件）…………………… 127, 【69】128
最(三小)判昭 32・12・24 民集 11-14-2337（日本通運会津若松支部事件）………………… 33
最(二小)判昭 35・6・24 労旬 395-325（品川白煉瓦事件）………………………………… 129
最(一小)判昭 36・4・27 例集 1-152（八幡製鐵(民事)事件）……………………………… 129
最(一小)判昭 37・5・24 労経速 433=434-2（沢の町モータープール事件）……………… 129
最(大)判昭 40・7・14 民集 19-5-1198（和歌山県教組事件）……………………………… 162
最(三小)判昭 42・6・20 例集 1-254 …………… 128
最(三小)判昭 43・4・9 民集 22-4-845, 判時 515-29（医療法人新光会事件）……5, 【1】6, 17
最(三小)判昭 46・6・15 民集 25-4-516（山恵木材(民事)事件）…………… 54, 【27】56, 128
最(一小)判昭 48・11・8 労判 190-29（三菱重工業長崎造船所事件）………………… 162
最(大)判昭 48・12・12 民集 27-11-1536（三菱樹脂(民事)事件）……………… 72, 【35】74
最(三小)判昭 48・12・18 例集 1-415（東洋オーチスエレベーター(民事)事件）………… 80
最(一小)判昭 49・10・24 例集 1-477（第一小型ハイヤー事件）………………………… 129
最(三小)判昭 50・4・25 判時 777-15（丸島水門(民事)事件）…………………………… 191
最(二小)判昭 50・4・25 民集 29-4-456（日本食塩製造(民事)事件）……………………… 14
最(一小)判昭 50・7・17 労経速 916-3（ノースウエスト・エアラインズ(民事)事件）……… 191
最(三小)判昭 50・9・9 労判 233-21（興人佐伯工場(民事)事件）………………………… 190
最(一小)判昭 50・9・11 労働委員会裁判例集 14-222 ………………………………………… 102
最(一小)判昭 51・5・6 判時 813-3（中部日本放送事件）………………………… 【13】31
最(一小)判昭 51・5・6 民集 30-4-409（油研工業事件）………………………… 41, 【17】43
最(一小)判昭 51・6・3 判時 817-39（都城郵便局事件）……………………… 161, 【92】162
最(大)判昭 52・2・23 判時 840-28, 労判 269-14（第二鳩タクシー事件）……… 8, 【5】11, 17
最(二小)判昭 52・2・28 判時 850-97（第一小型ハイヤー(民事)事件）……………………… 192
最(一小)判昭 52・10・13 労旬 940-67 ………… 162
最(三小)判昭 52・12・13 労判 287-26（目黒電報電話局(民事)事件）
………………………… 177, 【99】179, 181, 【102】182
最(二小)判昭 53・11・24 判時 911-160（寿建築研究所事件）………………… 【6】12, 17
最(三小)判昭 54・10・30 判時 944-3, 労判 329-12（国鉄札幌駅(民事)事件）
……………………………… 6, 163, 【93】164, 175
最(二小)判昭 54・12・7 労経速 1049-20 ……… 168
最(二小)判昭 54・12・14 判時 956-114（住友化学工業(民事)事件）…………………… 177
最(二小)判昭 55・4・11 労判 340-25（山口放送(民事)事件）…………………………… 191
最(二小)判昭 56・5・11 判時 1009-124（前田製菓事件）……………………………………… 32
最(二小)判昭 56・9・18 労判 370-18（三菱重工業(民事)事件）……………………………… 79
最(二小)決昭 57・3・18 労経速 1123-21（同事件）…………………………………………… 177
最(三小)判昭 57・4・12 労判 383-19（大成観光

不当労働行為の成立要件　**197**

事件)……………………………………【104】184
最(二小)判昭 57・9・10 労経速 1134-5……………147
最(一小)判昭 57・10・7 労判 394-18(全逓昭和瑞穂支部(民事)事件)………………………167
最(一小)判昭 58・2・24 労判 408-50…………80, 178
最(二小)判昭 58・6・13 判時 1083-19(日本原子力研究所(民事)事件)……………………191
最(三小)判昭 58・11・1 労経速 1169-3(明治乳業事件)……………………………………177
最(三小)判昭 58・12・20 労判 421-20………136, 144
最(二小)判昭 59・1・27 労判 425-30(全国税足立分会(民事)事件)……………………167
最(三小)判昭 59・5・29 労判 430-15(メール・オーダー事件)………………59,【30】62, 107, 108
最(二小)判昭 59・11・26 労判 442-16……………153
最(一小)判昭 60・3・7 労判 449-49(水道機工(民事)事件)……………………………79
最(三小)判昭 60・4・23 判時 1155-233, 労判 450-23(日産自動車事件)
　…………………7,【3】8, 58,【28】59, 107, 128,【70】129
最(三小)判昭 60・4・23 労判 450-23………………94
最(三小)判昭 60・7・19 労判 455-4(済生会中央病院事件)………………43,【23】52, 110
最(二小)判昭 61・1・24 労判 467-6(紅屋商事事件)……………………7,【4】9, 59, 115, 116
最(二小)判昭 61・3・7 労旬 1156-61………………98
最(三小)判昭 61・4・8 労判 474-5……………98, 134
最(三小)判昭 61・6・10 労判 476-6(旭ダイヤモンド工業事件)…………………8,【11】27
最(二小)判昭 61・7・14 労判 464-25…………143, 179
最(二小)判昭 61・7・14 労判 477-6(東亜ペイント(民事)事件)………………………81
最(三小)判昭 61・9・16 労判 492-101(日野車体工業事件)……………………………110
最(一小)判昭 61・11・6 労判カード 491-104
　……………………………………………73, 134
最(三小)判昭 61・11・18 労判 486-24……………154
最(三小)判昭 61・12・6 労判 488-6………………167
最(一小)判昭 62・2・26 判時 1242-122, 労判 492-6(阪神観光事件)………………33, 41,【18】44

最(二小)判昭 62・3・20 労判 500-32(東京家の光事件)……………………………………33
最(二小)判昭 62・5・8 判時 1247-131(日産自動車(貸与差別)事件)………………59,【31】65
最(二小)判昭 62・5・8 労判 496-6(日産自動車事件)……………………………………167, 168
最(二小)判昭 62・7・17 労判 499-6(ノース・ウエスト航空(民事)事件)………………79
最(三小)判昭 63・7・19 労判 527-5………………163
最(一小)判昭 63・9・8 労判 530-13…………101, 130
最(一小)判平元・1・19 労判 533-7(日本チバガイギー事件)………………111, 163, 167, 178
最(二小)判平元・3・3 労働省編 三訂労働関係最高裁判例集 1 巻 1160 頁………………110
最(二小)判平元・4・14 労判 556-92………………110
最(二小)判平元・11・10 労経速 1392-18(福岡ラッキー・セブンタクシー(民事)事件)……79
最(一小)判平元・12・7 労判 554-6(日産自動車(民事)事件)………………………81
最(二小)判平元・12・11 労判 552-10(済生会中央病院事件)………5,【2】6, 158,【89】159, 163
最(一小)判平元・12・14 労判 552-6(三井倉庫港運(民事)事件)……………14, 59,【32】67
最(一小)判平元・12・21 労判 533-6(日本鋼管鶴見製作所事件)……………………14
最(三小)判平 2・3・6 判時 1357-144, 労判 584-38………………………………………78, 112
最(二小)判平 2・10・19 労判 584-22…………82, 131
最(一小)判平 2・10・25 労判 600-9(倉田学園事件)……………………………………33
最(二小)判平 3・2・22 労判 586-12………………181
最(三小)判平 3・4・23 労判 589-6(国鉄(民事)事件)……………………………17,【8】19
最(三小)判平 3・6・4 労判 595-6(紅屋商事事件)……………………………………116, 138
最(三小)判平 3・12・3 労判 609-16……………70, 101
最(三小)判平 4・2・14 労働判例 614-6……………42
最(三小)判平 4・3・3 労判 609-10…………………179
最(三小)判平 4・3・3 労判 615-15………37, 82, 131
最(二小)判平 4・9・25 労判 618-14(三菱重工

業長崎造船所(民事)事件)……………… 189
最(二小)判平 4・10・2 労判 619-8（御国ハイ
　ヤー(民事)事件）…………………………… 191
最(三小)判平 4・12・15 労判 624-9 …………… 70
最(一小)判平 5・3・25 労判 650-6（エッソ石油
　（チェック・オフ）事件）………… 24, 158,【90】160
最(二小)判平 5・6・11 労判 632-10（国鉄鹿児
　島自動車営業所(民事)事件）……………… 184
最(三小)判平 5・6・22 労判 640-14 …………… 190
最(二小)判平 6・1・31 労判 663-15（エッソ石
　油(民事)事件）……………………………… 190
最(二小)判平 6・3・25 労判 660-31 …………… 133
最(二小)判平 6・3・25 労判 660-33 …………… 83
最(三小)判平 6・6・7 労旬 1349-58 …………… 164
最(二小)判平 6・6・13 判時 1502-149, 労判
　656-15（高知県観光事件）……… 95,【54】96, 97, 114
最(三小)判平 6・10・25 労判 665-10（広島とき
　わタクシー事件）……………………… 107, 114
最(二小)判平 6・11・11 労判 660-31 …………… 82
最(三小)判平 6・12・20 労判 669-13（倉田学園
　（大手前高（中）校・53 年申立て）事件）
　………………………… 81, 82,【44】84, 131, 132,【100】179
最(三小)判平 6・12・20 労判 669-13 …………… 92, 177
最(一小)判平 7・2・23 労判 670-10（ネスレ日
　本（霞ヶ浦工場）事件）
　………………………… 23,【10】24, 159,【91】160
最(一小)判平 7・2・23 労判 686-15（ネスレ日
　本東京島田工場事件）……………………… 24, 159
最(一小)判平 7・2・23 労判 671-27 も同旨
　……………………………………………… 83, 90, 132
最(三小)判平 7・2・28 労判 668-11（朝日放送
　事件）…………………………………… 41,【19】45
最(二小)判平 7・4・14 判時 1530-132（高知県
　観光事件）……………………… 59,【29】61, 107, 114
最(二小)判平 7・9・8 労判 679-11（オリエンタ
　ルモーター事件）…… 113,【88】152, 164,【94】165
最(二小)判平 7・9・8 労経速 1580-11 ………… 54, 153
最(三小)判平 7・9・22 労判 694-28 …………… 144
最(三小)判平 7・10・3 労判 694-26 …………… 168
最(三小)判平 7・11・21 労判 694-22 …………… 73

最(三小)判平 7・12・19 労判 695-15 …………… 117
最(三小)判平 7・12・19 労判 695-154〔両事件
　も同旨〕……………………………………… 83, 132
最(二小)判平 8・1・26 労判 688-14 …………… 89, 172
最(二小)判平 8・2・23 労判 690-12（ＪＲ東日
　本本庄保線区(民事)事件）………………… 181
最(二小)判平 8・2・23 労判 690-12 …………… 181
最(三小)判平 8・3・26 労判 691-16 …………… 33
最(二小)判平 8・12・6 労判 714-12 …………… 105
最(一小)判平 9・4・24 労判 737-13 …………… 158
最(一小)判平 9・4・24 労判 737-23 …………… 168
最(三小)判平 9・6・10 労判 718-15（サンデン
　交通(民事)事件）………………………… 17, 92
最(三小)判平 9・7・15 労判 737-79 …………… 169
最(三小)判平 9・7・15 労判 737-81 …………… 82, 131
最(三小)判平 9・7・15 労判 739-153 ………… 103
最(一小)判平 9・9・4 労判 737-11 …………… 92, 95
最(一小)判平 10・1・22 労判 757-29 …………… 91
最(三小)判平 10・4・28 労判 740-22 …………… 130
最(三小)判平 10・7・14 労判 757-27 ………… 98, 130
最(二小)判平 10・7・17 労判 744-15 …………… 185
最(一小)判平 10・9・10 労判 757-20（九州朝日
　放送(民事)事件）…………………………… 81
最(二小)判平 11・6・11 労判 762-16 …………… 189
最(二小)決平 11・6・11 労判 773-20（相模原南
　病院(民事)事件）…………………………… 81
最(二小)判平 11・9・17 労判 768-16（帝国臓器
　製薬(民事)事件）…………………………… 81
最(一小)決平 11・11・11 労判 770-32
　……………………………………… 127, 133, 185
最(二小)判平 11・12・17 ……………………… 17
最(二小)決平 11・12・17 労判 773-15 ………… 99, 136
最(一小)判平 12・1・27 労判 777-15 …………… 83
最(三小)判平 12・1・28 労判 774-7（ケンウッ
　ド(民事)事件）……………………………… 81
最(三小)判平 13・3・13 労判 805-23（都南自動
　車講習所事件）……………………………… 15
最(一小)判平 13・6・14 労判 807-5 …………… 36
最(一小)判平 13・10・25 労判 814-34（横浜税
　関事件）……………………………… 17, 117

不当労働行為の成立要件 **199**

最（二小）判平 15・4・18 労判 847-14（新日本製鐵（日鐵運輸第二民事）事件）……………89
最（一小）判平 15・12・22 判時 1847-8（ＪＲ北海道国労事件）………… 41,【20】47, 72,【36】75
最（三小）判平 18・4・18 労判 915-6（安威川生コン工業事件）……………………………192
最（二小）判平 18・12・8 労判 929-5（ＪＲ東海事件）………………………………53, 145
最（二小）判平 19・2・2 労判 933-5（東芝労働組合小向支部（民事）事件）……………14

### 高等裁判所

東京高判昭 34・4・28 労民集 10-2-257（関東醸造（民事）事件）……………………82
東京高判昭 37・12・4 労民集 13-6-1172（三協紙器（民事）事件）……………………102
大阪高判昭 41・1・27 労民集 17-1-36（小川調教師事件）………………………128
東京高判昭 43・6・12 労民集 19-3-791……………74
東京高判昭 45・3・31 労民集 21-2-446（同事件）……………………………………53
東京高判昭 45・9・17 労民集 21-5-1229（興人パルプ事件）……………… 54,【25】55
高松高判昭 46・5・25 労民集 22-3-536（土佐清水鰹節水産加工業協同組合事件）………41
東京高判昭 47・4・27 判時 674-102（三菱製紙（民事）事件）……………………154
東京高判昭 47・12・21 労経速 805-9（ノースウエスト航空（民事）事件）………………183
札幌高判昭 48・5・29 判時 706-6（国労青函地本（民事）事件）…………………183
東京高判昭 49・5・29 労経速 852-29……………44
札幌高判昭 49・8・28 判時 764-92……………165
東京高判昭 49・9・17 労判 223-71（仁丹テルモ（民事）事件）……………………82
東京高判昭 49・10・28 労働委員会裁判例集 13-313……………………………………102
東京高判昭 50・5・28 労民集 26-3-451………63, 106
東京高判昭 51・5・27 判時 823-99（飯島産業事件）……………………………………【55】97
大阪高判昭 51・10・21 労旬 923-55……………162
名古屋高判昭 52・1・31 労経速 942-3（医療法人一草会事件）……………………117
東京高判昭 52・8・9 労民集 28-4-363……………184
札幌高判昭 52・10・27 労民集 28-5・6-476（第一小型ハイヤー救済命令取消事件）……【68】124
東京高判昭 52・12・20 労民集 28-5・6-614………7, 8
大阪高判昭 53・3・10 労経速 997-15（津田電線（民事）事件）……………74, 35, 135,【76】139
福岡高判昭 53・6・27 労経速 985-18……………168
大阪高判昭 53・6・29 労民集 29-3-371（関西電力（民事）事件）……………………173
福岡高判昭 54・3・13 労判 408-54, 労委裁集 16-100……………………………80, 178
仙台高判昭 55・1・24 労経速 1045-17（東北電通局事件）……………………177
福岡高判昭 55・3・28 労経速 1057-18……………177
東京高判昭 55・4・30 労判 340-14（新宿郵便局事件）………………… 136, 144,【84】146
名古屋高判昭 55・5・28 労判 343-32（名古屋放送事件）………………… 108, 109,【62】110
名古屋高金沢支部判昭 56・2・16 労旬 1030-40……………………………………106
東京高判昭 56・5・27 労経速 1101-22……………153
東京高判昭 56・9・28 労経速 1134-5……………147
仙台高判昭 57・1・20（判例集未掲載）……………164
東京高判昭 57・1・20 労判 396-66……………65
東京高判昭 57・8・10 労働判例 396-94……………45
札幌高判昭 52・10・27 労民集 28-5・6-476（第一小型ハイヤー事件）…………………【68】123
東京高判昭 57・12・21 労判 405-75（山口放送事件）………………………………98, 134
東京高判昭 58・2・28 労働判例 476-16……………28
東京高判昭 59・3・30 判時 1119-143（フォード自動車事件）……………………32
東京高判昭 59・8・30 労判 439-37……………163
福岡高判昭 59・9・18 判判 440-71 頁（三菱重工長崎造船所（民事）事件）……………168
大坂高判昭 59・12・24 民集 43-12-2069…………67

広島高判昭 60・1・25 労旬 1156-73（第一学習
　社(民事)事件）……………………………98
大阪高判昭 60・3・19 労判 454-48………………35
仙台高判昭 60・6・28 労判 459-66…………143, 179
東京高判昭 60・12・24 労判 467-96 ……………178
東京高判昭 60・12・24 労民集 36-6-785 …… 111, 163
東京高判昭 61・2・26 労判 476-62………………36
大阪高判昭 61・4・24 労判 479-85（日本周遊観
　光バス事件）……………………73,【39】76, 134
東京高判昭 61・7・17 労民集 37-4-5-307（済生
　会中央病院事件）………………110,【63】111
東京高判昭 61・9・24 労判 507-83……122, 130, 135
東京高判昭 61・11・13 労判 467-66 ………101, 130
東京高判昭 62・1・27 労民集 38-1-1……………19
東京高判昭 63・3・24 労判 530-87……………78, 112
東京高判昭 63・6・23 労判 521-20……………92, 181
東京高判昭 63・7・27 労判 525-37………………6, 158
仙台高判昭 63・8・29 労判 532-99………………138
仙台高秋田支判平元・1・30 労判 538-76 ………34
東京高判平 2・2・21 労判 571-52……………82, 131
東京高判平 2・4・25 労判 562-27………………168
名古屋高判平 2・5・31 労判 580-53………………34
名古屋高判平 2・5・31 労働委員会関係裁判例
　集 25-378………………………………36
大阪高判平 2・7・19 労判 580-20 ………………70
東京高判平 2・11・21 労判 583-27
　……………………………54, 113, 152, 153
東京高判平 2・12・26 労判 583-25………………169
大阪高判平 3・3・15 労判 589-85（兵庫県衛生
　研究所事件）………………………【33】70, 101
高松高判平 3・3・29 労判 591-57（倉田学園事
　件）………………………82, 92, 130, 131, 177
高松高判平 3・3・29 労判 614-14（池田電器事
　件）………………………………………42
東京高判平 3・5・23 労判 594-114………37, 82, 131
東京高判平 3・6・19 労判 594-99 ………………78
広島高判平 3・7・17 労判 665-11 ………………113
東京高判平 3・7・18 労判 629-142………………92
東京高判平 3・9・19 労旬 1349-58………………164
福岡高判平 3・10・9 労判 602-57（ＴＶ西日本
　事件）………………………84,【48】87, 138
福岡高判平 3・10・9 労判 602-5………………130
広島高判平 3・10・24 労判 607-146 ……………117
仙台高秋田支判平 3・11・20 労民集 42-6-887,
　労判 603-34（男鹿市農協事件）
　……………………37,【15】39,【67】123, 138
大阪高判平 3・11・29 労判 603-26（奈良学園
　事件）……………………………70,【34】71, 92
東京高判平 4・2・25 労判 625-67（亮正会高津
　中央病院事件）……………………【58】101
大阪高判平 4・6・27 労判 629-131……………190
名古屋高判平 4・7・16 労判 620-79〔同第一事
　件〕………………………83, 92, 117, 132
名古屋高判平 4・7・16 労判 620-81〔同第二事
　件〕……………………………83, 132
東京高判平 4・9・16 労民集 43-5・6-777, 労旬
　1302-43……………………………41, 46
東京高判平 4・9・29 労判 617-29 ………164, 167
東京高判平 4・10・26 労判 619-19（ネスレ日本
　事件）………83,【51】90, 130, 132,【72】133
東京高判平 4・12・22 労判 622-6（東京焼結金
　属事件）……………………84,【49】87, 130
仙台高秋田支部判平 4・12・25 労判 690-13
　（ＪＲ東日本（本荘保線区(民事)事件）
　…………………………………181,【103】182
仙台高判平 4・12・28 労判 637-43………………97
東京高判平 5・2・10 労判 628-54 ………………189
東京高判平 5・3・23 労判 637-39 ………………83
東京高判平 5・5・20 労判 630-54……………82, 133
広島高岡山支部判平 5・5・25 労判 644-42………79
高松高判平 5・6・18 労判 679-29……………96, 114
高松高判平 5・6・22 労判 679-29 ………………61
東京高判平 5・9・29 労判 650-71（灰孝小野田
　レミコン事件）………………………168
東京高判平 6・2・17 労判 662-78 ………………98, 130
広島高判平 6・3・29 労判 669-74（サンデン交
　通事件）……………………………………17
控訴審大阪高判平 6・8・31 労判 694-23…………73
東京高判平 6・9・28 労判 663-21 …………123, 190
仙台高判平 6・12・19 労判 673-15（三八五交通

不当労働行為の成立要件　**201**

事件)……………………92,【53】95, 112
仙台高判平7・1・26労判675-59………………91
東京高判平7・2・14労判682-154………………144
東京高判平7・2・22労民集46-2-655……………170
東京高判平7・6・22労判688-15(千代田化工建設事件)………………【50】89, 172
広島高判岡山支部判平7・10・31労判696-84…192
東京高判平8・6・27労判714-13………………105
東京高判平8・10・24労判737-13………………158
東京高判平8・10・24労判737-24(東洋シート事件)…………………………168
東京高判平8・11・28労判733-91………………103
東京高判平9・1・31労判718-48(JR東日本水戸機関区(民事)事件)……………17, 83
大阪高判平9・2・21労判737-81………82, 131, 169
大阪高判平9・4・23労判734-91(大藤生コン三田事件)…………………………42
大阪高判平9・4・23労判727-89……………83, 132
仙台高秋田支部判平9・7・30労判723-48(JR東日本(秋田保線区等)(民事)事件)………………17,【7】18
東京高判平9・9・9労判734-72…………………144
東京高判平9・10・30労判728-49(JR東海新幹線支部事件)………185,【105】186
広島高判平10・4・30労判749-71(JR西日本事件)………………………185
東京高判平10・9・10労判755-61(都南自動車教習所事件)……………………18
大阪高判平10・10・23労判758-76(真壁組事件)…………………………42
大阪高判平10・12・24労判761-105……83, 132, 136
東京高判平11・2・24労判763-34(JR東日本〔バッジ〕事件)………127, 133, 185,【106】187
東京高判平11・2・24労判761-145(全税関横浜支部(民事)事件)………………117
大阪高判平11・4・労判769-72…………………104
仙台高判平11・4・27労判773-73(JR東日本事件)…………………………132
東京高判平11・8・19労判773-16(藤田運輸事件)………………99,【57】100, 136

東京高判平11・11・16労判782-76………135, 155
東京高判平11・12・22労判779-47(西神テトラパック事件)………25, 82,【45】84, 92, 143, 150
東京高判平12・2・9労判807-7……………………36
東京高判平12・4・18労判798-57(JR東日本東京総合病院事件)………………83,【47】86, 130
東京高判平12・4・19労判783-36(芝信用金庫事件)………………118,【65】119, 137
東京高判平12・12・14労判801-37(JR北海道事件)……………48, 72, 74,【37】75,【41】77
東京高判平13・9・11判時1764-131………………190
東京高判平14・3・27労判824-17(青山会事件)…………………………42,【21】48, 72
福岡高判宮崎支判平14・7・2労判833-48(宮崎信用金庫(民事)事件)………………189
東京高判平14・10・24労判841-29(JR北海道全動労事件)…………………41, 48
大阪高判平15・1・30労判845-5(同事件)………43
東京高判平15・9・30労判862-41(朝日火災海上保険事件)
………………82, 116, 117, 122,【87】151, 154, 161
東京高判平15・12・17労判868-20(オリエンタルモーター事件)……………116,【64】117, 119
大阪高判平15・12・24労旬1577-48(本四海峡バス事件)…………………………42
大阪高判平16・3・12労判883-71(愛集学園愛集幼稚園事件)……………………18
札幌高判平16・9・17労判886-53(恵和会宮の森病院事件)………………………18
札幌高判平16・9・29労判885-32(渡島信用金庫事件)…………………………18
東京高判平16・11・16労判902-127………116, 118
東京高判平17・2・24労判892-29(日本IBM(組合員資格)事件)
………………37,【16】39, 137,【80】141, 170
東京高判平17・3・30労判905-72(神代学園ミューズ音楽院事件)………………32
東京高判平19・2・15労経速1963-20(東急バス(民事)事件)……………………159

## 地方裁判所

東京地判昭 24・11・1 労裁資 7-187（東京製靴（民事）事件） ……………………………… 175

東京地判昭 25・1・30 労民集 1-1-13（日本セメント事件） ……………………………… 34

金沢地判昭 25・3・6 労民集 1-1-65（北国銀行事件） ……………………………………… 34

東京地決昭 25・5・8 労民集 1-2-230（東京生命事件） ……………………………………… 34

仙台地判昭 25・5・22 労民集 1-3-391（日本冷蔵事件） …………………………………… 34

東京地決昭 25・12・23 労民集 1-5-770（高岳製作所事件） ………………………………… 33

東京地決昭 27・6・27 労民集 3-2-133（雅叙園（民事）事件） ……………………………… 97

東京地判昭 28・12・28 労民集 4-6-549（万座硫黄事件） ……………………………… 73, 101

東京地判昭 31・10・10 労民集 7-5-895（駐留軍追浜兵器工場事件） ……………… 173, 175

東京地判昭 32・10・15 労民集 8-5-756（米羽田輸送部隊（民事）事件） ………………… 173

大阪地判昭 33・6・12 労民集 9-3-353（相互タクシー（民事）事件） …………………… 173

千葉地判昭 35・12・6 労民集 11-6-1397（塚本総業事件） ………………………………… 34

大阪地判昭 36・10・19 労民集 12-5-917（神戸全但タクシー事件） ……………………… 34

京都地判昭 37・11・30 労民集 13-6-1140（京都全但タクシー事件） ……………………… 33

大阪地判昭 38・4・5 労民集 14-2-465（寿紡績事件） ……………………………………… 33

名古屋地判昭 40・10・18 労民集 16-5-706（全日本検数協会事件） ……………………… 34

長野地判昭 40・12・28 労民集 16-6-1233（第一法規出版（民事）事件） ………………… 173

神戸地判昭 42・4・6 労民集 18-2-302（灘郵便局（民事）事件） ……………………… 182

東京地判昭 43・12・18 労民集 19-6-1544（国鉄大分鉄道管理局事件） ……… 53,【24】54

東京地決昭 44・7・15 判時 581-75（東京科学（民事）事件） ……………………… 129,【71】130

東京地判昭 45・12・21 労民集 21-6-1603 ………… 53

函館地判昭 47・5・19 労民集 23-3-1（国労青函地本（民事）事件） ……………………… 182

横浜地判昭 47・6・20 判タ 283-214（旭硝子（民事）事件） ……………………………… 154

名古屋地判昭 47・12・22 判時 706-88（中部日本放送（民事）事件） …………………… 183

東京地判昭 48・6・28 判タ 298-314（東京書院事件） ………………………… 102,【59】103

福岡地久留米支判昭 49・2・12 労判 199-42（久留米井筒屋事件） ………………………… 34

東京地判昭 49・2・28 判時 747-103（毎日新聞社事件） …………………………………… 154

東京地判昭 49・3・12 労民集 25-1・2-106 ………… 63

東京地判昭 49・5・27 判時 752-93（神田郵便局（民事）事件） ………………………… 183

東京地判昭 49・5・29 労経速 852-14（昭和鋼機事件） …………………………………… 130

東京地判昭 49・6・28 労民集 28-5・6-649 ……… 7, 8

東京地判昭 50・3・11 労民集 26-2-125 ………… 183

東京地判昭 50・3・25 判時 780-100（川崎化成工業事件） ………………………………… 98

東京地判昭 50・7・30 判時 800-96（吉田鉄工所事件） …………………………………… 116

京都地判昭 50・10・7 判時 804-96 ……………… 135

京都地判昭 50・10・7 判時 804-97 ……………… 35

東京地判昭 50・11・25 判時 801-89（東京印刷紙器事件） ………………………………… 130

名古屋地判昭 51・3・31 労民集 27-2-173 ……… 35

那覇地判昭 51・4・20 労経速 1049-20 …………… 168

東京地判昭 51・5・21 判時 832-103（プリマハム事件） ………………………… 147,【86】148

大阪地判昭 51・9・20 労判 263-47 ……………… 106

東京地判昭 51・9・30 労判 261-26（トウガク事件） ……………………………………… 94

京都地判昭 52・1・28 労判 273-61（中外日報社事件） …………………………………… 172

福岡地判昭 53・3・31 労判 365-67（あけぼのタクシー事件） ………………………【101】180

不当労働行為の成立要件　**203**

判例索引

福岡地判昭 53・3・31 労判 365-67 ……………… 178
新潟地判昭 53・5・12 判時 904-107 ……………… 169
福岡地判昭 53・5・16 労判 298-19（西日本重機事件）………………………………【43】80, 178
東京地判昭 53・6・16 労経速 985-22（品川燃料事件）……………………………………… 134
東京地判昭 53・6・30 労民集 29-3-432（日本育英会事件）………………………………… 41
名古屋地判昭 53・8・25 労判 306-32（名古屋放送事件）………………… 106,【61】107, 110
東京地判昭 53・9・28 労判 306-23（池上通信機事件）……………………………………… 105
金沢地判昭 54・1・26 労旬 1030-44 …………… 106
東京地判昭 54・2・28 労判 316-33 ……………… 153
大阪地判昭 54・9・27 労判 328-37 ………………… 79
東京地労委昭 55・1・22 命令集 67-96（日本航空事件）……………………………………… 117
盛岡地判昭 55・6・26 労判 350-54（総合花巻病院事件）…………………………98, 130, 164
大阪地判昭 55・12・24 労判 357-31（大阪特殊精密工業事件）………………………………… 97
福岡地判昭 56・3・31 労判 365-76（あけぼのタクシー（民事）事件）…………………… 178
福岡地判昭 56・4・28 判時 1016-120（新光タクシー（民事）事件）………………… 99, 134
鹿児島地判昭 56・6・5 労経速 1122-26 ………… 106
東京地判昭 56・10・22 労判 374-55（北辰電機製作所事件）……………【12】29, 58, 118, 137
大阪地判昭 56・12・21 労判 379-42（日産金属工業事件）………………………………… 102
大坂地決昭 57・2・4 労経速 1117-8（北港タクシー（民事）事件）………………………… 14
新潟地判昭 57・2・8 労判 381-32 ……………… 106
東京地判昭 58・1・20 労判 404-46（東京流機製造事件）…………………………………… 158
鹿児島地判昭 58・3・14 労経速 1157-3（旭相互銀行事件）…………………………… 118, 137
盛岡地判昭 58・3・31 労判 412-31（岩手女子高校事件）………………………………143, 179
神戸地判昭 58・6・17 労判 419-46（姫路赤十字病院事件）………………………………… 145
横浜地判昭 58・9・28 労判 423-64（新幹線ビル事件）……………………………………… 143
福岡地判昭 59・2・29 労判 428-17（五十川タクシー事件）…………………………94, 96, 144
神戸地尼崎支判昭 59・6・15 労判 438-44 ……… 34
大阪地判昭 59・8・10 労判 436-31（日本周遊観光バス事件）……………………134,【75】138
広島地判昭 59・9・18 労判 446-50 ………………… 78
広島地判昭 59・9・18 労経速 1221-10 ……… 137, 191
東京地判昭 60・1・21 労判 447-42 ………………… 36
秋田地判昭 60・4・15 労判 461-74 ………………… 34
東京地判昭 60・4・25 労判 452-27（日本チバガイギー事件）……………111, 112, 150, 163, 178
東京地判昭 60・5・9 労経速 1241-3（明輝製作所事件）…………………………………… 144
東京地判昭 60・6・13 労判 455-31（ノース・ウエスト事件）………………… 122, 130, 135
東京地判昭 60・8・21 労判 458-39（壽自動車事件）………………………………………… 148
東京地判昭 60・9・26 労判 464-42（ニプロ医工事件）…………………………………144, 148
東京地判昭 60・9・26 労判 464-47（富里商事事件）………………………………………… 144
広島地判昭 60・10・8 労判 467-80（第一学習社事件）……………………………………… 117
東京地判昭 60・11・7 労判 463-42（日本航空事件）…………………………………… 123, 138
長崎地判昭 60・12・24 労判 470-59（長崎生コンクリート事件）…………………………… 83
青森地判昭 61・2・25 労判 475-119（紅屋商事事件）……………………………………… 138
横浜地判昭 61・3・27 労判 473-35（石塚運輸事件）………………………………………… 92
横浜地判昭 61・4・24 労判 480-57（亮正会高津中央病院事件）………………78,【42】80, 112
徳島地判昭 61・10・31 労判 485-36（大鵬薬品工業事件）……………… 144,【83】145, 175, 178
福岡地判昭 61・11・25 労判 486-65（ＴＶ西日本事件）…………………………………… 130

204 労働法判例総合解説

判例索引

東京地判昭62・3・5 労判493-20 ………… 153
東京地判昭62・3・25 労判498-68（潮文社事件）………………………………………… 101
広島地判昭62・6・23 労判665-24 ………… 113
千葉地判昭62・7・17 労判506-98（オリエンタルモーター事件）……………… 92, 181
佐賀地判昭62・7・31 労判504-75（厚生センター事件）……………………………… 101
高松地判昭62・8・27 労判509-69（倉田学園事件）…………………………………………… 36
高松地判昭62・8・27 労判509-50 ………… 177
横浜地判昭62・10・29 労判510-63（西泰野保育園事件）………………………………… 98
東京地判昭63・1・28 判時1273-132（エッソ石油(民事)事件）………………………… 177
札幌地判昭63・1・29 労判517-67 …………… 99
東京地判昭63・3・24 労判516-61（商大自動車教習所事件）……………………………… 94
東京地判昭63・3・24 労判516-52 ……… 94, 112
前橋地判昭63・3・28 労判520-47（ニプロ医工事件）………………………………………… 116
東京地判昭63・4・27 労判517-18（日本プレジテントクラブ事件）……………………… 32
名古屋地判昭63・7・15 労判524-35 ………… 36
名古屋地判昭63・7・15 労判525-41 ………… 34
東京地判昭63・10・27 判時1305-133 ……… 168
東京地判平元・6・14 労判542-22（大久保製壜所事件）………………………… 82, 131, 191
名古屋地判平元・9・8 労判553-52〔第一事件〕（日本サーキット工業事件）…… 83, 92, 116, 132
名古屋地判平元・9・8 労判553-67〔第二事件〕（日本サーキット工業事件）…………… 132
横浜地判平元・9・26 労判557-73 …………… 32
福島地判平元・10・9 労判553-45（清和電器産業事件）……………………………… 143, 150
青森地判平元・12・19 労判557-60 ………… 97
東京地判平元・12・20 労判554-30（黒川乳業事件）………………………………………… 111
大阪地判平元・12・21 労判555-39（エッソ石油（大阪地労委）事件）………………… 70

青森地判平2・1・23 労判561-83 ………… 95, 112
東京地決平2・2・13 判時1363-149（日本シェーリング（緊急命令）事件）……… 137
秋田地判平2・2・17 労民集41-6-985 ……… 37
東京地判平2・2・21 労判559-54（オリエンタルモーター事件）……… 54,【26】56, 113
東京地判平2・3・8 判時1364-118, 労判559-21（日本シェーリング事件）……83, 110, 130, 135
東京地判平2・4・11 労判563-75（ネスレ事件）………………………………………… 130
東京地判平2・5・30 労判563-6 …………… 169
東京地判平2・5・31 労判564-47（銭高組名古屋支店事件）………………………… 123, 130
東京地判平2・7・19 労判566-17（朝日放送事件）……………………………………… 143
東京地判平2・7・23 労判566-12 ………… 145
東京地判平2・9・27 労民集41-5-715, 労判569-6（亮正会高津中央病院事件）
………………………………………… 73,【40】76, 190
東京地判平2・9・28 労判570-14（京都福田事件）…………………………… 37, 82, 131
横浜地判平2・10・25 労判629-145（高津中央病院事件）……………………………… 92
東京地判平2・11・8 労判574-14（医療法人社団亮正会事件）………………………… 78
秋田地判平2・12・7 労判581-54（男鹿市農協事件）…………………………………… 138
秋田地判平2・12・14 労判690-23（ＪＲ東日本本荘保線区(民事)事件）……………… 181
大阪地決平2・12・18 労判578-22（岩井金属工業(民事)事件）……………………… 166
福岡地判平3・1・16 労判578-6（平和第一交通事件）………………………… 169,【98】176
神戸地判平3・3・14 労判584-61(星光社事件)… 32
東京地判平3・4・17 労判589-35（東京燒結金属事件）……………………………… 93, 136
東京地判平3・5・23 労判591-24（富里商事事件）……………………………… 98,【56】99
東京地判平3・5・23 労判591-24（ノース・ウエスト事件）……………………………… 130

不当労働行為の成立要件 **205**

判例索引

高知地判平3・6・18 労判 594-102‥‥‥‥ 61, 96, 114
東京地判平3・7・3 労判 594-75（国鉄清算事業団事件）‥‥‥‥‥‥‥‥‥‥‥‥‥‥ 164, 167
京都地判平3・11・13 労判 604-61‥‥‥‥‥‥‥ 79
大阪地判平3・11・14 労判 598-37‥‥‥‥‥‥‥ 190
岡山地判平4・1・28 労判 609-83‥‥‥‥‥‥‥ 79
神戸地判平4・2・4 労判 607-25（全税関神戸支部（民事）事件）‥‥‥‥‥‥‥‥‥‥‥ 137
東京地判平4・4・23 労判 610-21（偕成社事件）‥‥ 83
東京地判平4・5・6 労判 625-44（書泉（民事）事件）‥‥‥‥‥‥‥‥‥‥‥‥‥‥‥‥‥ 191
東京地平4・5・29 判時 1427-139（安田生命保険（民事）事件）‥‥‥‥‥‥‥‥‥‥‥‥‥‥ 14
東京地判平4・7・27 労判 614-56（ＪＲ東日本新宿車掌区事件）‥‥‥‥ 82,【46】85, 133,【74】134
松山地判平4・9・25 労判 637-49（トータスエンジニアリング事件）‥‥‥‥‥‥‥‥ 99, 130
東京地判平5・1・21 労民集 44-1-1‥‥‥‥‥‥‥ 170
大阪地判平5・3・1 労判 643-80（近畿システム管理事件）‥‥‥‥‥‥‥‥‥‥‥‥ 73,【38】76
東京地判平5・4・15 判時 1460-143, 労判 631-28（エッソ石油事件）‥‥‥‥‥‥‥‥ 123, 130
京都地決平5・6・18 労判 636-44（京都コンピューター学院洛北校（民事）事件）‥‥‥‥ 136
広島地判平5・10・12 労判 643-19（ＪＲ西日本事件）‥‥‥‥‥‥‥‥‥‥‥‥‥‥‥‥‥ 185
盛岡地判平5・11・5 労判 645-56（ヒノヤタクシー事件）‥‥‥‥‥‥‥‥‥【52】91, 93
長崎地判平6・9・6 労判 660-39（安田火災海上保険事件）‥‥‥‥‥‥‥‥‥‥‥‥‥‥ 32
東京地判平6・9・8 労判 659-19‥‥‥‥‥‥‥ 144
岡山地判平6・10・12 労判 666-36‥‥‥‥‥‥ 192
東京地判平6・10・27 労判 662-14（放送映画製作所事件）‥‥‥‥ 37, 118, 123, 137,【81】141
神戸地判平7・4・18 労判 684-79（柳井商店事件）‥‥‥‥‥‥‥‥‥‥‥‥‥‥‥‥ 42, 144
東京地判平7・6・8 労判 683-52（東洋シート事件）‥‥‥‥‥‥‥‥‥‥‥‥‥【60】105, 107
神戸地決平7・7・12 労判 680-45‥‥‥‥‥‥‥ 35
大阪地決平7・9・4 労判 682-42‥‥‥‥‥‥‥ 35

東京地判平7・9・25 労判 683-30（国民金融公庫事件）‥‥‥‥‥‥‥‥‥‥‥‥‥‥‥‥ 32
大阪地判平7・10・27 労判 687-50（小南記念病院事件）‥‥‥‥‥‥‥‥‥‥‥‥‥‥‥‥ 92
東京地判平7・12・14 判時 1556-141（ＪＲ東海事件）‥‥‥‥‥‥‥‥‥‥‥‥‥‥‥‥ 185
大阪地判平7・12・22 労判 695-119（小南記念病院事件）‥‥‥‥‥‥‥‥‥‥‥‥‥‥‥‥ 99
奈良地判平8・1・31 労判 717-155（平川商事（民事）事件）‥‥‥‥‥‥‥‥‥‥ 83, 132
東京地判平8・2・15 労判 690-53（ゴンチャロフ製菓事件）‥‥‥‥‥‥‥‥‥‥‥ 82, 92
千葉地決平8・2・29 労経速 1595-22（ＮＴＴ〔民事〕事件）‥‥‥‥‥‥‥‥‥‥‥‥‥ 132
東京地判平8・3・6 労判 693-81（社団法人全国社会保険協会連合会事件）‥‥‥‥‥ 159, 176
東京地判平8・3・19 労判 700-107‥‥‥‥‥‥‥ 103
東京地判平8・3・28 労判 694-54（エスエムシー事件）‥‥‥‥‥‥‥‥ 83, 133, 143, 154
東京地判平8・3・28 労判 694-65（岩井金属工業事件）‥‥‥‥‥‥‥‥ 82, 131, 144, 167
長野地松本支判平8・3・29 労判 702-74（住建事件）‥‥‥‥‥‥‥‥‥‥‥‥‥‥‥‥‥ 32
大阪地判平8・5・27 労判 700-61（日本一生コンクリート事件）‥‥‥‥‥‥‥‥‥‥‥ 42
大阪地判平8・5・27 労判 699-64(真壁組事件)‥ 42
神戸地判平8・5・31 労判 704-118（社会福祉法人陽気会事件）‥‥‥‥ 82, 131, 169,【96】170
大阪地判平8・6・5 労判 700-30（東豊観光（民事）事件）‥‥‥‥‥‥‥‥‥‥‥ 18, 83, 131
大阪地判平8・7・31 労判 702-38（ミリオン運輸〔民事〕事件）‥‥‥‥‥‥‥‥‥‥‥ 133
東京地判平8・8・15 労判 702-33（三重近鉄タクシー事件）‥‥‥‥‥‥‥‥‥‥‥‥‥ 98
東京地判平8・10・24 労判 705-57（ＪＲ東日本東京自動車営業所事件）‥‥‥‥ 144,【82】145
東京地判平8・10・24 労判 707-50‥‥‥‥‥‥‥ 192
大阪地判平8・12・25 労判 717-64（岩井金属工業（民事）事件）‥‥‥‥‥‥‥‥‥‥ 83, 132
東京地判平9・1・22 労判 710-21（時事通信社

〔民事〕事件）··········································· 83, 132
東京地判平 9・1・29 労判 713-69（倉田学園事件）······································ 98, 132, 136,【79】140
東京地判平 9・2・27 労判 719-56（倉田学園事件）······································ 164,【95】166, 178
佐賀地武雄支部決平 9・3・28 労判 719-38（センエイ事件）·································· 43
静岡地判平 9・6・20 労判 721-37（ヤマト運輸事件）·········································· 18
東京地判平 9・7・23 労判 721-16（千代田化工建設（昇給・昇格差別）事件）
····················································· 115, 172,【97】173
横浜地判平 9・8・7 労判 723-13（JR東日本事件）············································ 185
大阪地決平 9・9・22 労経速 1650-22（丸新港運事件）········································ 23
神戸地判平 9・9・30 労判 726-80（神戸陸運事件）··········································· 185
大阪地判平 9・10・29 労判 727-18（誠光社事件）································ 103, 135,【78】140
東京地判平 9・10・29 労判 725-15（エスウントエー事件）······························ 153
福岡地判平 10・1・21 労判 732-42（JR九州事件）········································· 143, 148
奈良地判平 10・3・25 労判 761-108（豊和運輸（民事）事件）······················· 83, 132, 136
大阪地判平 10・4・20 労判 741-44（誠光社〔民事〕事件）······························ 135
盛岡地判平 10・4・24 労判 741-36（協栄テックス事件）····································· 17
横浜地判平 10・4・28 労判 742-33··················· 135, 155
東京地判平 10・5・21 判時 1647-148（JR東日本（中央鉄道病院）事件）··········【47】130
東京地判平 10・5・28 労判 739-15························· 48
神戸地判平 10・6・5 労判 747-65（西神テトラパック事件）································ 18
大阪地決平 10・7・7 労判 747-50（グリン製菓事件）········································ 17
広島地判平 10・7・23 労判 750-53（JR西日本広島運転所（民事）事件）········· 18, 143

大阪地判平 10・8・26 労判 752-45（忠恕福祉会事件）································ 117, 151
東京地判平 10・10・7 労判 748-37··············· 119, 123
東京地判平 10・11・6 労判 756-50（日本入試センター（民事）事件）····················· 136
東京地判平 10・11・12 労判 750-13（JR東日本宇都宮自動車営業所事件）············· 150
東京地判平 10・11・12 労判 750-13（JR東日本宇都宮自動車営業所事件）············· 143
千葉地判平 11・2・8 労判 769-76（藤田運輸事件）········································【57】99
東京地判平 11・2・18 労判 762-60（ネスレ日本事件）····························· 24, 158, 161
東京地判平 11・3・15 労判 766-64（イーディメディアファクトリー事件）··············· 43
東京地判平 11・4・22 労判 767-33（内山工業事件）································ 82, 92, 131
大阪地判平 11・5・31 労判 768-43 等（阪神高速道路公団事件）··························· 17
東京地判平 11・6・9 労判 763-12（セメダイン事件）······················ 36,【14】38
大阪地判平 11・7・28 労判 775-82（一森ほか事件）········································· 43
静岡地沼津支決平 11・12・15 労判 786-85（岳南朝日新聞社事件）························ 17
東京地判平 12・2・2 労判 783-116（国民生活金融公庫事件）··············· 116, 118,【66】120
和歌山地判平 12・3・28 労判 789-30（住友金属工業事件）····················· 135,【77】139, 155
東京地判平 12・3・29 労判 841-46·················· 48
東京地決平 12・4・18 労判 793-86（藤川運輸倉庫事件）···································· 43
横浜地小田原支決平 12・6・6 労判 788-29（富士見交通事件）····························· 17
東京地判平 12・6・30 労判 801-87（豊中郵便局事件）······································ 83
千葉地判平 12・9・13 労判 795-15（若松運輸等（民事）事件）······················ 18,【9】20
長崎地判平 12・9・20 労判 798-34 頁（中央タクシー事件）································ 18

不当労働行為の成立要件 **207**

判例索引

大阪地判平 12・9・20 労判 792-26……………43
宮崎地判平 12・9・25 労判 833-55……………189
新潟地決平 12・9・29 労判 804-62（沖歯科工業事件）……………17
奈良地判平 12・11・15 労判 800-31（中央タクシー事件・長崎地判,大和交通事件）………17
東京地判平 12・12・20 労判 810-67（ネスレ日本事件）……………106
大阪地判平 13・3・9 労経速 1766-10（JR西日本事件）……………43
東京地判平 13・4・12 労判 805-51（青山会事件）……………42, 72
東京地判平 13・7・25 労判 813-15（黒川建設事件）……………43
東京地判平 13・8・30 労判 816-27（朝日火災海上保険事件）……………82, 154
東京地判平 14・6・19 判時 1803-122（JRバス関東事件）……………144
大阪地岸和田支決平 14・7・22 労判 833-5（佐野第一交通（民事）事件）……………162
東京地判平 14・8・1 労経速 1839-6（ブックローン事件）……………83
東京地判平 14・10・18 労判 837-11（杉本石油ガス（民事）事件）……………189
東京地判平 14・10・29 労経速 1847-3（パルコスペースシステムズ事件）……………43
東京地判平 15・1・30 労経速 1845-3（JR東海事件）……………78
神戸地判平 15・3・26 労判 857-77（大森陸運事件）……………43
名古屋地判平 15・8・29 労判 863-51（中島興業・中島スチール事件）……………43
大阪地判平 15・8・29 労判 857-93 ダイジェスト（呉港運輸・倉本組事件）……………43
大阪地岸和田支部決平 15・9・10 労判 851-11（第一交通産業事件）……………43
東京地判平 15・10・1 労判 864-13………37, 137, 170
大阪地判平 15・11・26 労判 868-49 等（双辰商会事件）……………73, 103
東京地判平 16・5・17 労判 876-5（大阪証券取引所事件）……………42,【22】50
東京地判平 16・5・31 判時 1869-111（明治乳業事件）……………116
東京地判平 16・6・25 労経速 1882-3（ユニコン・エンジニアリング事件）……………32
東京地判平 16・9・27 判時 1877-137（JR東日本鶴見駅事件）……………83, 132,【73】133
東京地判平 16・11・29 判時 1881-125（JR東海事件）……………53, 145,【85】147
東京地判平 16・11・29 労判 887-52（旭ダイヤモンド工業（民事）事件）……………188
東京地判平 17・3・30 労経速 1902-13（JR西日本事件）……………41
大阪地判平 17・5・11 労判 900-75（JR東海関西支社（配転・民事）事件）……………25
大阪地判平 17・7・27 労判 902-93（全国金属機械労組港合同南労会（民事）事件）……………188
東京地判平 17・9・15 労判 903-36（鉄道建設・運輸施設整備支援機構（民事）事件）……………41
札幌地判平 17・11・30 労判 909-14（JR北海道（民事）事件）……………25, 83
東京地判平 17・12・7 労経速 1929-3（ブライト証券他事件）……………42
東京地判平 17・12・26 判時 1939-161（JR西日本事件）……………53
横浜地判平 18・2・28 労経速 1936-3（東芝事件）……………83, 128
大阪地判平 18・3・15 労判 915-94……………41
東京地判平 18・3・30 労経速 1936-18（新国立劇場運営財団（民事）事件）……………31
東京地判平 18・5・15 判時 1947-142（JR東海事件）……………176
東京地判平 18・7・27 労経速 1953-3（住友重機械工業事件）……………119
横浜地判平 18・9・21 労判 926-30（神奈川県厚生農業協同組合連合会（民事）事件）……………159
長崎地判平 18・11・16 労判 932-24（全国一般労組長崎地本事件）……………176

**労働委員会命令**

滋賀地労委命令昭 25・7・12 命令集 3-18 ········· 128
東京地労委命令昭 39・2・26 命令集 30-31 ·········· 11
公労委命令昭 40・3・8 公労委事務局編・不当
　労働行為命令集 219 ····························· 162
公労委命令昭 40・11・1 労民集 19-6-1579 ········ 54
千葉地労委命令昭 41・1・11 命令集 34・35-65 ···· 97
名古屋地労委命令昭 41・2・19 命令集 34・35-
　706 ················································ 31
中労委命令昭 41・3・16 命令集 34・35-817 ········· 55
公労委命令昭 42・2・13 公労委事務局編不当労
　働行為事件命令集 291 ··························· 145
神奈川地労委命令昭 42・5・12 命令集 36-313 ····· 44
中労委命令昭 46・11・17 命令集 45-741 ·········· 103
東京地労委命令昭 47・9・19 命令集 47-348 ······ 184
中労委命令昭 48・3・19 命令集 49-273 ·············· 8
東京地労委命令昭 48・5・8 命令集 50-235 ········ 63
中労委命令昭 49・7・3 命令集 54-680 ············· 148
東京地労委命令昭 49・11・5 命令集 54-350 ······· 12
岩手地労委命令昭 50・2・19 命令集 55-172 ······ 164
福岡地労委命令昭 50・7・29 命令集 56-197
　·············································· 80, 178
中労委命令昭 50・11・5 命令集 57-544 ············· 45
東京地労委命令昭 51・2・3 命令集 59-170 ········ 65
神奈川地労委命令昭 51・3・19 命令集 58-350 ····· 27
愛知地労委命令昭 51・8・14 命令集 59-168 ······ 107
東京地労委命令昭 51・11・16 命令集 60-120 ···· 111
東京地労委命令昭 51・12・7 命令集 60-276 ······· 29
福岡地労委命令昭 52・12・5 命令集 62-564 ······ 178
中労委命令昭 52・12・21 命令集 62-732 ············· 9
中労委命令昭 53・3・15 命令集 63-527 ············· 52
中労委命令昭 53・7・5 命令集 64-757 ············ 178
大阪地労委命令昭 54・10・5 命令集 66-237 ······ 103
中労委命令昭 54・12・5 命令集 66-841 ········ 6, 159
広島地労委命令昭 55・7・9 命令集 68-62 ········ 191
千葉地労委命令昭 56・2・23 命令集 69-163 ······ 181
岩手地労委命令昭 56・3・18 命令集 69-259 ······ 179
香川地労委命令昭 57・6・25 命令集 71-502
　·············································· 84, 177
大阪地労委命令昭 57・9・14 命令集 72-275

　·············································· 76, 138
東京地労委命令昭 59・3・27 命令集 75-250 ······ 191
中労委命令昭 59・4・4 命令集 75-530 ············ 141
広島地労委命令昭 59・6・28 命令集 75-430 ······ 113
兵庫地労委命令昭 59・7・31 命令集 76-528 ······· 70
徳島地労委命令昭 59・9・20 命令集 76-309
　·············································· 145, 178
神奈川地労委命令昭 60・3・1 命令集 77-185 ····· 80
青森地労委命令昭 60・11・5 命令集 78-379 ······· 95
中労委命令昭 60・12・18 命令集 78-656 ··········· 24
福岡地労委命令昭 60・12・23 命令集 78-466 ····· 87
中労委命令昭 61・3・19 命令集 79-746 ············ 160
中労委命令昭 61・5・7 命令集 79-768 ············ 192
東京地労委命令昭 61・8・26 命令集 80-242 ······· 91
中労委命令昭 61・9・17 命令集 80-714 ············· 46
中労委命令昭 62・4・1 命令集 81-587 ········ 76, 190
中労委命令昭 62・5・20 命令集 81-647
　·········································· 56, 152, 166
中労委命令昭 62・5・30 命令集 81-647 ··········· 113
中労委命令昭 62・9・2 命令集 82-568 ············· 87
奈良地労委命令昭 62・11・16 命令集 82-316 ····· 71
福岡地労委命令昭 62・11・20 命令書 82-358 ··· 176
中労委命令昭 63・3・2 命令集 83-624 ············ 101
中労委命令昭 63・7・20 命令集 84-792 ············ 99
中労委命令昭 63・12・7 命令集 84-821 ············ 85
北海道委命令平元・1・12 命令集 85-44（ＪＲ
　北海道・ＪＲ貨物（国労）事件＝第一事件）···· 47
北海道委命令平元・3・20 命令集 85-597（同
　（全動労）事件＝第二事件） ························ 47
東京地労委命令平元・2・7 命令集 85-194 ········ 186
秋田地労委命令平元・2・15 命令集 85-237
　·············································· 39, 123
群馬地労委命令平元・3・23 命令集 85-772 ······ 189
神奈川地労委命令平元・5・15 命令集 86-420 ··· 187
大阪地労委命令平元・12・13 命令集 88-383 ···· 190
高知地労委命令平 2・1・1 命令集 89-51 ·········· 114
高知地労委命令平 2・1・11 命令集 89-51 ········· 61
大阪地労委命令平 2・4・27 命令集 89-716 ········ 76
岩手地労委命令平 3・3・19 命令集 92-312 ········ 93
岡山地労委命令平 3・12・20 命令集 93-619 ····· 192

不当労働行為の成立要件　**209**

判 例 索 引

神奈川地労委命令平 4・2・28 命令集 94-76 …… 173
中労委命令平 4・5・20 命令集 94-713 ………… 89
東京地労委命令平 4・7・7 命令集 95-36 ………… 86
中労委命令平 4・8・5 命令集 95-893 …………… 119
中労委命令平 4・12・16 命令集 95-954 ………… 107
兵庫地労委命令平 5・3・2 命令集 96-274 ……… 170
中労委命令平 5・5・19 命令集 97-526 ………… 166
中労委命令平 5・12・15 命令集 98-403（第一事件）……………………………………………… 47
中労委命令平 6・1・19 命令集 99-1044（第二事件）……………………………………………… 47
中労委命令平 6・4・20 命令集 99-1143 ………… 140
和歌山地労委命令平 6・8・25 命令集 100-700 … 139
中労委命令平 6・11・30 命令集 100-1171 ……… 145
大阪地労委命令平 7・2・23 命令集 101-169 …… 140
東京地労委命令平 7・4・4 命令集 101-438 …… 120

中労委命令平 7・10・4 命令集 103-504（JR東日本事件）…………………………………… 47
中労委命令平 8・7・17 命令集 105-648 …… 24, 161
中労委命令平 9・5・7 命令集 108-644 …………… 84
千葉地労委命令平 9・8・7 命令集 108-495 …… 100
中労委命令平 10・1・21 命令集 110-654 ……… 151
中労委命令平 10・3・4 命令集 110-689 …… 36, 38
中労委命令平 10・8・5 命令集 111-321 ………… 117
中労委命令平 11・2・17 命令集 113-691 …… 42, 48
大阪地労委命令平 12・10・26 命令集 118-93 …… 42
東京地労委命令平 13・3・27 命令集 119-887
………………………………………… 37, 39, 137
中労委命令平 15・3・19 労判 847-91 ………… 42, 50
中労委命令平 15・6・4 命令集 126-855 ………… 133
中労委命令平 15・7・16 命令集 126-948 ……… 190
中労委命令平 15・9・17 命令集 127-978 ……… 147

## 刊行にあたって

　戦後，労働基準法や労働組合法等の労働法制が整備されて60年，労働事件裁判例も膨大な数にのぼり，今日では労働判例を抜きにして労働法を語れないほど，労働法判例は実務のなかで大きな役割を果たすに至っている。しかし，紛争の解決の具体的妥当性を求めて産み出された判例法理のなかには，時代の変化のなかで制度疲労を起こしているものもあろう。また，近年における企業と労働生活をとりまく環境の激しい変化のなかで，いまなお有効な手だてを見いだしかねている問題も少なくない。今日，法的紛争は，集団的紛争から個別的紛争に大きく比重を移すとともに，個別的紛争も，解雇，賃金，労働時間から，過労死，職務発明，企業再編までとかつてないほど多様化し，そこで追求する価値も伝統的な労働者の権利からその新たな捉え直しや人格権や平等権のような市民的権利にまでと多元化しているからである。それゆえ，「実務に役立つ理論の創造」を共通のねらいにした本判例総合解説シリーズが，40を超えるテーマについて労働法において編まれることの意義は大きい。これまでの判例法理を精査しその意義を再確認するとともに，多様な法的問題に新たな法理形成の可能性を追求する本シリーズが，裁判官や弁護士，審判員，相談員等紛争の解決にあたられている実務家や企業内の労使関係当事者に有益な素材を提供するとともに，今後の労働法学に大きく貢献するものとなることを確信している。
　　　　2007年春

　　　　　　　　　　　　　　　　　　　監修者　　毛塚勝利
　　　　　　　　　　　　　　　　　　　　　　　　諏訪康雄
　　　　　　　　　　　　　　　　　　　　　　　　盛　誠吾

〔著者紹介〕

道幸哲也（どうこう　てつなり）

（略歴）
1970年　北海道大学卒業
1975年　小樽商科大学講師
1983年　北海道大学助教授
1985年　同大学　教授

〈主要著作〉
『不当労働行為救済の法理論』（有斐閣，1988年）
『職場における自立とプライヴァシー』（日本評論社，1995年）
『不当労働行為の行政救済法理』（信山社，1998年）
『不当労働行為法理の基本構造』（北大図書刊行会，2002年）
『労使関係法における誠実と公正』（旬報社，2006年）等

---

不当労働行為の成立要件　　　　　　　　　　労働法判例総合解説 39

2007（平成19）年7月30日　第1版第1刷発行　5789-0101　￥2900E, B150, PP224

著　者　道幸哲也
発行者　今井　貴・稲葉文子　　　発行所　株式会社信山社　東京都文京区本郷6-2-9-102
　　　　　　　　　　　　　　　　　　　　電話(03)3818-1019　〔FAX〕3818-0344〔営業〕　郵便番号 113-0033
出版契約 2007-5789-0　　　　　　　印刷／製本　松澤印刷株式会社　渋谷文泉閣

Ⓒ 2007, 道幸哲也　Printed in Japan　落丁・乱丁本はお取替えいたします。　NDC分類 324.600 b39
ISBN 978-4-7972-5789-2　　　　　★定価はカバーに表示してあります。

Ⓡ〈日本複写権センター委託出版物・特別扱い〉　本書の無断複写は，著作権法上での例外を除き，禁じられています。本書は，日本複写権センターへの特別委託出版物ですので，包括許諾の対象となっていません。本書を複写される場合は，日本複写権センター(03-3401-2382)を通して，その都度，信山社の許諾を得てください。

判例総合解説シリーズ

分野別判例解説書の新定番　　　　　　実務家必携のシリーズ

## 実務に役立つ理論の創造
緻密な判例の分析と理論根拠を探る

石外克喜 著（広島大学名誉教授）　2,900 円
### 権利金・更新料の判例総合解説
●大審院判例から平成の最新判例まで。権利金・更新料の算定実務にも役立つ。

生熊長幸 著（大阪市立大学教授）　2,200 円
### 即時取得の判例総合解説
●民法192条から194条の即時取得の判例を網羅。動産の取引、紛争解決の実務に。

土田哲也 著（香川大学名誉教授・高松大学教授）　2,400 円
### 不当利得の判例総合解説
●不当利得論を、通説となってきた類型論の立場で整理。事実関係の要旨をすべて付し、実務的判断に便利。

平野裕之 著（慶應義塾大学教授）　3,200 円
### 保証人保護の判例総合解説〔第2版〕
●信義則違反の保証「契約」の否定、「債務」の制限、保証人の「責任」制限を正当化。総合的な再構成を試みる。

佐藤隆夫 著（國学院大学名誉教授）　2,200 円
### 親権の判例総合解説
●離婚後の親権の帰属等、子をめぐる争いは多い。親権法の改正を急務とする著者が、判例を分析・整理。

河内　宏 著（九州大学教授）　2,400 円
### 権利能力なき社団・財団の判例総合解説
●民法667条～688条の組合の規定が適用されている、権利能力のない団体に関する判例の解説。

清水　元 著（中央大学教授）　2,300 円
### 同時履行の抗弁権の判例総合解説
●民法533条に規定する同時履行の抗弁権の適用範囲の根拠を判例分析。双務契約の処遇等、検証。

右近建男 著（岡山大学教授）　2,200 円
### 婚姻無効の判例総合解説
●婚姻意思と届出意思との関係、民法と民訴学説の立場の違いなど、婚姻無効に関わる判例を総合的に分析。

小林一俊 著（大宮法科大学院教授・亜細亜大学名誉教授）　2,400 円
### 錯誤の判例総合解説
●錯誤無効の要因となる要保護信頼の有無、錯誤危険の引受等の観点から実質的な判断基準を判例分析。

小野秀誠 著（一橋大学教授）　2,900 円
### 危険負担の判例総合解説
●実質的意味の危険負担や、清算関係における裁判例、解除の裁判例など危険負担の新たな進路を示す。

平野裕之 著（慶應義塾大学教授）　2,800 円
### 間接被害者の判例総合解説
●間接被害による損害賠償請求の判例に加え、企業損害以外の事例の総論・各論的な学理的分析をも試みる。

三木義一 著（立命館大学教授）　2,900 円
### 相続・贈与と税の判例総合解説
●譲渡課税を含めた相続贈与税について、課税方式の基本原理から相続税法のあり方まで総合的に判例分析。

二宮周平 著（立命館大学教授）　2,800 円
### 事実婚の判例総合解説
●100年に及ぶ内縁判例を個別具体的な領域毎に分析し考察・検討。今日的な事実婚の法的問題解決に必須。

手塚宣夫 著（石巻専修大学教授）　2,200 円
### リース契約の判例総合解説
●リース会社の負うべき義務・責任を明らかにすることで、リース契約を体系的に見直し、判例を再検討。

信山社

# 信山社　判例総合解説シリーズ

| | |
|---|---|
| 公共の福祉の判例総合解説　長谷川貞之 | 弁済の提供と受領遅滞の判例総合解説　北居功 |
| **権利能力なき社団・財団の判例総合解説　河内宏** | 債権譲渡の判例総合解説　野澤正充 |
| 法人の不法行為責任と表見代理責任の判例総合解説　阿久沢利明 | 債務引受・契約上の地位の移転の判例総合解説　野澤正充 |
| 公序良俗の判例総合解説　中舎寛樹 | 弁済者代位の判例総合解説　寺田正春 |
| **錯誤の判例総合解説　小林一俊** | 契約締結上の過失の判例総合解説　本田純一 |
| 心裡留保の判例総合解説　七戸克彦 | 事情変更の原則の判例総合解説　小野秀誠 |
| 虚偽表示の判例総合解説　七戸克彦 | **危険負担の判例総合解説　小野秀誠** |
| 詐欺・強迫の判例総合解説　松尾弘 | **同時履行の抗弁権の判例総合解説　清水元** |
| 無権代理の判例総合解説　半田正夫 | 専門家責任の判例総合解説　笠井修 |
| 委任状と表見代理の判例総合解説　武川幸嗣 | 契約解除の判例総合解説　笠井修 |
| 越権代理の判例総合解説　髙森八四郎 | 約款の効力の判例総合解説　中井美雄 |
| 時効の援用・放棄の判例総合解説　松久三四彦 | **リース契約の判例総合解説　手塚宣夫** |
| 除斥期間の判例総合解説　山崎敏彦 | クレジット取引の判例総合解説　後藤巻則 |
| 登記請求権の判例総合解説　鎌野邦樹 | 金銭消費貸借と利息の判例総合解説　鎌野邦樹 |
| 民法77条における第三者の範囲の判例総合解説　半田正夫 | 銀行取引契約の判例総合解説　関英昭 |
| 物上請求権の判例総合解説　德本鎮・五十川直行 | 先物取引の判例総合解説　宮下修一 |
| 自主占有の判例総合解説　下村正明 | フランチャイズ契約の判例総合解説　宮下修一 |
| 占有訴権の判例総合解説　五十川直行 | 賃借権の対抗力の判例総合解説　野澤正充 |
| 地役権の判例総合解説　五十川直行 | 無断譲渡・転貸借の効力の判例総合解説　藤原正則 |
| 使用者責任の判例総合解説　五十川直行 | **権利金・更新料の判例総合解説　石外克喜** |
| 工作物責任の判例総合解説　五十川直行 | 敷金・保証金の判例総合解説　石外克喜 |
| 名誉権侵害の判例総合解説　五十川直行 | 借家法と正当事由の判例総合解説　本田純一 |
| **即時取得の判例総合解説　生熊長幸** | 借地借家における用方違反の判例総合解説　藤井俊二 |
| 附合の判例総合解説　潮見佳男 | マンション管理の判例総合解説　藤井俊二 |
| 共有の判例総合解説　小杉茂雄 | 建設・請負の判例総合解説　山口康夫 |
| 入会権の判例総合解説　中尾英俊 | 相殺の担保的機能の判例総合解説　千葉恵美子 |
| 留置権の判例総合解説　清水元 | 事務管理の判例総合解説　副田隆重 |
| 質権・先取特権の判例総合解説　椿久美子 | **不当利得の判例総合解説　土田哲也** |
| 共同抵当の判例総合解説　下村正明 | 不法原因給付の判例総合解説　田山輝明 |
| 抵当権の侵害の判例総合解説　宇佐見大司 | 不法行為に基づく損害賠償請求権期間制限の判例総合解説　松久三四彦 |
| 物上保証の判例総合解説　椿久美子 | 事業の執行性の判例総合解説　國井和郎 |
| 物上代位の判例総合解説　小林資郎 | 土地工作物設置保存瑕疵の判例総合解説　國井和郎 |
| 譲渡担保の判例総合解説　小杉茂雄 | 過失相殺の判例総合解説　浦川道太郎 |
| 賃借権侵害の判例総合解説　赤松秀岳 | 生命侵害の損害賠償の判例総合解説　田井義信 |
| 安全配慮義務の判例総合解説　円谷峻 | 請求権の競合の判例総合解説　奥田昌道 |
| 履行補助者の故意・過失の判例総合解説　鳥谷部茂 | 婚姻の成立と一般的効果の判例総合解説　床谷文雄 |
| 損害賠償の範囲の判例総合解説　岡本詔治 | 婚約の判例総合解説　國府剛 |
| 不完全履行と瑕疵担保責任の判例総合解説　久保宏之 | **事実婚の判例総合解説　二宮周平** |
| 詐害行為取消権の判例総合解説　佐藤岩昭 | **婚姻無効の判例総合解説　右近健男** |
| 債権者代位権の判例総合解説　佐藤岩昭 | 離婚原因の判例総合解説　阿部徹 |
| 連帯債務の判例総合解説　手嶋豊・難波譲治 | 子の引渡の判例総合解説　許末恵 |
| **保証人保護の判例総合解説〔第2版〕　平野裕之** | 養子の判例総合解説　中川高男 |
| **間接被害者の判例総合解説　平野裕之** | 親権の判例総合解説　佐藤隆夫 |
| 製造物責任法の判例総合解説　平野裕之 | 扶養の判例総合解説　西原道雄 |
| 消費者契約法の判例総合解説　平野裕之 | 相続回復請求権の判例総合解説　門広乃里子 |
| 在学契約の判例総合解説　平野裕之 | **相続・贈与と税の判例総合解説　三木義一** |
| | 遺言意思の判例総合解説　潮見佳男 |

［太字は既刊、各巻2,200円〜3,200円（税別）］

# 信山社　労働法判例総合解説シリーズ

**分野別判例解説書の決定版**　　　　　　　　　　　　　　　　**実務家必携のシリーズ**

## 実務に役立つ理論の創造

| # | タイトル | 著者 |
|---|---|---|
| 1 | 労働者性・使用者性 (5751-9) | 皆川宏之 |
| 2 | 労働基本権 (5752-6) | 大内伸哉 |
| 3 | 労働者の人格権 (5753-3) | 石田　眞 |
| 4 | 就業規則 (5754-0) | 唐津　博 |
| 5 | 労使慣行 (5755-7) | 野田　進 |
| 6 | 雇用差別 (5756-4) | 笹沼朋子 |
| 7 | 女性労働 (5757-1) | 相澤美智子 |
| 8 | 職場のハラスメント (5758-8) | 山田省三 |
| 9 | 労働契約締結過程 (5759-5) | 小宮文人 |
| 10 | 使用者の付随義務 (5760-1) | 有田謙司 |
| 11 | 労働者の付随義務 (5761-8) | 和田　肇 |
| 12 | 競業避止義務・秘密保持義務 (5762-5) | 石橋　洋 |
| 13 | 職務発明・職務著作 (5763-2) | 永野秀雄 |
| 14 | 配転・出向・転籍 (5764-9) | 川口美貴 |
| 15 | 昇進・昇格・降職・降格 (5765-6) | 三井正信 |
| 16 | 賃金の発生要件 (5766-3) | 石井保雄 |
| 17 | 賃金支払の方法と形態 (5767-0) | 中窪裕也 |
| 18 | 賞与・退職金・企業年金 (5768-7) | 古川陽二 |
| 19 | 労働時間の概念・算定 (5769-4) | 盛　誠吾 |
| 20 | 休憩・休日・変形労働時間制 (5770-0) | 柳屋孝安 |
| 21 | 時間外・休日労働・割増賃金 (5771-7) | 青野　覚 |
| 22 | 年次有給休暇 (5772-4) | 浜村　彰 |
| 23 | 労働条件変更 (5773-1) | 毛塚勝利 |
| 24 | 懲戒 (5774-8) | 鈴木　隆 |
| 25 | 個人情報・プライバシー・内部告発 (5775-5) | 竹地　潔 |
| 26 | 辞職・希望退職・早期優遇退職 (5776-2) | 根本　到 |
| 27 | 解雇権濫用の判断基準 (5777-9) | 藤原稔弘 |
| 28 | 整理解雇 (5778-6) | 中村和夫 |
| 29 | 有期労働契約 (5779-3) | 奥田香子 |
| 30 | 派遣・紹介・業務委託・アウトソーシング (5780-9) | 鎌田耕一 |
| 31 | 企業組織変動 (5781-6) | 本久洋一 |
| 32 | 倒産労働法 (5782-3) | 山川隆一・小西康之 |
| 33 | 労災認定 (5783-0) | 小西啓文 |
| 34 | 過労死・過労自殺 (5784-7) | 三柴丈典 |
| 35 | 労災の民事責任 (5785-4) | 小畑史子 |
| 36 | 組合活動 (5786-1) | 米津孝司 |
| 37 | 団体交渉・協議制 (5787-8) | 野川　忍 |
| 38 | 労働協約 (5788-5) | 諏訪康雄 |
| 39 | 不当労働行為の成立要件 (5789-2) | 道幸哲也 |
| 40 | 不当労働行為の救済 (5790-8) | 盛　誠吾 |
| 41 | 争議行為 (5791-5) | 奥野　寿 |
| 42 | 公務労働 (5792-2) | 清水　敏 |

各巻 2,200 円～3,200 円（税別）　※予価

〒113-0033 東京都文京区本郷6－2－9－101 東大正門前
TEL:03(3818)1019　FAX:03(3818)0344　E-MAIL:order@shinzansha.co.jp

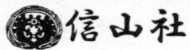

信山社
HOMEPAGE:http://www.shinzansha.co.jp